이카로스의 감옥

이카로스의 감옥

—

'이석기
내란음모
사건'의
진실

—

문영심 지음

말
도서출판

해도 해도
너무하지 않나?

'이석기 내란음모 사건'에 대한 보도를 접했을 때 제일 처음 떠오른 생각은 "이 사람들이 미쳤나? 요즘 세상에 사제폭탄을 만들고 총기를 구입해서 폭동을 일으켜? 국가기간시설을 파괴하고 유류저장고를 습격해? 진짜 제정신이 아니구나."라는 것이었다. 그렇게 무모하고 폭력적인 언사를 하다니! 현직 국회의원이라는 사람이 그런 집회에 나가서 그런 발언을 부추긴다는 게 말이 되나? 그런 생각이 연이어 들었다.

하지만 시간이 지나면서 조금씩 '이건 해도 해도 너무하지 않나?'라는 생각도 들기 시작했다. 재판과정에서 강연 녹취록이 왜곡되거나 짜깁기 되었다는 주장이 나왔고, 강연 참석자들의 인터뷰 기사를 보니 그날 모임은 강연 듣고 토론하고 끝난 것이지 무슨 목적을 가지고 추가로 행동에 나선 것은 전혀 없다는 것이다. 밤늦게 강연 시간이 잡혀 있어서 강연 내내 졸다가 온 사람도 있고, 심지어 애를 맡길 데가 없어서 갓난아기를 업고 온 아기 엄마도 있었다고 했다. 아무래도 국가를 전복하는 내란을 모의하기 위해서 모인 집회라고 보기에는 무리가 있는 것 같았다. 그래도 그렇지, 이석기 전 의원과 모임 참석자들의 언사는 아무리 생각해도 지나친 것 같았다.

《간첩의 탄생》보다 고민스러웠던 청탁 수락

그 사건에 대한 관심이 옅어져갈 무렵 나는 탈북자 유우성 씨에 대한 책을 쓰게 되었다. 유우성 씨는 서울시 공무원으로 일하다가 간첩혐의를 받고 붙잡혀 재판을 받던 중 국정원의 증거조작 사실이 밝혀져 무죄선고를 받고 풀려났다.

이 책을 쓰면서 형사사건 피의자에 대해서는 '무죄추정의 원칙'이 지켜져야 한다는 것을 중요하게 생각하게 됐다. 유우성 씨가 국정원에 체포되어 구치소에 갇혀서 수사 받을 때, 국정원의 회유에도 불구하고 무죄를 주장하면서 버티고 있었는데 어느 날 텔레비전에 자신의 사건이 보도되는 것을 보고 깊은 절망에 빠졌다는 이야기를 들었다. 탈북자로는 최초로 공무원이 되어 똑똑한 청년으로 칭찬 받던 유우성 씨는 국정원의 말만 듣고 자신이 간첩 행위를 했다고 대대적으로 보도하는 것을 보고 이제 아무도 자신의 말을 믿어주지 않을 거라고 생각했고, 실추된 명예를 회복할 길이 없다는 생각에 죽고 싶었노라고 했다.

　형사사건의 피의자가 되더라도 유죄가 확정되기 전까지는 무죄로 추정해서 그의 권리를 보호해야 한다는 것이 '무죄추정의 원칙'이다. 진보논객이라고 불리는 어떤 사람은 통합진보당의 부정경선 사태가 났을 때, '유죄가 확정되기 전까지는 무죄'라는 이정희 전 대표의 주장에 대해서 '빌어먹을 놈의 무죄추정의 원칙'이라며 이 원칙을 몹시 증오하는 말을 했는데, 실상 한국에서 가장 쉽게 무시되는 것이 이 무죄추정의 원칙이다. 이석기 사건에서도 언론은 이석기 씨나 그와 함께 구속된 강연 참석자들에게도 보호받을 인권이라는 게 있다는 생각을 별로 하지 않는 것 같았다.

　유우성 사건에 대한 책이 《간첩의 탄생》이라는 제목으로 출간되고 나서 몇 개월이 지났을 때 그 사건의 변호인 중 한 사람인 민변 소속 변호사로부터 전화를 받았다. '이석기 내란음모 사건'의 변호인단으로 참여한 그는 이 사건의 전모를 밝히는 책을 써 줄 수 있겠냐고 했다. 선뜻 그러겠노라는 대답이 나오지 않았다. 서울시 공무원 간첩조작 사건은 국정원과 검찰의 증거조작이 밝혀져 이미 무죄가 확정된 사건이었기 때문에 쓰는데 망설일 필요가 없었다. 그러나 '이석기 내란음모 사건'은 내란음모 혐의는 무죄지만 내란선동으로 유죄판결을 받은 사건이다. 이석기 씨와 변호인 측은 이 사건이 조작되었고, 대통령선거 부정을 덮기 위한 음모이자, 자주·민주·통일을 내세우는 진보세력을 '종북'이라는 이름으로 말살하려는 기획이라고 주장한다. 하지만 대다수 국민의 마음속에는 아직도 '그런 과격한 언사를 하는 사람이 국회의원의 자격이 있나?' 라는 의문이 남아있다. 나라고 크게 다르지 않다. 하지만 '과격한 언사'를 했다는 것이 징역 9년의 실형에 처해질 정도의 범죄행위인가 하는 또 다른 의문 역시 간과할 수 없었다. 과격한 언사를 사용했다는 것 말고 그런 중형에 처할 어떤 잘못이 있었는지 밝혀 보고 싶었다.

진보당 사람들이 유대인 취급받는 이유

이 책을 쓰기 위해서 재판기록을 읽고, 강연 참석자들과 옛 통합진보당에서 경기동부연합이라고 불리던 사람들을 만나서 취재했다. 국회의원이 되기 전에 이석기 씨가 경영하던 회사에서 일하는 직원들도 만났다. 이석기 씨를 직접 접견하기도 했다. 이석기 씨 재판 때마다 거의 빼놓지 않고 방청하러 나왔던 청년 당원 세 사람도 인터뷰했다. 이석기 씨와 함께 구속된 구속자 가족들도 만나보았다. 유감스럽게도 내가 만났던 사람들 대부분은 책에서 자신의 실명을 써도 된다고 허락하지 않았다. 실명을 쓰지 않아도 내용을 보면 누군지 알 수 있을 것 같은 사람도 실명을 쓰지 말아 달라고 했다. 이미 다 보도된 내용이 대부분인데 왜 그렇게 이름 밝히기를 꺼리느냐고 했더니 구속자 가족 중 한 사람이 "당해보지 않으면 모른다."고 말했다. '이석기 내란음모 사건'과 통합진보당 해산을 겪으면서 생긴 내상이 심각한 것 같았다. 소위 '종북'으로 찍힌 사람들에 대한 인권침해가 어느 정도인지 짐작할 수 있었다.

　이석기 전 의원을 비롯한 피고인들에게 압수수색 영장이 집행되는 과정에서 벌어진 온갖 불법행위와 과잉수사, 공포감 조성과 위협 등의 인권 탄압 행위에 대해서 보도하거나 주목한 언론은 없었다. 종편방송들은 마녀사냥에 앞장서기 위해서 국정원의 과도한 행위들을 더 과장해서 선정적으로 보도하는데 열을 올렸다. 피고인들이 압수수색 당하고 구속되는 과정에서 가족들이 겪은 고통은 이 나라의 자유 민주주의를 수호하기 위해서 이 소동을 피운다는 검사들의 주장을 믿을 수 없게 만든다. 헌법에 명시된 국민의 기본권을 마구 짓밟는 나라가 자유 민주주의 국가인가? 아니면 구속자 가족들이 냉소적으로 이야기하는 대로 그들은 대한민국 국민이 아닌 유대인들인가?

자료를 모으고 취재하고 조사하는 동안 마음속에는 의문이 늘어갔다. 도대체 이석기 전 의원과 통합진보당 사람들은 뭘 그렇게 잘못했을까? 정부와 기득권세력들은 왜 그들을 이토록 미워할까? 같은 진보 진영에 몸담고 있는 사람들과 진보언론 종사자들, 소위 진보논객들 중에서도 왜 많은 사람들이 그들을 싫어할까? 내가 찾아낸 답은 그들이 한국에서 유일하게 북과의 대화와 소통을 원하는 정치세력이기 때문이라는 것이다. 해방 이후 70년 가깝게 분단이데올로기가 지배하는 한국에서 그들은 영원한 '이교도'일 수밖에 없지 않을까?

물론 다 그런 것은 아니었다. 재판 과정에서 전문가 증인으로 나와 정의와 진실을 찾기 위해 성심성의껏 증언해 준 사람들도 있었다. 하지만 이석기 씨와 피고인들은 모두 유죄에 중형을 선고받았고, 통합진보당은 헌법재판소의 결정으로 해산되는 운명을 맞았다.

민주주의는 다수결에 의해서 움직이는 제도다. 하지만 소수자의 목소리를 존중하고 다양성을 인정하는 것도 민주주의의 중요한 조건이다. 그런 의미에서 한국 정당의 역사에서 15년을 공들여 키워 온 진보정당의 싹을 잘라버렸다는 것은 안타까운 일이다. 그래서 '이석기 내란음모 사건'과 그 여파로 일어난 통합진보당 해산의 과정에서 잘못된 점은 없는지 꼭 그래야만 했는지 하나하나 짚어보려는 것이다.

내란선동 유죄에 반대 의견 낸 대법관의 논리

이석기 씨와 구속자들은 강연을 하고 강연을 듣고 토론을 했을 뿐 내란을 일으킨 것도 아니고 내란을 음모한 것도 아니다. 이석기 씨가 내란을 선동했다고 하지만 강연을 듣고 나서 이석기 씨 자신을 포함해서 아무도 폭동을 일으킬 꿈도 꾸지 않고 보통 때와 똑같은 일상을 영위했을 뿐이다. 그와 강연 참석자들이 아무리 과격한 말을 했다고 해도 말로는 내란을 일으킬 수 없다. 그런데도 이석기 씨는 내란을 선동했다는 죄로 9년형을 선고받았고 이미 꼬박 3년을 감옥에 갇혀서 지냈다. 법학자들은 애초에 내란음모죄가 적용되지 않고 내란선동죄만 적용되었더라면 기소조차 하기 어려웠을 거라고 말한다.

대법원 판결에서 내란선동 유죄에 반대의견을 낸 대법관들의 논리를 들어보자.

자유민주주의 국가인 대한민국을 수호하는 방안은 내란과 관련된 범죄의 성립을 완화하거나 확장하여 인정함으로써 불온하거나 불순하다는 사상, 태도, 행동을 쉽게 처벌하는데 있지 아니하다. 우리의 헌법과 형법이 지향하는 죄형법정주의, 책임주의, 비례의 원칙을 엄격하게 적용함으로써 헌법상 보장된 양심과 표현의 자유 등이 부당하게 위축되지 아니하도록 하여, 헌법 전문(前文)이 천명하고 있는 것처럼 자율과 조화를 바탕으로 자유민주적 기본질서를 확고히 하는 것이야말로 대한민국 체제의 우월성을 증명하고 이를 수호하는 합당한 길이다.

이 얼마나 현명한 판단인가? 자유민주주의를 수호한다는 미명하에 헌법에 명시된 기본권을 침해하는 판결을 내린다는 것이 과연 옳은 일인가? 이석기 전 의원과 함께 내란선동죄 등으로 5년 형을 선고받은 김홍열 씨 부인의 말처럼 '5분 발언한 것 가지고 5년 동안 감옥에 가두는' 것이 말이 되는가?

아마도 국정원이나 검찰에서도 이들을 처벌하는 것이 무리한 일임을 알고 있었을 것이다. 그렇지 않다면 RO, 소위 지하혁명조직의 조직원이라고 그들이 주장하는 강연회 참석자 130여 명을 모두 구속하는 것이 상식적이다. 검찰의 공소장에 의하면 그들은 폭동을 음모한 혁명조직의 일원인데 수사와 구속을 하지 않는 것은 국정원과 검찰의 직무유기라고 할 수밖에 없다. 1974년의 민청학련(전국민주청년학생총연맹) 사건 때는 230여 명이나 구속한 적이 있는데 왜 내란을 음모한 130여 명의 RO 조직원들을 구속하지 않는가 말이다.

나는 통합진보당 당원이 아니다. 민주노동당에 가입해 본 적도 없다. 국회의원 선거에 정당 투표제도가 생긴 이래로 민주노동당이나 통합진보당에 표를 준 적이 있을 뿐이다. 보수양당제의 정치 지형 속에서 진보정당의 역할이 필요한 부분이 있다고 보았다. 그러나 통합진보당이 있을 때는 그 정당의 존재감을 크게 느끼지 못했던 게 사실이다. 막상 통합진보당이 해산되고 나서는 없어져서는 안 될 정당이었다는 생각이 든다. 분단을 극복하고 통일로 가기 위해서는 북한과 적대적인 관계를 해소해야 한다는 그들의 주장에 동조할 수도 있고 동조하지 않을 수도 있다. 그러나 그런 논의조차 할 수 없게 입을 막아버리는 것이 과연 옳은 일이냐 하는 점에 대해서는 의문을 가질 수밖에 없다.

"중요한 것은 민주주의를 끊임없이 민주화하는 것이다."

　영국의 사회학자 앤서니 기든스의 말이다. 1987년 6월의 민주항쟁으로 우리나라는 '민주화'되었다고 이야기한다. 그러나 그로부터 30년이 지난 지금 우리나라의 민주주의가 제대로 작동되고 있는지 의문이다. 애써 찾은 민주주의를 민주화하기는커녕 다시 권위주의 시대로 후퇴하고 있는 건 아닌가 하는 걱정을 하는 사람들이 많다.
　믿을만한 언론을 찾기 힘든 것이 한국 민주주의가 후퇴하게 된 이유 중 하나다. 닉슨의 워터게이트 사건 당시 〈워싱턴 포스트〉의 편집인인 벤 브래들리는 "신문이란 알아내고, 취재하고, 검증하고, 쓰고, 보도하는 것이다." "진실이란 드러나는 것이며, 진실이 드러남이야말로 정상적이고 중요한 민주주의의 과정이다."라고 말했다.

한국의 신문들은 "취재하지 않고, 검증하지 않은 채" 주워들은 정보를 쓰고, 보도하는 데만 열을 올리는 기이한 행태를 보이고 있다. 대부분의 신문은 국정원이 흘린 정보를 받아쓰면서 당사자인 이석기 씨나 통합진보당 당원들, 회합 참석자들에게 사실관계를 확인할 생각도 하지 않았다. 신문들의 이런 행태는 "이게 신문이냐?"라는 한탄과 더불어 '기레기'라는 부끄러운 이름을 낳게 하였다.

객관적인 거리두기가 어려웠던 글쓰기

이석기 전 의원과 이 사건의 피고인들은 법정에 서기도 전에 여론재판과 마녀사냥으로 짓밟혔다. 온 세상이 다 덤벼들어 그들을 때리고 물어뜯었다. 그들을 비난하는 목소리는 차고 넘친다. 객관적인 거리 두기를 하라거나 형평성을 살리라는 충고를 따르기에는 그들에 대한 일방적인 공격과 매도의 정도가 너무 심하다. 그래서 나는 사실을 토대로 그들의 입장을 옹호하기 위해서 최선을 다했다.

대한민국 언론이 공정하다고 생각하는 사람은 이 책을 읽을 필요가 없다. 대한민국의 국정원과 공안검찰, 그리고 사법부가 굉장히 믿을 만하다고 생각하는 사람들도 마찬가지다. 우리나라가 자유민주주의 국가로서 국민의 기본권이 잘 지켜지는 나라라고 생각하는 사람들은 앞으로도 쭉 그렇게 믿고 살기를 진심으로 바란다. 이나라가 분명 잘못 돌아가고 있다고 생각하는 사람들은 이 책을 읽어보기를 권한다.

사실 첫 원고를 완성한 것은 작년 가을이다. 책을 쓰기 시작하면서부터 출판사를 찾았으나 손을 내미는 출판사 만나기가 어려웠다. 원고가 완성되고 나서도 일 년 가까이 출판사를 구하지 못했다. 필자가 명성 높은 작가가 아니라 그럴 수도 있겠지만 아직 우리 사회가 표현의 자유, 사상의 자유를 충분히 보장하지 않는 것이 주된 원인이라 생각한다.

마지막으로 이석기 전 의원이 즐겨 암송한다는 영국의 시인이자 화가인 윌리엄 블레이크의 시 〈지옥의 격언 초〉에 나오는 말을 소개한다. 분단을 극복하고, 진보적인 민주주의를 실현하기 위해 우직하게 한길을 걸은 사람들에게 어울리는 말이라고 한다.

어리석은 자가 그의 어리석음을 고집하면 지혜로워진다.

부디 독자들이 이 책을 읽고 지금 지혜로워 보이는 자들이 어리석은 자들이고, 지금 어리석어 보이는 자들이 지혜로운 자들일 수도 있다는 사실을 한 번쯤 떠올려 보기 바란다.

* 덧붙임 : 김재규 평전 《바람없는 천지에 꽃이 피겠나》를 쓸 때부터 줄곧 들었던 질문에 대해서 밝히고자 한다. 스토리텔링 형식을 빌려 다큐멘터리를 쓰다 보니 이 책이 허구와 사실이 뒤섞인 '팩션(faction)'이 아니냐고 묻는데 이 책을 포함해서 내가 쓴 책은 모두 다큐멘터리지 팩션이 아니다. 사건을 이해하기 쉽고 잘 읽히도록 하기 위해서 취재를 통해서 알게 된 사실을 바탕으로 내용 중 일부를 이야기 형식으로 재구성한 것이다. 방송 다큐멘터리에서 쓰는 '재연'이라는 방식과 같다고 보면 된다.

"우리 모두가 돌을 던진 가해자"

_ 함세웅 신부

'망할 것들! 권력이나 쥐었다고 자리에 들면 못된 일만 꾸몄다가
아침 밝기가 무섭게 해치우고 마는 이 악당들아! (미가2:1)

 '이석기 내란음모 사건'에 연루된 젊은이들의 구명 운동에 동참
을 요청 받고, 저는 아주 짧은 시간이었지만 주저하고 기도를 했습
니다. 그 때 문익환 목사님을 만났습니다. 다른 이들에게는 잠꼬대
같이 들릴 소리였지만 "평양 가는 기차표 주세요!"라며, 소년 같은
얼굴로 통일과 민족의 화해를 꿈꾸던 목사님이셨습니다.
 목사님께서 제게 말씀하셨습니다.
 "지난 70년간 조작된 간첩 사건으로, 용공으로 얼마나 많은 무고
한 생명이 고문과 불법으로 독재의 희생양이 되었는가? 그 젊은이

들이 무엇으로 나라를 전복하고 어떻게 내란을 일으킬 수 있는가? 우리도 한 때 같은 죄목으로 감옥을 갔는데, 함 신부, 무엇을 주저하고 있습니까? 그들이 우리 시대의 십자가이며 부활입니다."

'이석기 내란음모 사건'은 오늘 우리 공동체 구성원 모두가 그들에게 돌을 던진 가해자라고 고백하고, 진심으로 뉘우쳐야 하는 사건입니다.

문영심 작가의 고뇌에 찬 진솔한 표현과 '이석기' 개인이 지고 가기에는 너무 힘들고 무서웠을 우리 시대 이야기를 저는 분노와 희망을 섞으면서 읽었습니다.

지난 9월 22일 서울 밀레니엄 힐튼 호텔에서 개최한 제14회 '한미 친선의 밤' 행사에서 국가보훈처장 박승춘이 미국을 향해 사드 논란에 대해 사과하고, 외교부장관 윤병세는 국민의 혈세로 세계 각국을 순방하면서 북한을 부수어 달라는 청탁을 하고 다니는 행태에서 조선 말 청과 일제를 불러들여 나라를 팔아먹은 친일 매국노들을 다시 생각했습니다.

문영심 작가의 가슴으로 써 내려간 이 글을 많은 분들이 읽어, 권력을 장악하기 위해 역사와 민족을 배반하고 우리 공동체 구성원 모두를 적으로 만드는 친일과 독재 잔당들의 실체를 알아내고, 그들에 맞서 통일과 민주주의가 실현된 아름다운 민족공동체를 만드는 계기가 되기를 바라며 기도합니다.

이 한 권의 책이 억울한 죄명으로 감옥에 있는 우리 시대의 모든 양심들이 하루 빨리 일상으로 돌아오고, 이석기 전 의원과 함께 고통받은 모든 분들에게 위로와 격려의 선물이 되기 바랍니다.

목차

1958년 진보당 사법살인, 그리고 2013년 통합진보당 죽이기

1959년 7월 31일 오전 11시.

　서울형무소(구 서대문형무소) 미루나무 아래, 작고 아담한 목조건물에서 한 사내의 목이 허공에 매달렸다. 독립운동가이자 농림부장관, 국회부의장을 역임하고 3대 대통령선거에서 국민의 열화와 같은 성원으로 독재자 이승만을 꺾을 뻔 했던 남자. 조봉암. 국가 권력에 의해 죽임을 당할 당시 그의 나이는 60세였다.

　'투표에서 이기고 개표에서 졌다'라는 한국 선거역사상 최고의 카피를 만들어 낸 저작권자. 김대중 전 대통령이 여러 번 써먹었고, 2012년의 18대 대통령 선거 직후부터 지금까지 끊임없이 회자되는 카피다.

　조봉암은 한국 최초로 결성된 진보정당의 당수였다. 교수대의 올가미 아래 서서 "승자로부터 패자가 죽임을 당하는 것은 흔히 있을 수 있는 일이다. 다만 나의 죽음이 헛되지 않고 이 나라의 민주주의 발전에 도움이 되길 바랄 뿐이다."라고 당당하게 말했던 상남자. 조봉암의 죄목은 '국가보안법상 국가변란 목적 단체 결성과 간첩 혐의'다.

52년 만에 저승에서 무죄 판결문 받은 조봉암

2011년 1월 20일, 대법원 전원합의체는 조봉암 사건에 대한 재심선고에서 대법관 13인 전원일치로 무죄판결을 내렸다. 조봉암은 52년 만에 저승에서 무죄 판결문을 받았다. 당시 조봉암에게 유죄판결이 내려진 혐의는 세 가지였다. 첫째, 국가를 변란할 목적으로 진보당을 구성해 중앙위원장에 취임하고(국가보안법 위반), 둘째, 육군첩보부대(HID) 공작요원을 통해 북한에서 금품을 받고 남한정보를 제공했으며(형법상 간첩죄), 셋째, 당국 허가 없이 권총과 실탄을 소지했다(군정법령 위반)는 것이다.

　대법원은 이 중 무기소지 혐의에 대해서만 유죄를 인정해 형을 선고 유예했을 뿐 사형으로 이어진 국가보안법 위반과 간첩 등 두 가지 주요 혐의는 무죄를 선고했다. 진보당을 국가변란 목적의 단체로 볼 수 없고, 조봉암의 간첩 혐의를 입증할 증거가 군부대의 영장 없는 체포와 불법감금을 통해 얻은 증인 진술뿐이라는 게 무죄판결의 근거다. 대법원은 진보당의 통일정책인 평화통일론이 북한의 위장 평화통일론과 같다고 볼 증거가 없다는 점도 분명히 밝혔다.

　대법원은 어떻게 이런 공정한 판결을 내렸을까? 죄 없이 죽은 저 상남자가 살아 돌아오지는 못하겠지만 우리는 한국사회의 미래에 약간의 희망이라도 가질 수 있는 걸까? 이 책을 다 쓸 때까지 나의 판단은 미뤄두기로 한다. '죽은 진보'에게는 관대하고 '살아있는 진보'에 대해서는 터무니없이 가혹하다는 합리적 의심을 아직 거둘 수 없기 때문이다. '죽은 진보'는 살아있는 권력에 위협이 되지 않고, 그의 명예를 회복시킴으로써 한국의 민주주의가 그만큼 발전했다는 환상을 국민들에게 심어줄 수 있지 않은가. 하지만 '살아있는 진보'는 그냥 둘 수 없다는 게 저들의 생각이 아닐까.

　조봉암의 목에 올가미를 씌운 저들의 '작업'이 어떻게 진행되었는지 살펴보자.

　1954년 11월, 3대 대통령선거에서 조봉암은 무소속으로 출마하여 216만 표를 획득해 유효투표의 30%에 달하는 표를 거둬들였다. 더할 나위 없는 부정이 자행된 선거판에서 거둔 성과였다. 썩어 문드러져 가던 한국 정치에 새바람을 일으키기에 족한 쾌거였다. 당시 민주당 후보였던 신익희가 유세 도중 갑자기 사망하는 사고가 일어났고, 진보당 창당을 준비하면서 신익희의 당선을 돕던 조봉암이 갑자기 무소속으로 출마해서 얻은 성적표였으니 정권 교체에 대한 국민의 열망이 어느 정도였는지 짐작할 수 있다. 조봉암은 어두운 세상에 한 줄기 빛이라고 해도 과언이 아닌 당대 최고의 정치 스타로 부상했다. 지도자 복이 지지리 없는 우리 국민들의 가슴에 희망이 싹트던 시절이었다.

이승만 정권의 '조봉암과 진보당 죽이기'

이승만 정권이 이를 가만히 두고 볼 리 없었다. 1958년 1월 11일 조인구 검사가 "진보당의 평화통일론은 북괴의 남침구호다. 이를 엄단하겠다."고 엄포를 놓으면서 '조봉암과 진보당 죽이기'의 포문을 열었다. 보수언론들이 기다렸다는 듯이 이에 화답하며 군불을 때기 시작했다.

"조봉암이 북괴로부터 공작금조로 인삼이 든 상자를 받았는데 그 속에 든 괴뢰의 지령문을 보고 불태워버렸다."
"조봉암의 집에서 불온 문건을 찾아냈다."
"김일성의 지령을 실천하기 위한 7인위원회를 구성했다."
"간첩과 접선해서 야합한 사실을 조봉암이 시인했다."
"조봉암의 집에서 김일성에게 보내는 자필 편지가 발견됐다."
"〈동양통신〉 기자였던 정태영이 작성한 메모인 '강평서'는 북한에서 내려보낸 비밀지령서"

언론들이 하이에나 무리처럼 덤벼들어 물어뜯던 이른바 '강평서'의 진실은 무엇인가? 정태영은 정동화라는 가명으로 진보당에 비밀당원으로 입당했고, 그 직후 〈동양통신〉 외신부 기자가 됐다. 정태영이 조봉암에게 제출했다는 '강평서'는 그가 진보정당 활동을 하면서 느낀점과 건의사항을 적은 일종의 개인의견서다. 갓 대학을 졸업한 지식인이 나름대로 진보정당에 대한 애정을 기울여 정당의 기본

방향부터 구체적 활동 내용까지 상세하게 건의한 문건이다. 생경한 어휘를 동원하거나 치기 어린 주장이 있긴 하지만 북한과는 전혀 상관없고 지령이라고 할 만한 내용도 없다. 정태영이 주도했다는 '7인회'는 수사기관이 붙인 이름으로 비밀조직이 아니고 학습회 비슷한 모임이다. 정태영은 서울시당 상무위원이었다.

조봉암이나 진보당과 관련한 당시의 언론 보도는 진실로 밝혀진 것이 없다. 그런데도 그 뒤로 정정보도는 없었다. 한국에서 기자 노릇하는 건 참 편하다. 단 '소설 쓰기'의 기초는 좀 배워야 한다. 개연성이나 필연성이 결여된 '싸구려 소설'이라서 두어 시간만 공부하면 될 것이다.

1958년 1월 13일에 조봉암은 국가보안법 위반 혐의로 구속되었다. 1958년 1월 14일, 이 사실을 보고받은 이승만은 "조봉암은 벌써 조치되었어야 할 인물이다."라고 말했다. 확인되지 않은 사실을 퍼뜨리며 대대적인 여론재판을 하고 나서 1958년 2월 25일 오재경 공보실장이 진보당 등록 취소를 발표한다. 조봉암에 대한 재판이 시작되기도 전이었다. 그 당시에는 정당 등록을 정부가 취소할 수 있었다. 1960년 4월혁명 이후에 정당 해산 요건을 엄격하게 했고, 그것을 1987년 6월항쟁 이후 헌법에서 다시 한 번 강조해 정당을 함부로 해산하지 못하도록 했다. 그러나 2014년 12월 19일 헌법재판소는 통합진보당을 해산하도록 결정했다.

55년 만에 반복된 '반인권적 정치탄압 용공조작 사법살인'

1958년 7월 2일, 조봉암 사건에 대한 1심판결이 내려졌다. 조봉암 징역 5년.

조봉암 피고인이 간첩이라고 인정할 만한 증거가 없으며 평화통일론이 국시를 위배하고 괴뢰집단과 야합, 국가 내란을 기도했다는 공소 사실을 증좌할 근거가 없다.

유병진 판사는 판결문에서 선고 이유를 그와 같이 밝혔다. 1심판결이 나고 나서 난리가 났다.

"간첩 조봉암을 처벌하라."

"친공 판사 유병진을 타도하자."

1958년 7월 5일, 대한반공청년회 소속 3백여 명의 괴한이 법원에 난입했다. 유병진 판사를 비롯한 재판부는 집을 떠나 며칠간 피신해 있었다. 당시 집권당인 자유당은 이 사건의 진상조사를 거부하고 오히려 '친공 판사 규탄대책위원회' 같은 것을 결성하게 했다. 민주당도 이에 동조했다. 유병진 판사는 1958년 말 법관 연임심사에서 탈락해 법복을 벗는다.

조봉암을 감옥에 가두고 치러진 1958년 5월의 민의원 선거는 대대적인 부정선거였다. 5·2선거가 치러진 3일 후에 한 신문 사설은 '어찌 하늘이 무심하랴'라는 제목을 달았을 정도다. 이 선거에서 하도 테러가 많이 일어나니까 한 야당 의원은 "주권재민이 아니라 주권재경, 주권재깽"이라고 비꼬았다. '경'은 경찰을, '깽'은 깡패를 가리킨다. "경찰이 국회의원 제조업을 청부받았다."는 말을 하는 사람들도 있었다.

공포분위기 속에 2심재판이 진행되고 판사는 검찰의 기소사실을 전부 사실로 인정했다. 2심판결에서 조봉암의 형량은 징역 5년에서 사형으로 둔갑했다. 평화통일론 자체가 국가보안법 위반이고, 공소사실에도 없던 '혁신정치 실현'과 '수탈 없는 경제 체제'도 유죄의 증거라고 했다.

1959년 2월 27일 대법원 확정판결이 났다. 1959년 7월 30일 대법원 재심 청구가 기각되고 바로 그 다음날인 1959년 7월 31일 오전 11시, 조봉암은 교수형에 처해졌다.

"한국사회의 비겁한 침묵 속에 자행된 반인권적 정치탄압 용공조작 사법살인"

2011년 1월 20일, 재심에서 무죄 선고가 난 후에 국회방송에서 제작한 조봉암에 대한 영상물에 등장하는 자막이다. 지금도 저 단어들이 낯설지 않은 것은 어쩐 일일까? 조봉암 사건 같은 건 50여 년 전에나 가능했지 지금은 그때와 다르다고 자신 있게 이야기할 수 있는 사람이 있을까?

$10 \times 3 + 9$

> "
> 모두 병들었는데 아무도 아프지 않았다.
> "

– 이성복 시 〈그날〉 중에서 –

수인번호 '나62-15'

여기 한 남자가 있다. 그의 가슴에는 '나62-15'라는 수인 번호가 새겨져 있다. 그 수인 번호 뒤에는 보이지 않는 또 하나의 이름표가 붙어있다. '종북'이라는 이름표다. 2012년과 2015년 사이, 각종 언론에 가장 많이 등장했던 남자. 그의 이름은 이석기다.

이석기가 갇혀 있는 곳은 아파트형 구치소라서 운동장이 없다. 바깥 공기를 쐴 수 있는 건 일주일에 한 번 운동시간에 옥상에 올라갔을 때뿐이다. 이석기는 쉴 수 있는 시간이 주어지면 어김없이 산을 찾을 정도로 산을 좋아했다. 갇혀 있는 고통 중 가장 심각한 것은 산에 대한 그리움이다. 옥상에 올라가면 하늘을 올려다보며 습관적으로 '산에 가기 좋은 날씨인지' 살펴본다. 그가 옥상에서 할 수 있는 것은 간단한 맨손체조뿐이다.

그는 옥상에서 내려와 좁은 침상 위에 허리를 펴고 정자세로 앉아 명상을 시작한다. 생각을 비우려고 여러 차례 심호흡을 한다. 아무리 애를 써도 꼬리에 꼬리를 물고 일어나는 상념을 떨쳐버리기 어렵다. 골백번도 더 되풀이한 생각이 다시 머릿속에 떠오른다. 나에게 도대체 무슨 일이 일어난 걸까? 2015년 1월 22일 대법원의 내란선동 유죄판결, 자유민주주의라는 대한민국에서 어떻게 이런 판결이 내려질 수 있을까?

이석기는 책상 앞에 앉았다. 말이 책상이지 실은 종이상자를 쌓아서 만든 책상 비슷한 것이다. 이석기는 노트를 펼치고 펜을 들었다. 그는 숫자 하나를 노트에 써내려갔다. 10. 그 숫자를 한참 내려다보다가 그 옆에 다시 10이라는 숫자를 하나 더 써넣었다. 그리고 또 하나의 10. 마지막으로 그는 9라는 숫자를 적었다. 이석기는 그 숫자들을 조합해서 하나의 수식을 만들었다. '10×3+9'라는 수식이다. 수식을 내려다보던 이석기는 피식 웃음을 흘렸다. 국정원 애들이 보면 이게 무슨 암호라고 하겠군. 남아있는 RO 조직원들에게 내리는 지령이라고 할지도 모르지. 하지만 그 숫자는 자신의 인생을 표현한 것일 뿐이다.

대학에 입학하자마자 시작한 10년의 민주화운동, 10년의 수배와 투옥, 출옥 후 10년 동안 기업을 운영하면서 진보 진영을 도와온 일, 그리고 이제 '내란음모 사건'으로 선고받은 9년이라는 형량. 그렇게 약 10년 주기로 인생의 전환기가 찾아왔다. 형기를 다 채우면 그는 2022년에 출옥하게 된다. 그때가 되면 그의 나이는 60대에 접어든다. 20대부터 시작한 민주화운동과 진보정치에의 투신은 40년 동안 그에게 가시밭길을 걷도록 강요하고 있다.

"이석기가 누구야?" 이석기가 2012년 통합진보당 비례대표 경선에 후보로 나서자 당 내부에서조차 그런 말들이 들려왔다. 그는 10년 동안 진보정치를 하는 사람들의 등 뒤에서 그들을 도왔지만 막상 정치 전면에 나서기로 결심한 것은 2011년 말경이었다. 후배들이 그에게 이제 뒤에서 돕는 일 말고 국회에 들어가서 일할 때라고 등을 떠밀었다.

'내가 누구인지 말할 수 있는 사람은 누구인가?' 셰익스피어가 《리어왕》에서 그렇게 말했던가. 하지만 정치하는 사람은 항상 자신이 누구인지 말할 수 있어야 한다. 그는 수많은 사람들의 선거를 도맡아 치러낸 선거전문가가 아닌가? 그는 직접 자신을 알리는 홍보영상물의 카피를 썼다.

10년
강산도 변한다는 10년
수배·투옥 10년
사상범이라는 굴레
30대에 집을 나서
40대가 되어
집으로 돌아갈 수 있었던 사람
젊은 시절 그 흔한 사진 한 장 없는 사람
언젠가 농민투쟁의 한 복판
거리에서 우연히 만난 이 사람
"어떻게 10년 동안 … 힘들지 않으세요?"
그저 말없이 환하게 웃던 사람

– 2012년 통합진보당 비례대표 후보 홍보영상물 중에서

이석기는 구치소에 들어온 후, 1990년대 말과 2000년대 초에 국가보안법 위반 혐의로 수배를 당해 피해 다니던 시절이 자주 생각났다. 그 수배생활 뒤에 투옥되었기 때문인지도 모른다. 독방에 갇혀있다 보니 기시감이 드는 걸까. 그 시절 그는 또 한 번 자신이 투옥될 거라는 생각은 해보지 않았다. 1987년의 6월항쟁 이후로 민주주의는 조금씩 발전하고 있다고 믿었다. 그러나 이제 이석기는 구치소의 독방에 앉아서 '민주주의는 정치의 체제이기보다 사회의 상태를 의미한다.'는 19세기 프랑스의 정치철학자 토크빌의 말을 곰곰이 되씹어보고 있다.

2000년 여름, 지리산에서

깨달음을 얻은 왕은 도대체 누구인가? 한영석(가명)은 화엄사 각황전(覺皇殿) 댓돌 앞에 서서 생각했다. 부처가 깨달은 왕이라는 뜻일까? 그러나 깨달음과 왕은 어울리지 않는다. 깨달은 자는 권력을 탐하지 않을 테니까. 현판의 글씨는 힘 있고 아름다웠지만 그 뜻은 뭔가 아리송했다.

"무슨 생각을 그렇게 하고 있어?" 이석기였다. 마치 땅에서 솟아나기라도 한 듯 불쑥 나타난 그는 영석의 어깨를 다정하게 감싸 안았다. 두 사람은 힘찬 포옹을 나누었다.

"그동안 많이 야위었네." 이석기가 영석의 얼굴을 보면서 안쓰럽다는 듯 혀를 찼다.

"사돈 남 말 할 때가 아닌 것 같은데. 형이 나보다 더 말랐어요." 영석이 말했다. 영석보다 머리 하나는 더 큰 이석기는 원래부터 마른 체격이지만 수배 생활을 하는 동안 더 살이 빠진 것 같았다. 그래도 입가에는 환한 웃음을 띠고 있다. 이석기는 입이 활짝 벌어지면서 눈이 온통 감기는 특유의 미소로 유명해서 함박웃음이라는 별명을 갖고 있었다.

"그런데 아까는 무슨 생각을 그렇게 골똘히 하고 있었어?"

"각황전이 무슨 뜻일까 하고요. 부처님이 깨달은 왕이라는 건가?"

"음, 이 전각을 불사할 때 전해지는 이야기에서 유래한 이름이라고 해. 하지만 부처님은 왕이라는 이름이 마음에 들지 않을 거야. 왕자로 태어났지만 왕궁을 버린 분이니까."

"다 인간들의 장난일 뿐이지. 부처님이 화려한 절을 지으라고 한 적도 없잖아. 부처님은 아마 이런 전각을 지을 돈이 있으면 배고픈 중생들에게 밥을 먹이라고 하셨을 거야. 어서 가자. 어두워지기 전에 한 걸음이라도 더 가야지."

이석기가 그렇게 덧붙이면서 배낭을 추스르고 앞장서서 절 마당을 성큼성큼 걷기 시작했다. 한영석도 각황전 앞에 내려놓았던 배낭을 다시 어깨에 메고 이석기의 뒤를 따라갔다.

서쪽으로 반쯤 기운 태양이 각황전의 그림자를 화엄사 절 마당 가운데까지 길게 늘이고 있었다. 둘은 원통전과 대웅전 앞을 지나

절 마당을 빠져나갔다. 계곡 건너 노고단을 향하는 등산로에 접어들자 곧바로 어둑한 숲 그늘이 나왔다.

이석기와 한영석은 등산로에 접어들어 화엄사 영역을 완전히 빠져나온 뒤로는 마치 행군을 하는 군인들처럼 말없이 걷는데 몰두했다. 세상을 떠들썩하게 만든 민족민주혁명당(민혁당) 사건의 수배자인 두 사람은 도피생활을 하면서 극심한 정신적, 육체적 피로를 느꼈다. 수배생활에서 마땅한 대책이라는 게 나올 리 없었지만 만나서 답답한 심사나 풀어볼까 하고 어렵게 약속을 잡았다.

둘 다 산을 좋아하는 터라 지리산에서 만나기로 했다. 지리산의 광대한 공간 속에서 두 사람의 존재란 물 한 방울에 불과하다. 두 사람은 산속에서 마음껏 울분을 터뜨리고, 토론하고, 대책을 연구해볼 요량으로 지리산의 품속으로 오르는 것이다.

노고단을 1Km 가량 앞두고 어둠과 가파른 비탈길이 동시에 밀어닥쳤다. 이석기와 한영석은 헤드 랜턴을 켜고 계속 발걸음을 재촉했다. 대피소 예약을 할 수 없는 처지라 비박을 해야 한다. 등산객들로 번잡한 노고단대피소를 지나 지리산 주 등산로를 어둠 속에 한 시간을 더 걸었다.

두 사람은 피아골 삼거리 근처에서 사방을 둘러 볼 수 있으면서도 아늑한 숲 자락을 찾아내고 비박 준비를 했다. 사실 크게 준비할 것도 없었다. 바닥을 편편하게 고르고 각자의 배낭에서 침낭을 꺼내어 펼쳐놓으면 되었으니까.

김치 한 조각도 없이 라면을 끓여 저녁을 때우고 이석기와 한영석은 언덕배기 위에 나란히 앉았다. 둘의 모습은 영락없이 60여 년 전 고립무원의 빨치산들이 굶주림과 토벌대의 압박에 떨며 처량한 밤을 보내던 광경을 닮았다.

분단조국에 태어난 죄

영석이 건네는 소주 팩을 받아 들면서 이석기가 말했다. 둘은 팩에 빨대를 꽂고 소주를 빨아서 몇 모금씩 마셨다. 두 사람은 장엄한 자연의 풍광에 압도되어 말이 없었다. 그렇게 많은 별이 떠 있는 밤하늘이라니! 산에서 비박을 한 게 처음은 아니지만 오늘밤처럼 많은 별을 한꺼번에 본 적은 없는 것 같았다. 아름답고도 슬픈 야영이었다.

한영석은 소주를 몇 모금 넘기자 답답함과 울분, 슬픔이 마구 뒤섞여 목구멍으로 올라오는 것 같았다. 그가 갑자기 짐승 같은 소리를 내며 크게 울부짖었다.

"아아아!"

"우우우!"

이석기도 늑대 울음소리를 내면서 맞장구쳤다. 영석이 말했다.

"형, 우리 언제까지 이렇게 도망 다녀야 하죠?"

"…"

이석기는 은하수가 흘러가는 밤하늘을 올려다보며 말이 없었다.

"우리가 뭘 잘못했다고 이렇게 피해 다녀야 하죠?" 한영석이 다시 투정하듯이 말했다.

"잘못? 잘못이 많지. 분단된 조국에서 태어났다는 게 원천적인 잘못이지." 이석기가 말했다.

"그게 어떻게 우리 잘못이에요? 누가 여기서 태어나고 싶어서 태어난 것도 아닌데." 한영석이 투덜거렸다.

"그래. 네 말이 맞다. 잘못이라기보다는 기독교식으로 말하면 원죄라고 할까 그런 거 아니겠냐?" 이석기가 소주 팩을 들고 고개를 뒤로 젖혀 마지막 한 모금을 빨아 마시면서 말했다.

한영석은 먹먹해져서 이석기처럼 고개를 뒤로 젖히고 소주를 빨아 마셨다. 밤하늘을 가득 채운 별들이 얼굴로 쏟아져 내릴 것만 같았다. '원죄라. 그렇지. 분단된 조국에서 태어난 것, 그게 문제구나.'

"형은 계속 피해 다닐 거예요?"

"응. 도피도 투쟁의 한 과정이라고 생각해. 부당한 공권력 행사에 순순히 굴복하고 싶지 않거든."

이석기는 한영석의 대학 2년 선배다. 한영석에게 이석기는 어떤 고민이든 털어놓을 수 있고 어떤 문제를 내놓아도 합리적인 답을 제시해주는 사람이었다.

한영석은 대학을 졸업하고 지역에서 사회운동을 할 때도 풀리지 않는 문제가 있으면 이석기를 찾아가 조언을 구했다. 한영석이볼 때 이석기는 바둑으로 치면 항상 서너 수 앞을 내다보고 돌을 놓는 고수였다. 이석기는 수배 생활 중에도 합법정당, 진보정당 운동에 관해 고민했다.

선거를 통한 혁명이 가능하다

"영석아, 우리가 왜 1987년 6월항쟁 이후에 지역에서 시민사회운동을 계속하기로 했는지 기억나지?"

"당연히 기억나지요. 학생들과 노동자들의 피를 바쳐 이룩한 민주주의가 보수독점의 정당체제 속에서 권력 나눠먹기로 귀결된 것을 받아들일 수 없었기 때문에 우리 힘으로 올바른 사회변혁운동의 노선을 정해서 활동하기로 한 거잖아요."

"그래. 재주는 곰이 넘고 돈은 되놈이 벌어먹는다고 민주세력들이 목숨 바쳐 대통령 직선제 개헌을 쟁취했지만 정치와 사회를 변화시키는데 민주세력들은 배제되고, 그 결과로 계급 문제나 민족 문제는 조금도 해결된 게 없으니까."

"그렇죠. 불평등 구조는 더 심해졌으면 심해졌지 덜해지진 않았지요. 김대중 정부가 햇볕정책이니 뭐니 하지만 실질적인 통일 전망은 아직 요원하기만 하고."

"그래. 그러니까 당연히 우리가 하려고 했던 일을 계속해야지. 세상이 더 나빠졌는데 세상을 바꾸려고 시작한 일을 그만둘 순 없잖아. 영석아, 우린 어쨌든 사회변혁운동을 계속하면서 이제 정당정치를 통해서 민중이 주인 되는 세상을 만들어야 돼."

"지난번에도 이야기했지만 형은 우리 모두 제도권 정치로 들어가야 한다고 생각하세요?"

"사회가 발전하면서 그 사회를 변화시키는 방법도 발전하는 거야. 난 이제 선거를 통해서 혁명이 가능하다고 봐."

"지금 같은 보수정당 중심의 정치 지형 속에서 그게 가능할까요?"

"어쨌든 1997년에 DJ는 정권교체를 이뤘잖아."

이석기의 말에 영석이 고개를 저었다.

"DJ는 진보가 아니지 않습니까? 보수야당 속에서 정치해온 정치 엘리트일 뿐이잖아요. 우리하고는 뿌리가 다르잖아요."

"당장은 안 되겠지만 시간을 두고 제도권 안에서 진보정당의 지분을 키워나가면 되지 않을까? 10년만 공을 들이면 될 거라고 봐. 우린 아직 젊어. 우리 동지들이 다 힘을 모아서 제도권 진입을 위한 기초를 세우자고."

이석기의 말에 영석이 고개를 끄덕거렸다.

"당장 이 사건은 어떻게 대처해야 하죠?"

"한 시대가 끝나고 새로운 시대가 오려면 통과의례가 필요하지 않을까? 치러야 할 게 있다면 치르고 넘어갈 수밖에. 이 일이 나에게서 끝나고 너는 무사하길 바라지만…."

이석기가 한영석의 눈을 들여다보며 말했다. 영석은 고개를 뒤로 젖혀 끝없이 펼쳐진 별무리 속에서 은하수를 찾았다. 이석기가 각황전 이야기를 꺼냈다.

"아까 화엄사에서 각황전에 대해서 물었지?"

"네. 왜요?"

"각황전을 설립하게 된 배경 설화 같은 게 있어. 한 번 들어볼래?"

'실사구시'와 '정의는 이긴다는 믿음'

이석기는 한영석에게 각황전의 중건불사에 얽힌 이야기를 해주었다.

각황전의 원래 이름은 장륙전이었다. 계파선사가 불사를 일으키기 위해 대발원의 기도를 올린 지 백일 만에 꿈에서 문수보살이 일러준 대로 화주승을 뽑았는데 공부를 많이 한 스님들 대신 10년을 일한 공양주 스님이 뽑혔다. 화주승으로 뽑힌 공양주 스님은 꿈에서 문수보살이 나타나 일러준 대로 아침에 제일 먼저 만나는 사람에게 시주를 권하기로 하고 길을 나섰다. 화주승이 제일 처음 만난 사람은 움막에서 혼자 살면서 절에 와서 일을 해 주고 밥을 얻어먹는 거지노파였다. 화주승은 문수보살의 지시를 생각하고 노파에게 절을 하며 장륙전을 지어달라고 부탁했다. 아무 대안이 없는 노파는 화엄사를 향해서 "이 몸이 죽어 왕궁에 태어나서 큰 불사를 이룩하리니 문수보살이시여, 가호를 내리소서!" 이렇게 원력을 아뢰며 수십 번 절한 뒤 소(沼)에 몸을 던졌다. 화주승은 너무 갑작스런 일에 놀라서 그 길로 멀리 도망쳤다. 그 후 5~6년이 흘러 한양성 창덕궁 앞을 서성거리던 화주승은 어린 공주를 만나게 된다. 공주는 우리 스님이라면서 화주승에게 매달렸다. 공주는 태어나면서부터 한쪽 손을 쥔 채로 펴지 않았다. 화주승이 꼭 쥐고 있던 그 손을 만지니 공주의 손이 펴지는데 손바닥에 '장륙전'이라는 석 자가 쓰여 있었다. 이 소식을 들은 숙종대왕은 화주승을 내전으로 불러 자초지종을 모두 듣고 감격하여 "오! 장하도다. 노파의 깨끗한 원력으로 오늘의 공주로 환생했구나. 그 원력을 이루어줘야 하고말고." 하며 장륙전 건립의 대 서원을 발하였다. 이렇게 하여 나라에서는 공주를 위해 장륙전을 중창할 비용을 하사했고, 장륙전이 완성되자 사액을 내려 '각황전'이라고 하였다.

이석기는 옛날이야기를 하듯이 긴 이야기를 들려주었다. 영석은 이석기가 왜 그런 이야기를 하는지 몰라서 그저 고개를 끄덕거리며 듣고 있었다.

"아까 얘기한 것처럼 전각을 짓는 게 부처님 뜻하고는 무관한 거라고 해도 불교나 절이 우리 민중들에게 큰 정신적 위안을 준 건 사실이지. 무엇보다도 이 이야기에는 중요한 교훈이 들어 있어. 그게 뭘까?"

이석기가 한영석을 바라보며 질문을 던졌다. 영석은 뭔가 중요한 것이 있는 것 같은 느낌은 왔지만 꼭 집어서 설명하기가 어려웠다.

"첫째는 왜 공양주 스님이 화주로 뽑혔을까 하는 점인데, 목탁을 두드리고 경을 외우고 수행하고 설법을 하는 스님들보다 10년 동안 밥을 지어 사람들을 먹인 사람이 더 많은 공덕을 쌓은 사람이고 중요한 일을 감당할 사람이라는 뜻이겠지. 둘째는 거지 노파의 믿음이 얼마나 지극한가 하는 건데, 자기가 믿는 것을 위해서 목숨을 내놓는 그 용기가 대단하잖아. 우리가 운동할 때 이런 정신이 필요해. 사람들이 실제로 필요로 하는 걸로 도움을 주되 그 사람들 속에 들어가서 정성을 다하는 것, 그리고 우리가 옳다고 믿는 것을 위해서는 목숨도 내놓을 수 있는 용기, 이 두 가지가 있으면 안 되는 게 없다는 게 내 생각이야."

각황전에 빗대어 이야기한 두 가지 교훈은 이석기가 민주화운동을 하면서 늘 강조하는 방식과 가치관이었다. '실사구시'와 '정의는 이긴다는 믿음' 이 두 가지를 잊지 말라고 했다. 한영석은 그 뒤로 사회변혁운동을 하면서 이날 들은 '각황전의 교훈'을 자주 떠올렸다.

두 사람은 오직 라면만 먹으면서 피아골 – 천왕봉의 지리산 종주를 감행했다. 장터목 대피소 인근에서 하룻밤을 더 지내고 천왕봉을 오른 뒤에 헤어졌다. 이들은 사진 한 장 남기지 않은 지리산 종주를 끝내고 나서 천왕봉에서 마지막 대화를 나누었다.

"앞으로 무슨 일이 기다리고 있을지 모르지만 몸 건강하고 우리가 품은 뜻은 절대 잊지 말자."

"형! 건강하세요."

두 사람은 처음 만났을 때처럼 굳은 포옹을 나누고 헤어졌다. 이석기는 백무동 계곡으로 하산하여 남원에서 서울로 돌아갔고 한영석은 중산리로 하산하여 진주를 거쳐 부산으로 갔다. 혹시 있을지도 모르는 추적을 피하기 위해서 내려가는 길을 따로따로 잡은 것이다.

어둠 속에 자지러지는 별을 쳐다보며 자다 깨다 하던 그 두 밤, 이석기와 한영석은 많은 이야기를 나누었다. 통일에 대한 열망과 노동자, 농민 등 사회적 약자들이 제대로 대접받고 사는 나라를 만들어야 한다는 결의를 다지고, 구체적으로 어떤 활동들이 필요한지, 사회변혁운동의 내용에 대해서 이야기했다.

합법정당,
선거혁명 노선으로

"

셀 수 없이 다양한 용기와 신념의 행동들이야말로
인간의 역사가 형성된 배경이다.
사람들이 이상을 위해 일어설 때마다,
혹은 타인의 운명을 향상시키기 위해서 행동할 때마다,
혹은 불의에 맞서 투쟁할 때마다,
그는 아주 작은 희망의 물결을 일으킨다.
그리고 그 물결은 힘과 용기의 원천으로부터 합류한
수백만의 사람들을 가로지르며 조류를 형성한다.
가장 강한 탄압과 반대의 벽마저 허물어 내릴 수 있는
조류를 형성하게 되는 것이다.

"

- 로버트. F. 케네디 -

'수사기록에 이름 한 점, 지문 한 점 남기지 않은 사람'

이석기는 지리산에 다녀온 지 2년 뒤인 2002년 5월에 체포되어 징역 2년6월을 선고받았다. 이석기는 2003년 8월 15일에 광복절 특사로 석방되었다.

당시 재판부는 이석기에게 국가보안법(반국가단체구성 등)을 적용해 유죄를 선고했다. 그러나 이석기는 국정원과 검찰 수사를 받을 때나 재판받을 때 한 번도 자신의 혐의를 인정하지 않았다. 비례대표 경선 홍보영상물의 내용 중 '수사기록에 이름 한 점, 지문 한 점 남기지 않은 사람'이란 그런 사실을 두고 하는 말이다.

민혁당 사건은 언론에서 '주사파의 대부'라고 부르던 김영환이 전향한 뒤 자신이 주도적으로 조직했던 민혁당에 대해 털어놓으면서 1999년에 불거진 대형 공안사건이다. 당시 민혁당 관련자 중 김영환 등은 전향 의사를 밝혔고, 하영옥과 심재춘 등은 혐의를 부인했다. 이석기도 혐의를 부인했다.

민혁당 사건의 진실은 아직도 많은 부분이 엇갈린 진술 속에 가려져 있다. 민혁당 관련자 중에서 두 번이나 밀입북해서 김일성을 만나고 공작금까지 받아 쓴 김영환은 동지를 판 대가로 처벌을 면제받았다.

당시 '동지'를 배신했던 김영환은 2014년 '통합진보당해산심판'의 재판에 증인으로 나왔다. 1999년 재판 때 했던 자신의 진술을 번복하면서 이석기는 물론이고 그 당시는 거론하지도 않았던 통합진보당 인사들을 지목하면서 민혁당 관련자라고 증언했다. 김영환은 그 사건 이후 17년 동안 그들을 한 번도 만난 적이 없다고 시인하면서도 주체사상을 신봉하던 그들은 지금도 '주사파'가 틀림없다고 장담했다.

언론에서 주사파의 원조, 주사파의 대부라 부르는 김영환은 생각이 백팔십도 바뀌었는데 왜 그들은 조금도 달라지지 않았다는 것인지 그 이유는 밝히지 않았다. 김영환은 사람의 마음을 읽는 독심술을 터득한 모양이다. 후삼국시대의 궁예처럼 말이다.

민혁당 사건은 사건이 터진 미묘한 타이밍 때문에 의혹을 불러일으켰다. 당시 국정원의 수사 발표를 읽어보면 그들은 이미 1997년경에 김영환과 하영옥 등 이 사건 관련자들의 혐의를 파악하고 있었다고 하는데 왜 1999년까지 기다렸을까? 《신동아》의 김당 기자가 취재한 '민혁당 사건 심층취재'라는 기사에 다음과 같은 내용이 나온다.

게다가 민변은 김대중 대통령의 국가보안법 개정 발언 이후 양심과 표현의 자유를 위협하는 국가보안법의 개폐(改廢)에 총력을 기울이기로 이미 내부적으로 총의를 모은 상황이었다. 따라서 일부에서는 김영환 씨 사건은, 민변과 재야 시민인권운동 단체들의 국가보안법 철폐운동에 위기감을 느낀 공안·수사 당국이 이 운동에 찬물을 끼얹기 위해 의도적으로 사건을 확대·조작했거나 적어도 타이밍을 맞춘 것이 아니냐는 의혹을 품었던 것이 사실이다.

모두가 알다시피 대한민국에는 아직 국가보안법이 시퍼렇게 살아있다. 살아있는 정도가 아니라 유신시대보다 더한 위세로 사람들을 잡아 가두고 머릿속에 들어있는 생각까지 꿰뚫어 보고 처벌하는 초능력을 발휘하고 있다. 국가보안법은 민주주의의 근간인 자유주의적 가치를 크게 훼손하고 있다.

전민항쟁 노선에서 합법정당 노선으로

2013년 9월, 이석기는 구속되고 재판을 받는 과정에서 민혁당 사건으로 구속되기 전후의 일들을 자주 떠올렸다. 법정에서는 전민항쟁 노선에 대한 논쟁이 끝없이 벌어졌다. 검사는 이석기와 그의 동료들이 비합법적 방식으로, 내란이라는 폭력적 방법으로 정권을 전복하려 했다고 주장하면서 어떡하든 그런 사실을 증명하려고 안간힘을 썼다. 전민항쟁을 할 것이냐 아니냐는 운동권 내부에서 벌어졌던 해묵은 논쟁이다. 그들은 그때 이미 치열한 토론과 논쟁을 통해서 합법적 정당 노선을 선택했다. 그리고 10년 넘게 합법정당으로 활동하면서 국민의 지지를 끌어내고 선거를 통해 의석을 늘려나갔다. 그런 그들에게 억지로 과거의 굴레를 씌워 불법집단으로 낙인찍으려는 것이 이번 재판이었다.

사실 1990년대 중반과 후반에 진보진영의 합법정당 건설 논쟁은 매우 광범위하게 벌어졌다. 오늘날과 같은 진보정당 노선은 하늘에서 떨어진 것이거나 누가 가르쳐 준 것이 아니라 현실의 변화에 적응하면서 실천을 통해서 노선을 정립하고 검증하는 과정에서 얻은 것이다. 이석기는 민주노동당 설립 전인 1998년에 수원의 노동운동가 K와 나눴던 대화를 회상하면서 전민항쟁 노선과 합법정당 노선에 대한 당시의 논점들을 복기해 보았다.

K 작년 말 대선에서 권영길이 대통령 후보로 출마하고 이제 합법정당을 만들자는 움직임이 있는데요. 나는 이런 움직임이 이해가 되기도 하지만 한편으로는 영 개운치 않다는 생각도 있어요. 과연 이 사회에서 합법정당이 가능한가, 합법정당을 한다는 것은 결국 근본적인 개혁을 포기하는 것이 아니냐 하는 의구심이 들거든요.

이석기 나는 길게 보면 1987년 이후의 변화, 그리고 짧게 보면 작년 초의 노동법 날치기 개악 반대 총파업을 잘 생각해 보아야 한다고 생각합니다. 1987년 이후에 우리는 광범위하게 노동조합을 만들었습니다. 어용노조를 뒤엎기도 했고, 민주노조를 새로 만들기도 했습니다. 그런데 어떤 식으로 노조를 만들건 결국 선거를 치러서 새로 집행부를 세워야 합니다. 이것이 법적 요건이니까요. 조합도 그런데 국가는 어떻겠습니까? 합법이라는 말에 거부감을 가질 필요가 없습니다. 제도적으로 합법인 것도 중요하지만 진짜 중요한 건 조합원이든 국민이든 우리를 인정하는 게 중요합니다. 지금 선거 없이 어떤 혁명이 가능하겠습니까? 4·19혁명이나 6월항쟁도 그 성과 위에서 다시 선거를 했습니다. 이런 절차적 정당성을 거치지 않게 되면 목적이 아무리 정당해도 대중적 동의를 얻기 어렵게 됩니다.

K   그렇게 해서 정당을 만들고 선거혁명을 하자는 겁니까? 그건 이미 세계적으로 모두 안 된다고 결론이 난 합법주의, 개량주의 아닙니까? 우리가 권영길을 앞세워 대통령 선거에 나섰던 것은 선거라는 열린 공간에서 우리의 주장을 펼쳐보자는 것이었지 선거에서 당선된 저들을 인정하겠다는 게 아니었다는 걸 동지도 잘 알지 않소?

이석기   그런 생각이 운동권 내에 많이 있다는 걸 나도 잘 알아요. 하지만 그런 생각을 평범한 사람들에게 말한다면 어떻겠어요? 우리가 사람을 속이는 게 됩니다. 민중을 속여서는 안 됩니다. 되는 일은 된다고 말하고 안 되는 일은 안 된다고 해야지요. 87년에 우리는 거리에서 싸웠습니다. 왜냐하면, 우리 국민에게 권력을 바꿀 기회 자체가 없었으니까요. 이제 저들은 과거처럼 노골적인 부정선거를 할 수도 없고 선거 자체를 없앨 수도 없습니다. 설령 우리가 4·19나 6월항쟁처럼 정권을 무너뜨린다고 해도 다시 공정한 선거를 통해서 국민의 목소리를 확인해야 합니다. 이걸 준비하지 않고 거리에서의 시위만으로 권력을 바꿀 수 있다고 보아서는 안 됩니다. 동지도 잘 알겠지만 이제 거리에서 시위를 하지 말자는 것이 아닙니다. 우리가 언젠가 맞닥뜨릴 투쟁, 선거 투쟁을 준비해야 하고 그러자면 정당을 만들어야 한다는 것입니다.

K   동지도 과거 민중당이 나오던 1990년대 초반에는 합법정당에 회의적인 입장이 아니었습니까?

이석기 그건 준비 정도가 낮았기 때문입니다. 합법정당은 무조건 안 된다거나 합법정당을 반드시 해야 한다는 게 아닙니다. 무슨 불변의 노선이나 원칙이 있는 게 아닙니다. 생각해 봅시다. 1990년, 1991년에 노태우 정부 아래서 합법정당을 만드는 게 과연 의미가 있었을까요? 나는 지금 법이나 제도를 이야기하는 게 아닙니다. 민중의 상태를 이야기하는 겁니다. 그 당시에 우리와 가장 가깝다고 할 수 있는 노동조합원들, 농민회원들이 과연 정당을 하자, 정치를 하자, 선거에서 우리가 이길 수 있다, 이런 말에 쉽게 동의를 했겠냐는 것입니다. 모든 일을 할 때 대중이 주체가 될 수 있느냐를 봐야 합니다. 노동자들이 준비가 되어 있어야 해요. 진보정당운동, 합법정당운동이 지금까지 실패한 이유가 그겁니다. 준비 정도가 낮은데 무리하게 투쟁을 하면 안 된다는 걸 동지도 잘 알 것입니다. 세상만물은 변화합니다. 우리 민중의 생각도 바뀝니다. 그걸 조금 앞서나가는 게 우리 같은 사람들

의 몫입니다. 그때는 어려웠지만 이제는 가능합니다. 우리
는 민중을 주체로 봐야 합니다. 각성된 인텔리만 모여서 진
보정당, 합법정당을 하는 건 가능하지 않아요. 하지만 이제
민중이 변화하고 있습니다. 과거의 실패를 우려할 필요가
없습니다.

K 합법의 틀에 얽매이게 되면 과감한 투쟁을 하지 못합니다.
선거는 저들이 짜놓은 판이에요. 거기서 진보적 견해를 가
진 정치인들이 살아남을 수 있다고 생각합니까? 우리는 우
리가 잘할 수 있는 곳에서 승부를 봐야 합니다. 저들이 돈
과 지역주의로 오염시켜 놓은 곳에서 우리가 이길 수 있으
리라고 보는 것은 맞지 않아요.

이석기 좋습니다. 그렇다면 남은 것은 실천이지요. 생각만 놓고 갑
론을박할 필요가 없어요. 나는 어떤 노선이 옳았느냐 아니
냐는 결국 실천을 통해서 판가름난다고 봅니다. 동지와의
토론은 도움이 되었습니다. 앞으로 우리가 겪게 될 문제일
수도 있겠지요. 일단 각자 현장에서 최선을 다해 보고 또 만
나서 검토해 봅시다.

너무 성급하게 열매를 따려고 했던 것인가?

이석기와 K는 각자 현장에서 자신들이 옳다고 믿는 가치를 실현하
려고 최선을 다했다. 그리고 지금, 이석기는 감옥 안에서 그동안의

선택과 실천들에 대해서 하나하나 되돌아보고 성찰하는 시간을 가지려고 노력한다. 진보정당이 선거에서 승리할 수 있도록 과학적 선거를 도입해서 선거운동을 하고, 민중 속에 들어가 통일운동에 대한 참여를 이끌어내고, 당원들의 수를 늘려가면서 참여도를 높이고, 진보통합으로 정권교체의 큰 그림을 그려냈던 것이 그의 선택과 실천이었다. 그는 낙관론으로 그 모든 과정을 이끌어왔지만 지금 그는 구치소의 독방에 갇혀 있다. 어디서부터 무엇이 잘못된 것일까? 너무 성급하게 열매를 따려고 했던 것인가?

2000년도에 학생운동을 거쳐 청년운동을 하던 후배 M과의 대화는 민주노동당이 창당하고 난 후의 고민들을 되돌아보게 했다.

M   민주노동당이 창당되었습니다. 궁금한 게 많았는데 여기에 다 같이 합류해야 하는 건가요? 전국연합에서는 여전히 양 날개론이 주류를 이루고 있습니다. 전선과 당을 양 날개로 전진한다는 것인데 알고 계시지요?

이석기   '3년의 계획, 10년의 전망'을 말하는 거지? 나도 읽어봤다. 전선도 중요하고 당도 중요하다는 말인데 그 자체로는 별다른 게 없더군. 더 정확히 말하면 대중조직이 중요하고, 전선이 중요하고, 당이 중요해. 그런데 지금 운동을 놓고 보면 역시 노동조합과 정당이 양축을 이루게 될 것이다. 헌법에 나오는 조직에서 정부조직을 빼면 두 가지 조직이 남아. 그게 바로 노조와 정당이지. 이들의 연합체가 전선이고. 우리가 노동조합의 시민권을 얻은 게 1987년이었어. 그 전에는 노조도 다 불법단체요 폭력조직이었지. 이제 우리의 정당이 시민권을 얻을 수 있는 때가 되었어. 그러자면 우리가 미처 해보지 않았던 많은 일을 해야 한다. 선거법도 알아야 하고 정당법도 익혀야 해.

M 노조, 농민회, 학생회 그리고 전선, 이건 익숙한데 정당은 아직 어색합니다. 함께 하는 사람들도 낯설고요. 선거도 막상 하려니까 쑥스럽다는 생각이 듭니다.

이석기 우리에게 왜 정당이 필요하고 정치세력화가 필요한지를 분명히 자각하는 게 우선이야. 이걸 이해해야 새롭고 쑥스러운 일들을 헤쳐 나갈 힘이 생기는 법이지. 1996년 말에 노동자들이 총파업을 벌였고, 김영삼 정권을 녹다운시키고 노동법 개악을 막았어. 그런데 1년 뒤 그 법은 김대중 정권 아래서 그대로 통과됐지. 총파업은 우리가 할 수 있는 최선이었는데 결국 정리해고가 들어오는 걸 막지 못했어. 정치를 하자는 것, 정당을 만들자는 건 자연스럽게 나올 수밖에 없었던 거지. 노동자들이 이렇게 생각하는 것을 잘 봐야 해. 이건 무슨 레닌이건 모택동이건 북이건 상관없고, 교과서에서 하는 이야기가 아냐. 우리 스스로 헤쳐 나가야 하는 새로운 길이야. 그걸 먼저 깊이 새겨야 해. 선거는 별 것이 아냐. 집회와 시위를 하는데 들였던 공을 선거에도 들이면 된다고 봐. 이미 울산에서는 김창현이 도의원을 거쳐 구청장에 당선된 경험도 있어. 성남의 정형주도 무소속으로 8%의 지지를 얻은 적이 있지 않나. 현장의 다양한 흐름이 노동조

합으로 모이고, 지역의 풀뿌리들이 이미 지방의회로 진출하
고 있어. 이런 게 모이면 정당이고 정치다. 어려울 것이 없
어.

M   그런데 진짜 우리 국회의원이 나오긴 나올까요?

이석기   이번에는 몰라도 다음에는 틀림없이 된다. 이미 지방선거에
서 해 보지 않았나? 지방선거는 되는데 국회의원선거는 안
된다? 그렇게 생각할 필요 없어.

이석기는 눈을 반짝거리며 우리 당에서 국회의원이 나오겠느냐
고 묻던 M의 앳된 얼굴을 기억한다. 그들은 해냈다. 그 낯설고 어
색하고 쑥스럽던 선거판에서 승리를 일궈냈다. 민주노동당이 선거
를 통해서 처음으로 대중들의 선택을 받게 된 것은 2002년이었다.
그때 지방선거에서 구청장이 2명 당선됐고 지방의회에 80여 명이
진출했다. 이때부터는 당원들이 '아, 우리도 되는구나.' 하고 안도했
다. 그때까지는 일부 각성된 사람들이, 민주노총이 하자고 하니까
긴가민가하면서 따라간 측면도 있었는데 2002년부터는 아무도 의
심하지 않았다. 다소 미온적인 태도를 보였던 재야의 진보 세력이
당에 합류했다.

이런 변화를 이끈 것은 경험이었다. 실제로 선거에서 이기는 것
을 보자 본격적으로 달려든 것이다. 사람의 생각은 잘 바뀌지 않지
만 실천은 사람의 생각을 바꾼다. 실천이 중심이다. 현실이 생각을
끌고 간다. 이석기는 자신의 오랜 신념을 그때 재확인했다.

03
—

양날의 칼,
'부정선거'와 '종북'

"

상황을 요약하자면 이렇다.

지성과 자존심과 미모를 겸비한 여성이 이런 곳에 들어온다.

사내들은 자신들에게 결여되어 있는 것,

영원히 가질 수 없는 것의 전형을 그녀에게서 보게 된다.

그들은 자신들을 이런 쓰레기통으로 던져버린

성격적 결함에 직면하게 된다. 증오와 질투와 후회 따위의 감정들이

밀물처럼 그들의 새대가리 속으로 박히는 것이다.

결국 그들이 결정한 것은 그녀도 후회하도록 만들어주겠다는 것이다.

그녀의 지성을 후회하고, 미모를 후회하고,

무엇보다도 그녀의 오만함을 후회하도록 만들어주어야 한다.

그들은 그녀를 박살내 줄 심산이다.

바에 가두고 짓밟고 더럽히는 것이다.

"

- 데니스 루헤인, 《가라 아이야 가라》 중에서 -

19대 국회의원 당선 다음날 북한산에 올라

산 정상부에는 아직도 군데군데 눈이 남아있었다. 4월 하고도 12일, 새잎으로 단장한 나무들과 여기저기 피어난 들꽃 덕분에 숲은 신선하고 아름다웠다. 인수봉 정상에 올라서니 등에 땀이 났다. 시원한 바람이 불어와 상기된 얼굴을 식혀 주었다. 이석기는 2012년 제19대 국회의원 선거가 끝난 다음날인 4월 12일 목요일에 혼자서 북한산을 찾았다. 날이 채 밝기도 전, 어두컴컴한 새벽에 집을 나섰다.

  세 시간을 쉬지 않고 걸었다. 선거운동 때문에 한동안 산에 오르지 못한 탓인지 처음에는 발이 좀 무거웠으나 삼사십 분이 지나자 몸이 풀리고 발걸음이 가벼워졌다. 이석기에게 산행은 일종의 명상이다. 이석기는 처음에 지리산으로 행선지를 정했지만 마음을 바꿔 북한산으로 향했다. 지금 서울에서는 자기를 찾는 사람들이 많을 것이다. 그들을 너무 오래 기다리게 할 생각은 없다. 하지만 조금은 시간을 벌고 싶었다. 혼자서 생각을 정리할 시간이 필요했다.

집을 나서면서 전원을 꺼놓은 휴대폰은 등산배낭 안쪽에 깊숙이 넣어두었다. 산에서 내려가 여의도에 있는 회사로 들어가면 전원을 켤 생각이다.

2012년 4·11총선의 성적표는 나쁘지 않았다. 지역구에서 7명이 당선됐고, 비례대표 당선자 6명이 확정되었다. 이석기는 당내 경선에서 비례대표 전체 순위 2위, 일반명부 1위를 차지해 국회의원에 당선됐다. 지난 10년 동안 선거를 참 많이도 치렀다. 2003년에 감옥에서 풀려나올 때, 이석기는 이미 자신이 할 일을 정했다. 선거혁명을 통해 자신의 신념을 이루기로 한 이상, 선거에 이기기 위한 구체적 방법을 찾아야 했다. 그는 선거 전략과 홍보를 담당하는 회사를 차리고 동지들의 선거를 돕기 시작했다. '진보의 선거는 이석기 이전과 이석기 이후로 나뉜다'는 말이 나올 정도로 성과를 냈다.

이번 선거는 지난 10년의 경험과 역량을 총동원해서 열심히 뛰었다. 비례대표 후보로 출마했지만 자신의 당락에는 크게 신경 쓰지 않았다. 믿는 구석이 있어서이기도 하고 지역구 선거가 워낙 중요했기 때문이기도 했다. 이석기는 민주노동당 당권파라고 불리는 자신의 정파에서 내놓은 유일한 비례대표 경쟁 부문 후보였다. 국민참여당이나 새진보통합연대(진보신당 탈당파), 민주노총 등의 진영이 여러 명의 후보를 내놓은 걸 감안하면 이석기가 일등이나 이등을 차지하는 것은 자연스러운 일이었다.

민주통합당과의 야권 후보 단일화 과정에서 출마가 확정된 통합진보당 지역구 후보들 중 이석기가 선거운동을 맡은 성남 중원의 김미희, 관악 을의 이상규, 전남 순천 곡성의 김선동, 광주 서구의 오병윤은 하나같이 힘든 선거를 치렀다. 선거란 승패가 갈리는 순간 운명이 바뀌는 엄혹한 경쟁의 장이다.

이석기는 이번 선거에 자신의 모든 것을 걸었다. 몸을 네 개로 쪼개고 싶었지만 그럴 수 없어서 자신은 김미희의 선거에 집중했다. 자기의 분신처럼 뛰어주는 직원들이 있어서 나머지 선거들도 차질 없이 치를 수 있었다. 자신이 도운 지역구 후보들이 모두 당선됐다. 그는 지난 30년 동안의 헌신이 동지들뿐만 아니라 유권자인 국민에게도 인정받은 것 같은 성취감을 느꼈다.

통합진보당은 19대 총선에서 지역구 7명, 비례대표 6명으로 총 13석의 의석을 얻었다. 통합진보당 지도부는 선거 결과가 나오고 나서 국민들 앞에 머리 숙여 사과했다. 통합진보당이 야권연대를 하면서 목표로 내세운 20석에 훨씬 못 미쳐 원내교섭단체 구성에 실패한 것을 패배로 인정하고 머리를 숙인 것이다.

이석기는 이런 제스처에 공감할 수 없었다. 18대 총선에서 민주노동당은 총 5석을 얻었었다. 그 후에 보궐선거와 당 통합으로 총 7석으로 늘어난 의석이 19대에 와서 6석이 늘어 13석이 되었는데 어떻게 패배라고 할 수 있을까. 정당 득표율은 18대보다 4.6%나 올라간 10.3%였다. 이석기는 이번 선거에서 18대보다 훨씬 많은 지지를 보내준데 대해서 유권자들에게 감사의 인사를 하는 게 맞는 일이라고 생각했다.

20석은 처음부터 무리한 목표였다. 새진보통합연대의 심상정과 노회찬, 국민참여당 출신의 강동원이 각각 지역구에서 당선되었으나 국민참여계는 서울 은평 을에서 출마한 천호선을 비롯해 수도권 출마자 전원이 낙선해 충격을 안겨 주었다. 민주노총 국민파의 경우 지역구 출마자는 없었으며 총선에 앞서 진행된 당내 비례대표 경선에 나순자, 이영희 등의 후보가 출마했지만 당선권에 들지 못했다. 선거 결과를 받아든 참여계와 민주노총계, 새진보통합연대의 분위기는 무겁게 가라앉아 있었다. 비당권파의 후보들과 당원들 사이에서 불만의 목소리가 터져 나왔다.

이석기는 심호흡을 하고 가볍게 체조를 하며 몸을 풀었다. 평일인데다 너무 이른 시간이라 등산객은 별로 많지 않았다. 멀리 서울 시내가 내려다보였다. 저 아래서는 지금 지역구와 비례대표로 출사표를 던졌던 많은 국회의원 후보들이 희비가 엇갈리는 시간을 보내고 있을 것이다. 이석기는 새삼스럽게 자신이 국회의원에 당선됐다는 사실을 상기했다. 당연히 기뻤다.

통합진보당의 비례대표 경선은 당원늘의 직접 투표로 당을 대표해서 국회에 들어갈 일꾼을 뽑는 일이다. 통합진보당에서는 직접 유권자들의 선택을 받는 지역구 국회의원 못지않게 당원들의 손으로 뽑는 비례대표 후보에 대한 기대와 신뢰가 컸다. 통합진보당은 어려운 여건 속에서도 당비를 내 가면서 열성적으로 활동하는 진성당원(당비를 납부하는 평당원들이 대의원을 투표로 직접 뽑고 당의 중요한 의사결정을 통제하는 당 운영체제)들의 힘으로 꾸려가는 정당이다. 선거 때 갑자기 당원 모집하고 일당 줘 가면서 동원하는 당원이 대부분인 보수정당과는 다르다.

"두고 보세요. 나중에 후회하게 될 테니까."

이석기는 바위 위에 걸터앉아 동지들을 생각했다. 이상규와 김미희는 유권자들을 만나 당선 인사를 하느라고 바쁘겠지.

민주노동당 창당 때부터 당을 위해 일한 열성당원 중에는 민주노동당이 국민참여당, 그리고 진보신당의 탈당파인 새진보통합연대와 당을 합치는 것을 반대하는 사람들이 있었다. 2008년에 한 번 당의 분열사태로 상처를 입은 적이 있기 때문이다.

"진보신당 탈당파들은 '종북'이라는 말을 만들어내서 동지들을 무고하고 당을 깨고 나갔던 사람들입니다. 진보신당에서도 통합을 반대하는 당론에도 불구하고 국회의원 배지를 달기 위해 그쪽에서 또 당을 깨고 나온 사람들이에요. 그렇게 신의가 없는 사람들을 어떻게 믿을 수 있습니까?"

민주노동당 당원들 중 진보신당 탈당파에 대한 감정의 골이 깊은 사람들은 그들에 대한 불신을 드러냈다.

"유시민은 진보라고 할 수 없어요. 굳이 따지자면 중도 우파 정도라고 할 수 있죠. 유시민은 민중당 출신의 이재오나 김문수와 비슷한 성향의 사이비 진보예요. 두고 보세요. 나중에 후회하게 될 테니까."

'유시민의 국민참여당은 진보정치를 할 수 없을 것'이라면서 예언자처럼 분열을 점치는 사람들도 있었다. 민주노동당 내부에는 이처럼 3당합당을 반대하는 사람들이 많이 있었지만 이석기는 장차 정권교체를 이루기 위해서는 '대중적 진보정당' 노선을 선택하는 것이 옳다고 믿었다.

이석기는 비례대표 홍보영상에서 밝혔듯이 큰 그림을 그리고 있었다. 그의 목표는 보수야당과 보수여당이 권력 나눠먹기를 하는 보수양당체제를 깨트리는 것이었다. 현재의 여당과 야당은 사회적 기반이 없는 정당이라는 게 이석기의 생각이었다. 서민과 노동을 배제하고 사회적 갈등을 표출하고 대변할 수 없는 보수정당체제는 선거 때만 그럴듯한 정치적 수사를 동원할 뿐 적절한 대안을 제시하지 못했다.

이석기는 견고한 보수양당체제를 깨트리기 위해서는 일단 여러 정치세력과 결합해서 몸집을 불려야 한다고 생각했다. 총선에서 야권연대로 진보정당의 힘을 키우고, 그 여세를 몰아 대선에서 민주당으로 정권교체를 이루도록 하는데 힘을 보탤 생각이었다. 이번 선거에서 그렇게 근력을 키우면 장차 통합진보당이 정권교체의 주역으로 나설 수 있다는 게 그의 생각이었다.

이석기가 비례대표 후보로 출마한다는 말이 나오자 당내에서 반대하는 사람들이 있었다. 그들의 논리는 '민혁당과 관련이 있었던 이석기가 비례대표로 나오는 것은 현실정치에서 공격의 빌미를 줄 수 있는 것이기 때문에 시기상조다'라는 것이었다. 그런 이야기들은 그가 후보 등록을 하고 나서도 끈질기게 나돌았다. 주로 국민참여당에서 들어온 사람들이 그런 이야기를 많이 했다. 합당을 반대하던 당원 중 한 사람이 이석기를 찾아와서 말했다.

"대표님, 제가 뭐라고 했어요? 벌써부터 주사파라며 물고 늘어지는 거 보세요. 김영삼은 말할 것도 없고 김대중도 그렇고 노무현도 그렇고 다 보수 세력을 끌어들여서 집권해서 어떻게 됐는지 아시죠?"

이석기는 천천히 산을 내려갔다. 한 시간쯤 내려가다가 땀을 식히기 위해서 계곡 옆 바위 위에 걸터앉아 쉬는데 바위틈에서 그에게 환한 미소를 보내는 하얀 얼굴이 있었다. 이석기가 산에서 만나는 꽃 중 가장 좋아하는 돌단풍이다. 돌단풍은 대개 바위 표면에 붙어서 자란다. 굵고 거친 줄기가 바위틈을 비집고 나와 잎을 피우고 꽃대가 올라온다. 자잘하고 하얀 꽃들이 수없이 뭉쳐서 원추형으로 피어나면서 소박한 아름다움을 보여준다.

이석기는 굳이 척박한 곳에 뿌리를 내리고 끝내 환한 꽃으로 피어나는 돌단풍의 모습에서 그가 사랑하는 민중과 동지들의 모습을 본다. 생명력 그리고 희망. 돌단풍의 꽃말이다. 큰 나무 사이에서 어렵사리 뿌리를 내린 돌단풍도 있었다. 살아남으려는 의지 하나로 어떤 어려운 여건도 극복하는 식물들의 모습은 감동적이다. 이석기는 돌단풍을 바라보면서 주먹을 꽉 쥐었다.

참여계의 불만과 당내 경선 부정 시비

선거 결과에 대한 불만은 통합진보당의 비례대표 순번을 정하는 당내 경선에서 부정이 있었다는 논란으로 비화되었다. 참여계의 오옥만 후보는 온라인 투표에서 여성 명부 1위를 차지했으나 현장투표에서 윤금순 후보에게 밀려 9위로 내려앉았다. 오옥만은 투표 결과에 대해서 이의를 제기하고 경북 지역의 현장투표에서 부정이 있었다면서 당에 진상조사를 요구했다. 참여계의 노항래 후보(8번)와 이영희 후보(10번) 사이에서는 거제의 한 투표소에서 발견된 선거관리인의 서명이 누락된 투표함을 무효 처리하는 문제를 놓고 다툼이 있었다.

비례대표 경선 당시 통합진보당의 당원 구성을 보면 민주노동당계가 10만여 명, 국민참여계가 8천여 명, 진보신당 탈당파가 3천여명이었다. 사람들마다 제시하는 숫자가 조금씩 다른데, 그 이유는 당내 선거를 앞두고 각 정파에서 저마다 당원 숫자를 늘리려고 가입을 권유하고 일부에서는 당비를 대납해 가면서 당원 수 확보에 나섰기 때문이라고 한다.

당시 통합진보당은 이정희, 유시민, 심상정, 조준호 등 4인의 공동대표체제로 운영되고 있었다. 당 대표단은 2012년 4월 13일에 조준호를 위원장으로 하는 진상조사위원회에 당내 경선에 대한 조사를 의뢰했다. 진상조사위원회에 전권을 위임하고 빠른 시일 안에 문제가 된 선거구와 후보들에 대한 조사를 마무리 짓도록 했다.[1] 조준호의 요구에 따라 오옥만의 선거본부에서 일한 고 모 씨와 윤금순이 추천한 신 모 씨가 진상조사위원으로 참가했다. 노항래 측의 박 모

---

1   나중에 이정희 대표는 이 결정이 크게 잘못된 것이었다고 후회했다. 당규에 따라 중앙선관위에서 이 일을 처리하도록 했어야 하는데, 오옥만 후보 측이 검찰에 수사를 의뢰하겠다고 강경한 태도를 취하고 유시민 대표가 검찰 수사를 막아야 한다고 설득하는 바람에 정치적 해결을 모색한다며 당 대표들 간의 합의로 진상조사위원회에 전권을 위임해서 조사하도록 한 것은 자신의 잘못이라며 자신을 당기위원회에 회부해 달라고 했다.

씨와 이영희가 추천한 엄 모 씨도 진상조사위원이 되었다.

조준호의 진상조사위원회가 활동하는 동안 이정희는 부산의 한 요양원에서 봉사활동을 했다. 19대 총선에서 서울 관악 을의 야권 단일후보로 선출되었던 이정희는 여론조사 조작 의혹에 휩싸이면서 후보에서 물러났다. 측근의 잘못으로 일어난 일로 밝혀졌으나 총선이 끝나고 나서도 이정희는 마음이 편치 않았다. 이정희는 나중에 '부족한 저 자신을 깊이 성찰하고 새로운 출발을 준비하기 위해서' 서울을 떠나 있었다고 말했다. 2012년 4월 29일에 진상조사가 끝났다는 연락을 받고 서울로 올라온 이정희는 진상조사위원회의 조사보고서를 받아들고 검토한 후 뭔가 크게 잘못됐다는 것을 알아차렸다.

진상조사위원회는 애초에 진상조사위원회 설치의 근거가 된 네 후보 간의 분쟁 해결을 위한 조사는 아예 하지 않은 채 대표단에게 보고도 하지 않고 현장투표와 온라인투표 전체의 규정 위반과 조작 가능성을 광범위하게 조사하고 있었다. 노항래 후보가 추천한 박 모 위원은 거제 투표소에 대해서는 어떤 조사도 하지 않은 채 온라인투표를 전담해서 조사했다.

조준호 진상조사보고서의 음모

진상조사위원회는 특히 이석기가 부정을 저질렀다는 증거를 찾는 데 집중했다. 그들은 전체 투표자의 정보 중에서 이석기를 찍은 당원의 정보를 분류하고, 그중 동일 IP로 투표한 6천여 명을 찾아냈으며, 그중 수십 개 정도로 동일 IP로 투표한 사람들을 분류하여, 그들의 주민등록번호와 소속 지역위원회를 확인하고, 그 이름과 전화번호까지도 확인했다. 조사위원들은 90표를 샘플로 추출하여 당원인지 아닌지 현장투표를 했는지 인터넷 투표를 했는지 전화면접조사를 했다. 전화면접조사의 부실함에 대해서는 전국운영위원회에서 몇 가지 사례가 지적되었다. 진상조사위원회의 보고서에서 유령당원으로 기재된 충북도당의 당원을 만나본 결과 "새벽 근무를 해서 자야 하는데 밤늦게 전화가 왔기에 화가 나서 '당원 아니다'라고 했다."는 것이다. 이런 사례를 지적하자 진상조사위원은 그 당원이 사실과 다르게 말한 것을 우리가 왜 책임지느냐고 답변했다. 60세가 넘은 한 당원은 전화면접조사를 할 때 총선 때 어떻게 투표했는지 묻는 줄 알고 투표장에 가서 투표했다고 대답했다는 것이다. 당내 경선에서는 온라인 투표를 했는데 질문의 취지를 잘 몰라서 그렇게 대답했다고 한다. 그런데 이 사람은 대리투표 사례로 올라 있었다.

이정희는 전체 후보를 대상으로 조사하거나 동일 IP 비중이 가장 높은 후보군을 대상으로 조사한 것이 아니라 이석기만 조사한 것은 이석기에게 투표한 사람 가운데 유령당원이나 대리투표를 찾아내기 위한 의도라고 지적했다.

유·무선 공유기를 사용할 경우, 동일 IP로 집계되기 때문에 동일 IP를 사용한 것만 가지고 중복투표라고 단정할 수는 없다. 더구나 동일 IP로 투표한 득표수가 가장 많은 것은 나순자 후보이고 10인 이상 동일 IP를 사용한 득표수를 기준으로 보면 이석기는 6위에 불과했다. 그런데도 진상조사위원회는 이석기에 대해서만 조사하고 다른 후보들의 동일 IP 비율에 대해서는 아무런 조사도 하지 않았다.

조준호는 이렇게 표적 조사한 내용을 언론에 알려서 이석기가 부정선거로 당선된 것처럼 보도하게 했다. 진상조사위원회가 내놓은 자료는 "이석기 당선자 벼랑 끝으로 몰려" "이석기 득표 60%가 IP 중복 투표" 등의 제목으로 언론에 대대적으로 보도되었다.

또한 조준호 진상조사보고서는 투표소 218곳 중에서 128곳에서 선거인 명부가 조작되었다고 발표했다. 구체적인 사실 확인 결과 두 줄로 지워진 흔적이나 볼펜 위에 사인펜으로 서명한 것 등은 모두 본인이 직접 투표한 것으로 확인되었다. 보고서에서 현장투표소에 문제가 있었다고 한 수치는 중앙선관위에서 이미 투표명부와 용지 확인 뒤 이의를 기각하거나 심지어 관련자가 두 차례 선관위에 소명서를 내 소명이 이루어진 경우까지 포함하고 있다. 보고서에 기록된 내용은 선관위와 투표담당자에게 확인조차 하지 않은 것으로 밝혀졌다. 그런데도 언론에서는 보고서의 내용만 믿고 "최악의 부정선거…진보당 기로" "투표소 218곳 중 128곳서 조작 의혹" 등으로 보도했다.

그밖에도 보고서는 주민등록번호 뒷자리가 같은 당원이 무더기로 발견되었다든가 주민번호 16자리가 일치하는 사례가 발견되었다면서 유령당원에 의한 부정경선이라고 발표했다. 출생지 등 일련번호가 일치하는 사례는 샘플링 테스트 결과 이상 정황이 없음이 발견되었고, 사실 확인 결과 동일주민등록번호 중복투표는 한 건도 발견되지 않았다.

온라인 프로그램의 소스코드가 열린 뒤에 이석기의 득표율이 수직상승했다는 발표도 사실이 아닌 것으로 확인되었다. 소스코드 개봉 시점에 이석기의 득표율은 오히려 감소했음이 밝혀졌다. 선거관리를 맡은 업체에서는 소스코드 열람은 온라인 투표를 진행할 때 인증번호 오류가 나서 관리자가 당원의 전화를 받고 확인하느라고 열어본 것이라고 설명했다.

"중세의 마녀사냥, 당과 동지에 대한 무고"

공동대표 조준호는 보고서 내용을 계속해서 언론에 내보이며 경선이 '총체적 부정·부실'이었다고 주장했다. 상식적으로 생각했을 때, 당내 경선에서 부정선거로 의심되는 정황이 나타났으면 일단은 당내에서 해결하는 것이 우선이다. 보통은 외부에 알려질까 봐 조심하고 입단속을 하는 것이 맞을 것 같은데 조준호는 이 일을 언론에 알려서 순식간에 전국적인 이슈로 만들어버렸다.

경기도당의 당원 C씨는 조준호의 진상보고서에서 나온 '총체적 부정·부실'이라는 표현에 대해서 다음과 같이 비판했다.

"총체적 부정·부실이라는 말을 쓰려면 조사방법이 실증적이고 조사대상과 범위도 전반적이어야 한다. 진상조사는 단기간에 이루어졌으며 그 범위와 대상도 객관적 기준 없이 임의로 실시했다. 진상조사위원회가 조사 대상이 된 당사자들에게 소명기회를 주지 않았던 것도 문제다. 부정행위의 당사자로 지목된 사람들이 자신에게 물어봤으면 얼마든지 부정행위가 아님을 증명할 수 있는데 전화 한 통 없었다고 했다."

이정희 역시 조사의 원칙은 조사의 쟁점을 알려주고 여기에 대해 소명하게 하는 것인데 소명 기회도 부여되지 않은 것을 사실이라고 발표해서는 안 된다고 주장했다.

진상조사위원회가 최소한의 소명기회도 거치지 않고 내린 결론은, 전국 120개의 투표소, 현장투표 80~90%에서 문제가 있었고 부정사례도 속출했다는 어마어마한 부실과 부정으로 언론에 대대적으로 발표되었다. 집계를 냈으면 어떤 투표소에서 어떤 문제가 있다는 것인지 목록이 작성되어 있을 것이나 진상조사위원장은 5.7대표단회의에서 과연 어떤 투표소에서 무슨 문제가 있었다는 것인지에 대한 정보공개를 요청해온 각 광역시도당의 요구조차 거부하고 관련 특별위원회 구성 이후로 모두 미루고 있다. (…) 현장투표 관련 조사결과 발표와 보고서는 전국의 통합진보당 간부들과 당원들을 확인 한 번 없이 부실과 부정의 덩어리로 만들어 여론재판의 제물로 가져다 바친 것이다.[2]

이정희는 진상조사위 보고서 검증 공청회를 끝내고 다음과 같이 말했다.

"중세의 마녀사냥, 당과 동지에 대한 무고, 사례로 낸 한 사람만이 아니라 당 전체에 대한 무고, 통합진보당의 내부로부터의 몰락,

2   이정희, 〈진상조사위 보고서 재검증을 위한 공청회 자료집〉, 2012

야권연대의 진보집권 가능성의 소멸, 이것이 지금 이 사태의 본질과 현상입니다.”

진중권은 이정희가 단독으로 진행한 '진상조사위원회 보고서 재검증을 위한 공청회'를 '사이비 종교집단의 개그쇼'라고 비판했다. "유죄 증거 없이는 무죄다, 그 빌어먹을 '무죄추정의 원칙'이 또다시 반복되고 있다. 증거를 들이대면 판결 없이는 무죄라고 할 것이고 판결이 나오면 동지보다 적들의 법정을 믿느냐고 할 것"이라고 비아냥거렸다.

이정희는 "최소한의 소명과 반론 절차를 거치지 않은 의혹을 사실로 말해서는 안 된다. 그것이 근대의 상식이다."라고 주장했으나 그의 말에 귀를 기울이는 사람은 별로 없었다.

처음부터 언론은 당권파에 대해서 호의적이지 않았다. 참여계를 중심으로 비당권파들이 제기하는 선거 부정 의혹을 집중적으로 보도하면서 진보정당의 도덕성을 문제 삼는 기사가 주를 이루었다.

조·중·동으로 대표되는 보수언론은 물론이고 소위 진보언론으로 분류되는 매체들조차 당권파가 주장하는 '진실 규명'보다 비당권파가 주장하는 '국민의 눈높이에 맞춘 책임론'을 편들었다.

심상정의 '만장일치' 선포로 야기된 중앙위 폭력사태

당권파에 대한 비난 여론은 5월 12일에 열린 중앙위원회에서 당권파들이 폭력을 행사함으로써 돌이킬 수 없는 국면을 맞게 된다.

2012년 5월 12일에 열린 통합진보당 중앙위원회에서 이정희는 공동대표단과 주요당직자들에게만 사전에 알린 뒤, 대표직을 사퇴하고 회의장을 나갔다. 중앙위원회 의장 심상정은 의장석에 앉아 예정대로 회의를 진행했다. 이날 중앙위원회에 참관인으로 참석했던 충북도당 소속의 H씨는 이날 자신이 제기한 참여계 중앙위원의 임의교체 문제로 성원에 대한 이의 제기가 있었다고 말했다. 그는 자신의 페이스북을 통해서 당시 상황을 다음과 같이 전했다.

유시민과 유시민의 지지단체인 시민광장과 함께 통합진보당 비례대표 후보 전원 사퇴와 이석기, 김재연 국회의원직 사퇴 의결을 위한 중앙위원회에서 수적 우세를 점하기 위해 국민참여당 출신 중앙위원 중 비시민광장계 중앙위원을 시민광장계 당원들로 임의 교체했다. 중앙위원은 당직선거인 당원 투표에 의해서만 선출할 수 있는 당직이다. 통합 과도기의 시도당 당직을 민주노동당계 당직자와 국민참여계 당직자가 1대1의 비율로 운영하다보니 16개 시도당에 근무 중인 국민참여계 당직자들이 주로 늦은 밤이나 새벽에 은밀하게 중앙위원을 교체했다.
당시 나는 통합진보당사를 종종 방문하면서 일을 도와주고 총선에서는 충주선본에 선거사무원으로 당직을 갖고 도와주던 중 충북도당의 참여계 당직자가 중앙위원을 임의로 교체하는 것을 직접 목격했다. 중앙위원회 당일 당 홈페이지 당원게시판에 임의 교체된 중앙위원 명단과 함께 이와 같은 사실을 공개 폭로했다.
그 게시물을 안동섭 당시 경기도당위원장이 열람했고, 심상정 의장이 개회 선언을 하기 직전에 안 위원장이 이와 같은 사실을 지적하면서 임의 교체된 중앙위원이 포함되어 있으므로 중앙위원회 성원에 문제가 있다고 이의를 제기했다. 성원 문제를 가지고 공방이 오가던 중 유시민에게 중앙위원을 임의 교체한 사실이 있는지 질문하자 '그런 일 없다. 그런 일이 벌어진다면 참여계 대표로서 책임을 지겠다.'고 항변했다.

공방이 계속되다가 잠시 정회되었다. 다시 속개된 중앙위원회에서 유시민은 '중앙위원 임의 교체 사실이 있긴 했지만 어디까지나 참여계 내부의 일이니 민주노동당 측에서 문제 제기를 할 자격이 없고, 참여계가 당헌 당규를 위반했다고 해도 문제될 것이 없다.'고 말을 바꾸었다. 오후 6시에 저녁식사를 위해서 정회했다가 속개된 중앙위원회는 일단 성원 문제는 민주노동당 측에서 대승적 차원에서 접기로 하고 개회선언이 이루어졌다.

심상정 의장은 오후 9시 40분경 강령 개정안을 의결하면서 '만장일치'를 선포했다. 그러나 당시 거수로 이루어진 표결에서 중앙위원들 중엔 반대 의사를 제기한 사람이 상당수였다. 만장일치가 아닌데도 만장일치를 외치자 흥분한 참관인들은 의장의 잘못된 회의 진행을 막기 위해 단상 진입을 시도한다. 결국 조준호 공동대표와 유시민 공동대표가 몸싸움 와중에 부상을 입었고, 장내는 주먹과 발길질 등이 오가는 난투극이 벌어졌다. 분란은 2시간 가까이 계속되다가 겨우 진정되었다. 더욱이 이 장면이 인터넷으로 생중계되었다. 이 일로 당권파는 엄청난 여론의 뭇매를 맞게 된다.

이틀 후인 5월 14일에 박영재 당원이 유시민·심상정 공동대표에게 '통합의 정신으로 돌아오라'는 유서를 남기고 분신을 시도한다. 박영재는 병원 치료를 받다가 6월 22일에 결국 숨지고 만다. 동료의 분신과 사망이라는 상처까지 떠안은 통합진보당은 진상조사를 둘러싼 진위 논란과 책임 공방으로 점점 더 깊은 수렁 속으로 빠지게 된다. 거의 모든 언론과 지식인들이 당권파를 비난하는 와중에 시사평론가 유창선은 자신의 페이스북을 통해서 '진실 규명'의 필요성을 주장했다.

통합진보당 부정 경선 문제, 언론은 가히 융단폭격을 하고 있다. 분명 잘못인데 얼마나 큰 잘못인지는 사실관계를 더 확인하고 판단하고 싶다. 당사자들의 이의제기도 충분히 들을 기회가 있으면 좋겠다. 그래야 최종판단이 가능할 듯하다.[3]

통합진보당 내분이 이렇게 악화된 데에는 〈한겨레〉, 〈경향〉을 비롯한 진보언론들의 책임도 컸음을 나는 지적하고 싶다. 이들은 '조준호 보고서'가 나오자 화들짝 놀란 나머지, 팩트에 대한 기본적인 검증과 확인은 제쳐놓고 당권파·비당권파 간의 갈등에만 초점을 맞추었다. 이들이 언론 본연의 책무인 사실에 대한 검증과 확인에 노력했다면, 내 판단으로는 잘못된 판단과 오해들은 상당 부분 해소되었을 것이고, 통합진보당 내부 갈등이 이 지경까지 치닫지는 않았을 것이다. 조·중·동은 그렇다 치고, 진보 언론들도 사실을 직접 확인하고 합리적인 판단을 내리는 노력을 보여주지 않았다. 언론 본연의 책무는 다 하지 않은 사람들이 이제 와서 목소리만 높이는 것도 우스꽝스럽다.[4]

---

3   유창선 페이스북, 2012. 5. 4.
4   유창선 페이스북, 2012. 5. 16.

유창선의 지적처럼 우리나라의 언론이 팩트에 대한 기본적인 검증과 확인을 게을리한다는 것은 큰 잘못이다. 통합진보당 경선 부정 사건에 대해서 진실 규명보다 책임론을 펀드는 언론과 지식인들의 태도에서 석연치 않은 점은 그들이 '의도적으로' 진실 규명을 외면하는 게 아닌가 하는 의문이다.

아니면 이석기로 대표되는 당권파에 대한 '무의식적인' 기피가 내재되어 있었던 것은 아닐까? 부정선거에 개입했다는 사실이 입증되지도 않았는데 이석기와 김재연이 비례대표 국회의원직을 사퇴해야 한다고 주장하는 비당권파의 손을 들어주고 싶어 하는 진짜 이유는 무엇일까?

비당권파의 '사상 검증'과 '종북 꼬리표 붙이기'

이석기에 대한 논란은 부정선거가 전부가 아니었다. 한 당원은 홈페이지에 이석기 등 민혁당 관련자들에 대한 법원 판결문이 언급된 기사를 인용하면서 "국회의원의 과거는 중요하다. 김용민도 8년 전의 막말로 심판받았다. 이석기 당선자는 사상적 전향을 공개적으로 했느냐? 과거가 아니라 현재가 궁금하다. 국회의원 자리가 워낙 중요한 자리니 검증은 국민의 책임이다. 종북 논란도 심하니 검증이 필요하다. 국회에 가면 어차피 새누리당 의원들한테 질문받을 수 있으니 확실하게 해 두면 좋지 않으냐."라고 썼다.

또 다른 당원은 "이석기 당원이 조선노동당에 대한 입장과 태도를 밝히길 기다린다. 과거 민혁당 사건과 관련해서 자신의 태도를 밝힌 적이 없다고 한다. 공당의 당원으로서, 국회의원 당선자로서 통합진보당을 대표하기 때문에 국회에 등원하기 전에 입장과 태도를 밝히기 바란다. 이것은 사상 검증이 아니라 통일의 대상인 조선노동당에 대한 국회의원으로서의 생각을 묻는 것이다.”라는 글을 올렸다. 민주노동당 계열의 당원들이 이런 주장은 '사상 검증'과 '종북 꼬리표 붙이기'라고 반발했으나 이석기에 대한 '사상 검증' 요구는 끊이지 않았다.

그보다 앞서 새누리당 하태경 당선자(부산 해운대기장 을)는 이석기에 대해서 “이 씨는 북한에 대한 생각에 변함이 없는지 밝혀야 한다.”고 주장했다.

이석기 논란은 애초부터 '부정선거'와 '종북'이라는 두 가지 쟁점이 서로 얽혀들면서 복잡하게 전개됐다. 표면에는 '부정선거'가 이면에는 '종북'이 존재하고 있었다. 이석기는 부정 선거로 당선됐는데 설사 부정선거가 아니더라도 (종북세력이기 때문에) 국회의원으로서는 부적격자다. 이석기는 처음부터 이런 논리로 공격을 받았고 논란의 대상이 됐다.

이 사건의 본질을 내가 이해한 방식으로 요약하면 다음과 같다.

유심조 측(유시민 · 심상정 · 조준호) 얼른 무릎 꿇고 빌어. 무조건 빌어. 그러면 우리가 정상을 참작해서 선처해 줄게. 비례대표 후보는 전원 사퇴하고 비상대책위원회를 꾸려서 당을 쇄신해야 할 때야.

이정희 잘못한 게 없는데 어떻게 빌어? 도둑질했다는 증거도 없이 어떻게 사람을 함부로 도둑으로 몰아? 당사자들에게 자기 입장을 이야기할 기회도 주지 않고 뭘 사과한단 말이야? (부정선거를 했다는 증거가 없다. 보고서에 부정선거의 당사자로 지목된 사람에게 전화해 보니 진상조사위원회에서 자기한테 전화 한 통 한 적 없다고 하는데.)

유심조 잘못했으면 얼른 사과부터 해야지. 무슨 말이 많아?

이정희 처음부터 모든 게 잘못됐어. 도둑맞았다고 신고한 사람(오옥만과 노항래)과 그들이 지목한 용의자는 수사하지 않고 왜 상관없는 사람들을 뒤지고 다니는데? (조사위원회는 처음부터 이석기를 털었다. 부정선거 의혹이 있다고 문제를 제기한 오옥만이나 노항래는 조사도 하지 않았다.)

유심조 걔들(이석기와 당권파, 경기동부연합)이 원래부터 나쁜 짓을 많이 하고 불량하다고 소문이 났잖아. (종북이잖아!)

이정희 이건 내 잘못이기도 한데 당의 중앙선거관리위원회에서 선거 부정에 대한 것을 자체적으로 다 조사해서 적절하게 조치할 수 있다고 했는데 따로 진상조사위원회를 설치한 것은 잘못된 결정이야. 수사권이 없는 사람에게 수사권을 부여했으니까. 지금이라도 잘못을 되돌려서 경선에 관련된 사항은 중앙선관위에서 처리하도록 하는 게 맞아.

유심조 말도 안 되는 소리! 이제 이건 우리 집안 문제가 아니야. 온 동네 사람들이 다 우리를 보고 있어. 우리가 잘해야 돼. 동네 사람들이 다 꺼리는 애들을 처리하고 집안 단속을 잘해

서 새 출발해야 된다고. (국민의 눈높이)

이정희 무슨 소리야? 여기서 왜 동네 사람들이 나와? 이건 우리 집안 문제야. 동네방네 떠들어서 일을 키운 건 당신들이야. 그리고 그들(이석기와 당권파)은 십수 년 동안 우리 집안을 일으켜 세우기 위해서 헌신한 사람들이야. 당신들은 몇 달 전에 우리랑 살림을 합친 거라고. 굴러들어온 돌이 본 돌을 빼낸다더니 누굴 정리한다는 거야? 말이 되냐고.

유심조 허! 말귀를 못 알아듣네. 걔들은 원래부터 (종북 주사파의 낙인이) 찍힌 애들이야. 걔들을 버리지 않으면 우리까지 망하게 돼. 걔들을 버리면 너는 우리랑 함께 갈 수 있어. 우리도 너까지 버릴 생각은 없어. 넌 우리한테 필요한 사람이니까.

이정희 잠깐만, 지금 무슨 얘기를 하는 거야? 그 친구들이 무슨 잘못을 했다고 버려? 부정선거를 했다는 증거도 없는데.

유심조 부정선거가 문제가 아니라니까 그러네. 설사 이번에 부정선거를 안 했다고 치자. 그래도 마찬가지야. 걔들은 언제 사고를 쳐도 칠 애들이니까 이번에 정리하자고. 우리 말 알아듣지? 오케이? 얼른 사과해. 그리고 비례대표 후보 전원 사퇴시키고 다시 뽑자고.

이정희 안 돼. 난 죽어도 그렇게 못해. 철저한 진상조사가 먼저고 그다음에 책임질 사람이 정확히 가려지고 나면 책임지게 할 거야. 나는 일차적으로 모든 책임을 질 거고.

수구세력과 자유주의 세력이 합심해서 통합진보당 공격

이석기는 칼끝이 자기를 겨냥하고 있다는 걸 알았다. 그렇다고 무엇보다도 자기를 뽑아준 당원들의 의사를 물어보지도 않고 사퇴할 수는 없었다. 그는 언론과의 인터뷰에서 사퇴할 의사가 없음을 여러 번 밝혔다.

"나는 내 맘대로 사퇴할 권리가 없습니다. 진보정당의 근간은 진성당원제입니다. 당원이 선출한 후보를 여론몰이에 의해 날려버린다면 그 책임은 누가 질 겁니까? 비례후보의 사퇴 여부를 결정하는 것은 당원총투표만이 해법입니다."

진중권은 이석기를 비난하는 데 엄청난 에너지를 쏟았다. 사퇴 여부는 당원총투표를 통해서 결정해야 한다는 이석기의 발언에 대해서 "너 따위의 거취에 당원총투표를?"이라는 말로 모욕을 가했다. "이석기는 숨어있지 말고 나와서 사태를 해결해라." "김재연의 기자회견은 이석기의 지시를 받고 한 것이다." "이정희는 이석기의 아바타다. 이석기가 몸통인 경기동부연합의 얼굴마담 노릇을 하고 있다." 등 이석기와 당권파를 흠집 내기 위한 말들을 쏟아냈다.

5월 4일 MBC라디오 〈손석희의 시선집중〉에 출연한 진중권은 "통합진보당은 이미 신뢰를 잃었으므로 당 밖의 인사들이 비상대책위원회를 구성해 문제 처리 방법을 논의해야 한다."고 말했다. 그는 언론 보도를 보자마자 그 내용의 진위 여부나 정확성을 따져보거나 생각해 보지도 않고 즉각 한쪽 편에 올라타서 스스로 옳고 그름을 판결한다. 통합진보당은 '이미 신뢰를 잃었다'는 단정도 그렇고, 정당 내부에서 발생한 문제에 대해서 '당 밖의 인사들'이 비상대책위원회를 구성해 문제 처리 방법을 논의해야 한다는 건 또 무슨 해괴한 말인가? 그럼 당시 새누리당이나 민주통합당의 계파 간 갈등이나 공천권을 둘러싼 잡음이 생겼을 때는 왜 그런 제안을 하지 않는가?

누가 그에게 대법원 판사보다 더 우월한 권리를 주었는지 모르겠으나 그의 '단정'과 '단언'은 언제 봐도 스스로가 부여한 '절대적 권위'를 행사하고 있다. "이번 총선에서 유권자들이 통합진보당에 10%의 지지를 보내 준 것은 노회찬, 심상정, 유시민 등의 인물과 그 세력에게 보내는 지지였다"면서 "비례대표 1, 2, 3번은 대중적으로 알려지지도 않고 검증받은 적도 없는데 시스템의 허점을 이용해서 유권자들의 지지를 부정하게 가로챈 것"이라고 말했다.

이석기는 진중권의 말을 들으면서 기가 막혔다. 그가 통합진보당을 지지한 유권자들을 다 찾아가서 왜 지지했냐고 물어봤는지, 하다못해 여론조사라도 해봤는지 묻고 싶었다. 당원들의 직접 투표로 당락이 결정되는 비례대표 후보들에 대해서 '대중적으로 알려지지도 않고 검증받은 적도 없다'는 잣대를 들이미는 것도 그렇고 '시스템의 허점을 이용해서 유권자들의 지지를 부정하게 가로챈 것'이라는 단정은 또 무엇인가? 확인되지 않은 사실을 근거로 논리에 안 맞는 주장을 밥 먹듯이 해대는 진중권에게 '대표적 진보논객'이라는 완장을 채워주고 그의 말을 열심히 받아 적는 언론의 행태도 이해가 안 가기는 마찬가지다.

이석기는 그 무렵 주택가를 산책하다가 골목에서 잡종 개 한 마리와 마주쳤다. 주인이 목줄을 잡고 있었지만 이석기가 다가오자 고

개를 치켜들고 으르렁거리더니 미친 듯이 짖기 시작했다. 녀석은 꼬리를 바싹 말아 붙인 채 담장에 몸을 붙이고 서서 계속 짖었다. 이석기가 한 걸음 다가가자 그 자리에서 빙빙 돌면서 더욱 격렬하게 짖어댔다. 주인은 낯선 사람에게 함부로 짖어대는 버릇없는 개를 꾸짖기는커녕 되레 자랑스러워하는 것 같았다. "괜찮아. 괜찮아. 무서워할 거 없어. 너를 해칠 생각 없으니까 그냥 네 볼일 보라고." 이석기는 부드럽게 개를 타이르고 녀석의 옆을 지나갔다. 이석기가 등을 보이자 녀석은 금세 짖는 것을 멈췄다. 이석기는 녀석이 두려움을 감추기 위해서 그렇게 짖고 있었다는 걸 알았다.

통합진보당 비례대표 경선에서 부정이 있었다는 논란에는 부록처럼 '종북 주사파'의 국회 입성에 대한 우려가 따라붙었다. 진중권이 말하는 '사이비 광신교 집단'은 수구기득권 세력에게 더 어울리는 이름이다. 종이신문과 인터넷매체에서 쏟아지는 '종북 타령'은 가히 광신적이었다. 60년 이상 이 땅에서 통용되어 온 '냉전반공주의'의 광풍이 절정을 이루고 있었다.

이석기는 노트북 화면에서 눈을 떼고 의자에 깊숙이 등을 기댔다. 2012년 5월의 대한민국은 '종북' 타령으로 시끄러웠다. 〈조선일보〉는 '주사파가 대한민국의 법을 만든다'고 울부짖으며 '종북 주사파 국회입성'이라는 시리즈 기사를 썼다. 다른 매체들도 마찬가지였다. 심지어 진보언론을 표방하는 신문조차 이에 동조하고 나섰다.

국회 들어오는 '대한민국 부정 세력' 못 막는 대한민국
진보당 '從北 성향 주사파' 국회의원 당선자 6명

반국가단체 활동했고 부정선거 논란 속 뽑혔어도 자진사퇴 外 현행법상 국회
입성 막을 장치 없어

   – 〈조선일보〉, 2012. 5. 16.

[대한민국 부정하는 주사파]

"6·25 남침이냐 북침이냐" 질문 받은 이정희 "나중에 답변"

김재연 "북한 인권을 들먹이는 이유가 뭔지 모르겠다"

北 3대 세습엔 한마디도 않고… "핵실험은 북한 자위용"

   – 〈조선일보〉, 2012. 5. 17.

   소설가 김갑수는 《진보의 블랙박스를 열다》(2012)에 실린 좌담
회 '통합진보당 사건의 진실과 거짓'에서 "도대체 전 세계 어디에도
공산주의라는 게 남아있지 않은데 우리나라는 왜 아직 반공 타령이
냐? 북한만 해도 공산주의가 아닌지 오래되었다. 그들의 정치체제
는 왕조로 회귀한 권위주의 체제로 보는 게 맞다. 있지도 않은 유
령인 공산주의를 향한 반공이데올로기는 이제 폐기처분 할 때가 됐
다."라고 말한다. 하지만 수구기득권 세력은 전혀 그럴 생각이 없
어 보인다.

민주당과 손을 잡자고요, 그건 금기 아닙니까?

감옥 안에서 이석기는 2011년에 추진했던 진보통합과 그 이후에 일

어났던 일들에 대해서도 하나하나 되돌아보고 숙고해 보았다. 무엇이 문제였던 것일까? 이석기는 먼저 2008년 18대 총선이 끝나고 난후, 2009년 초에 민주노동당의 중앙당에서 일하던 P와 만나서 나눴던 대화를 떠올렸다. P는 총선에서의 저조한 성적 때문에 무척 의기소침해 있었다.

이석기   오랜만입니다. 요즘 일하기가 어떻습니까?

P   총선에서 야당이 완패한 후에 명박 정권이 밀어붙이는 강도가 장난이 아닙니다. 촛불시위가 수그러든 이후부터는 솔직히 뾰족한 방법이 없네요.

이석기   싸움을 하다 보면 이길 때도 있고 질 때도 있는 법인데 뭘 그런 걸 가지고 실망을 합니까? 지난번 싸움에서 졌다면 다음번 싸움에서 이길 준비를 하면 됩니다.

P   당분간 선거에서 당선의 기쁨을 누리기는 힘들 것 같습니다. 지난번 총선을 보면 그런 생각이 더 굳어지고요.

이석기   2008년 총선을 패배로만 받아들이면 안 됩니다. 야권은 각개약진을 했어요. 민주노동당도 2007년 대선의 후과로 분열하면서 대거 출마했습니다. 여야 간 박빙 승부가 펼쳐지는 수도권에서 민주당이 대거 낙선한 이유 중 하나는 민주노동당의 출마 때문이라고 봐야 합니다. 이걸 솔직히 인정해야 합니다. 이런 현상은 야권이 단합해서 한나라당에 맞선다면 무조건 지는 일은 없을 거라는 반증이기도 합니다. 나는 분위기가 바뀌어 가고 있다고 봅니다. 한나라당이 지금 기세등등하지만 2010년 지방선거 쯤 되면 그렇지 않을 것입니다. 우리가 적극적으로 뛰고 야권이 단합하는 분위기가 조성된다면 최소한 5:5의 선거 구도는 만들 수 있습니다.

P 민주당과 손을 잡자고요? 그런 이야기는 민주노동당에서는 금기 아닙니까?

이석기 금기라는 게 뭐가 있겠습니까? 우리는 현실을 객관적으로 냉정하게 인식할 필요가 있습니다. 민주당으로 들어가자는 주장은 맞지 않습니다. 민주노총이, 그리고 한국의 진보운동이 진보정당이라는 독자적 세력을 형성한 것은 제도권의 제1야당이 민중의 뜻을 따르지 못했기 때문입니다. 이것은 지금도 마찬가지입니다. 하지만 그렇다고 해서 매번 한나라당이 이길 게 뻔한 구도를 만들어줘서는 안 됩니다. 평소의 정치 활동은 각기 노선과 정책에 따라 하고, 선거 시기에는 연합하는 방안을 적극적으로 생각해 보아야 합니다.

P 당에서 그런 이야기를 꺼내기가 쉽지 않을 겁니다. 당장 노무현 정부가 신자유주의 정책을 펴면서 노동자, 농민의 희생이 얼마였습니까? 그런 그들과 손을 잡자는 것은 당내에서 합의가 이루어지기 어려운 이야기입니다.

이석기 두고 봅시다. 나는 진보정당이 집권까지 가자면 여러 가지 경험들이 쌓여야 한다고 봅니다. 미국에서는 진보 세력이 민주당에 참여합니다. 나는 한국에서 이런 식으로 되어서는 안 된다고 보지만, 그렇다고 무조건 민주당과 각을 세우고 이들과의 차별성을 부각하는 것도 좋은 방법은 아니라고 봅니다. 그렇게 해서 매번 한나라당에게 좋은 결과를 낳는다면 민중에게도 도리가 아닙니다.

필승의 전략으로 떠오른 야권연대

이석기가 구상했던 야권연대는 2009년 경기도 교육감 선거에서 김상곤 후보의 당선으로 현실화되었다. 비록 당적이 없이 치러지는 교육감 선거였지만 김 후보는 모든 야권 지지층을 모아냄으로써 승리했다. 2010년 지방선거를 앞두고 야권 내에서 연합정치는 하나의 화두가 되었다. 야권이 단합한다면 방식은 크게 두 가지가 있었다. 하나는 빅텐트론이고 하나는 연대론이다. 빅텐트론은 민주당(제1야당)에 들어가서 바꾸자는 것이다. 전형적인 미국식 양당제에서는 빅텐트밖에 방법이 없다. 반면 한국의 진보세력은 독자적 세력화의 입장을 견지해 왔다. 그렇다면 두 세력의 차이를 인정하는 조건에서 할 수 있는 연합정치는 선거 연대밖에 남지 않는다.

민주당도 당시에는 연대를 하면 무조건 이긴다기보다 일단 해보자는 수준이었다. 당시 정세균 대표는 야권연대에 대해서 수동적으로 따라왔다. 그런데 6·2지방선거에서 야권이 수도권에서 승리하면서 자신감을 가지게 됐다. 야권연대가 필승의 전략으로 올라선 셈이다. 민주노동당 내에서도 일부가 야권연대를 반대했지만 지방선거가 끝나고 나서는 사실상 이견이 없어졌다. 반면 민주당과 분립하는

데 중심을 뒀던 진보신당은 몰락에 가까운 결과를 얻었다. 범진보진영 내에서 야권연대가 중요한 노선으로 정립된 것이다.

　2011년 봄이 되자 민주노동당은 진보진영의 통합에 대한 논의가 활발해졌다. 민주노동당의 진성당원들 중에는 특히 국민참여당과의 합당에 대한 우려의 목소리가 높았다. 이석기는 감옥에서 당시 회사로 찾아온 경기북부의 당 활동가 Y와 나눴던 이야기를 곰곰이 생각해 보았다.

Y　　국민참여당과의 합당에 대해서 말씀을 좀 듣고 싶습니다.

이석기　나는 적극적으로 합쳐 보자는 생각이야. 우리 사회에서 한나라당과 민주당이 아닌 제3세력의 독자적 진출을 모색하는 사람들이고, 또 우리의 진보정당 노선에 동의하는 사람들이라면 함께 일하지 못할 이유가 없지 않나?

Y　　노무현 정부 시기의 갈등이야 덮어둔다고 해도 살아온 것이 너무나 다르지 않습니까?

이석기　과거의 행적으로 함께 갈 사람과 그렇지 않은 사람을 가른다는 것은 우리 식이 아닌 것 같다. 김구 선생을 생각해 보라고. 김구는 골수 우익이었고 좌익 지도자들에게 암살자를 보낼 정도로 전투적인 반공주의자였어. 하지만 그는 단독정부 수립에 반대했고 좌우를 넘어 민족의 통일을 염원한 애국자이지. 지금 우리 민중이 그를 기억하는 건 이 때문이야. 사람의 과거란 그를 평가할 때 빼놓을 수 없는 요소이지만 그것만으로 어떤 사람을 본다는 건 일면적이지. 우리는 함께 실천하면서 서로를 검증할 수 있다고 봐. 지금도 이미 몇몇 지역에서 공동의 실천을 벌이고 있고, 당장 지난 해 지방선거에서는 서로 다른 색깔의 옷을 걸치고도 함께 선거운동을 벌이지 않았나.

Y   하지만 우리 지역의 경우를 보면 걱정이 좀 됩니다. 쉽게 섞일 수 있을지 우려되는 부분도 있고요.

이석기   지역마다 상황은 조금씩 다를 것이라고 생각해. 하지만 큰 틀에서 같이 간다면 작은 차이는 녹여나갈 수 있을 거야. 자네가 특히 신경을 써야 하는 부분이 그것이 아닐까?

실패로 끝난 2011년의 진보대통합

결과적으로 2011년의 진보통합은 실패로 끝났다. 2012년에 그들은 남겨진 동지들에게 침을 뱉고 다른 살림을 차려서 떠났다. 진보 통합은 여전히 숙제로 남았다. 지금 다시 2011년으로 돌아간다면 어떻게 할 것인가? 제3의 정치세력을 추구하는 진보적 흐름들을 하나로 합쳐야 한다는 노선은 맞다. 남는 것은 섬세하고 과학적인 접근이다. 낮은 단계에서 높은 단계로 접근했어야 한다. 각자 자신의 정체성을 유지하면서 선거에서의 공동 행동을 일구는 것이었다면 어땠을까? 그리스의 시리자는 수십 개의 좌파정당이 연합한 선거용 정당이다. 각자 조직 기반을 유지하면서 노선 투쟁을 벌이되 선거에서는 하나의 명부로 국민 앞에 선다. 우리가 그랬으면 어땠을까?

독자적 세력화를 주장하는 블록은 스펙트럼이 굉장히 다양하다. 양당제를 깨뜨리려면 이 힘을 하나로 모아야 하는데 그것은 어차피 당의 형태를 가질 수밖에 없다. 선거에서는 당이 국민의 심판을 받는다. 하지만 진보진영은 물론이고 국민들 내에서도 선거연합당이라는 형태는 아직은 낯설다. 선거연합당을 꺼내 들면 그 자리에서 정치공학, 선거공학이라는 비판이 나온다. 야권연대를 야합이라고 공격하는 한나라당의 공세는 견뎌낼 수 있다. 제3세력이 선거연합당을 만드는 것은 어떨까?

2011년의 통합은 매우 높은 단계의 단일정당이었다. 민주노동당, 국민참여당, 진보신당의 탈당파는 조직을 해소하고 하나로 합쳤다. 내부적으로 단일성이 높지 않은 사람들이 한 데 모여 당내 경선 등을 치르면서 후유증이 만만치 않았다. 야권연대로 인해 어느 때보다도 진보진영의 정치적 진출 가능성이 높아진 조건에서 서로 양보하기가 어려웠던 것이다. 이것을 각 세력의 이기주의라고만 비난할 수 있을까? 그렇다면 낮은 단계부터 차근차근 해 나갔어야 한다. 통합을 단 한 번에 이루려다 보니 통합에 참여하는 사람들의 기대는 높아졌고, 이것이 성과를 내지 못했을 때 실망과 반발도 예상보다 커졌다. 당시에는 미처 내다보지 못했다. Y의 우려를 좀 더 깊이 생각해 봤어야 했다.

이석기는 감옥 안에서의 반성과 성찰이 결코 무용한 것이라고 생각하지 않는다. 한 번 실패했다고 해서 포기할 생각은 없다. 실패로부터 다시 실패하지 않는 방법을 배우면 된다.

04
—

깨어진 자유의 종

"

울릴 수 있는 종은 모두 울려라
완벽한 상태로 봉헌할 생각은 접어라
만물에는 갈라진 틈이 있게 마련
그래서 빛은 들어오게 되는 법

"

– 레나드 코헨, '앤섬(Anthem)' 중에서 –

색깔공세의 흙탕물이 튈까 두렵습니까?

파헤쳐진 흙은 붉은색이었다. 멀리서 뻐꾸기가 울었다. 꽃상여를 타고 무덤가에 도착한 노동자 박영재는 말이 없었다. 구덩이 속으로 관이 내려갔다. 가족과 당원들이 삽을 들고 관 위에 흙을 뿌렸다. 이석기는 구덩이 앞에 주저앉아 관을 내려다보았다. 그는 맨손으로 붉은 흙을 움켜쥐었다. 박영재의 관 위에 흙을 던져 넣으면서 중얼거렸다. "잘 가게 동지, 정말 미안하네."

어떤 무고도, 어떤 모욕도 수행하는 마음으로 참아내고 이겨내리라 마음먹었다. 그러나 가장 일어나지 말아야 할 일이 일어났다. 죄없는 동지의 죽음이라는 업보는 너무나 무거웠다.

2012년 5월 12일, 당중앙위원회에서 이정희는 사퇴 의사를 밝히고 회의장을 나갔다. 중앙위 의장 심상정은 강령개정안 의결 진행 중 만장일치를 선언하자 당권파 당원들이 단상으로 몰려 올라갔고 비당권파와 참관인들이 뒤엉켜 몸싸움이 일어났다.

이 과정에서 조준호가 목을 다쳐서 병원에 입원했다. 이석기는 전날까지 중앙위원회 참석을 고려했으나 자신이 나가면 더 분위기가 과열될 것을 우려해서 참석하지 않았다. 변명할 여지가 없는 실수였다. 자기가 참석해서 당원들이 과격한 행동을 하지 않도록 다독여야 했다.

이정희와 이석기가 없는 자리에서 유시민, 심상정, 조준호 등은 당권파 당원들을 무시하고 자신들이 원하는 대로 진상조사보고서를 채택하고 비례대표 당선자 전원 사퇴결의안을 통과시키기 위해 무리하게 회의를 진행했다. 감정이 격해진 당원들이 항의하는 과정에서 폭력사태가 벌어진 것이다.

가뜩이나 당권파에게 불리하던 여론이 더할 수 없을 정도로 나빠졌다. 소위 진보언론이라 불리는 매체들까지 다 매를 들고 나섰다. 억울하지만 폭력은 변명의 여지가 없이 나쁜 것이었다. 그런 와중에 박영재 당원이 통합진보당 당사 앞에서 분신을 시도했다. 5월 14일의 일이었다. 박영재의 분신 소식을 전해들은 이석기는 하늘이 무너지는 것 같았다. 병원으로 달려갔지만 의료진은 목숨을 구하기 어렵다는 진단을 내렸다. 박영재는 귀한 당원이었다. 아니 당원은 하나하나가 모두 귀한 존재였다.

박영재는 마지막 편지를 통해서 유시민, 심상정 공동대표에게 '통합의 정신'으로 돌아오라고 말했다.

야권연대를 파기하고, 2012년 대선을 이겨 영구집권을 꾀하는 새누리당과 조선일보, 중앙일보, 동아일보 등 보수언론의 도움에 힘입어 통합진보당의 당권을 장악하려는 불법적인 행위를 멈추고 통합의 정신으로 돌아오십시오.
이석기 국회의원 당선자가 그렇게 부담스럽습니까? 국가보안법으로 실형을 살
았던, 자주적 민주적 통일국가를 건설하려는 동지로 인해, 격조 높은 명망가에
조·중·동 빨갱이 색깔 공세의 흙탕물이 튈까 두렵습니까?

마흔다섯 살 비정규직 노동자 박영재. 그는 수원의 비정규노동
센터 소장으로 활동했다. 2005년 민주노동당에 입당한 박영재는 노
동자들을 당원으로 조직하고, 당내에서 노동자의 역할을 높이는 일
에 열성을 바쳤다. 2009년에는 민주노동당 수원시위원회 부위원장
겸 노동위원장으로 활동했다. 방송통신대 법학과에 입학해 공부도
하고 있었다. 그렇게 삶의 열정을 불태우던 그는 '선거 부정'의 당사
자로 매도당하는 것에 대해서 분노했다. 동료들은 그를 있는 듯 없
는 듯 말이 없고 할 일을 찾아내서 하는 사람이라고 기억했다. 이석
기는 그가 회복되기를 날마다 빌었건만 박영재는 결국 6월 22일에
세상을 떠나고 말았다.

"거짓이 진실을 겁박하고 도둑이 매를 드는 폭압의 시대에서
눈물의 강, 피의 언덕을 넘어 노동이 살아나는 사람 사는 세상을 위하여
죽지 말고 함께 싸워서 승리하자고 맹세하던 동지들이
산악처럼 일어나고 있는데 이렇게 우리 가슴 속에 울음을 터뜨려 놓고
어디로 갈 수 있단 말이오.
가슴에 돋는 칼로 슬픔을 자르고 그대 박영재 동지 잘 가라!"
  - 고 박영재 당원 영결식에서, 이석기 의원, 2012. 6. 24.

박영재의 목숨을 건 절규는 유시민이나 심상정의 가슴에 가 닿지 못했다. 5월 14일에 강기갑이 혁신비대위원장으로 취임했다. 당권파와 비당권파에서 구당권파와 신당권파라고 불리게 된 두 세력 간의 균열은 봉합될 기미가 보이지 않았다. 5월 21일에는 검찰이 통합진보당의 당사를 압수 수색하고 서버 관리업체까지 동시에 압수 수색에 들어갔다. 서버 4대를 복사해 당원들의 정보가 검찰의 손에 넘어가게 됐다.

피해자와 가해자가 뒤바뀐 뺑소니 사건

박영재의 장례식이 있었던 6월 24일에는 당원 명부가 조·중·동과 종편에 넘겨졌다는 소식이 전해졌다. 보수언론이 당원들에게 무차별로 전화해 취재 요청을 하는 바람에 당원들은 분노와 혼란에 빠졌다. 당원명부는 '당의 심장'이라던 신당권파들이 한 일이다.

6월 26일에 2차진상조사특위 위원장인 김동환이 사퇴의사를 표명했다.

"법학자의 양심에 기초해서 봤을 때 이번 조사는 객관성과 공정성이 철저히 보장되지 못했음을 인정할 수밖에 없다. 위원회에서 충분한 논의와 원만한 합의도 이루어지지 않았다. 2차 진상조사보고서에 내 이름은 명기하지 말아 달라."

디지털 포렌식 전문가 김인성은 진상조사위의 의뢰를 받아 온라인 투표의 블랙박스나 다름없는 웹로그를 분석했다. 6월 25일에 제출한 '김인성 보고서'를 두고 신당권파와 구당권파가 대립했고 위원장이 사퇴했다. 이 부분에 관해서 김인성은 진상조사보고서에서 다음과 같이 증언했다.

진상조사위원장은 판사 역을 맡은 사람인데 위원장을 무력화시키고 모든 사안을 다수결로 진행했다. 판사에게 제출해야 할 보고서를 검사가 가로챈 후 자기에게 유리한 부분만 뽑아서 보고서를 작성했다. 검사가 판사와 변호사를 무시하고 사건을 조사, 변호, 판단했다. 판사에게 제출해야 할 보고서를 검사가 가로채서 자기 유리한 용도로 활용하고 폐기한 것이다. 그래서 진상조사위원장이 사퇴한 것이다.

모든 부정의혹에 대해 일관되게 이석기를 조사해달라고 했다. 조사보고서에 몰표 현황이 나오는데 30표 이상을 기준으로 작성된 이유는 이석기의 부정 의혹 사례를 가장 많이 포함하기 위해서였다. 그 후 이석기의 범죄행위가 없으니까 그보다 훨씬 몰표가 많이 나온 IP를 조사하게 되었다. 그런데 딱 한 군데에서 대규모 부정의 증거가 나왔다.

김인성은 웹로그 분석을 통해서 부정을 저지른 범죄자를 밝혀냈다. 그는 오옥만 후보의 선거를 지원했던 제주도 M건설 이사 고 모 씨다. 오옥만은 애초에 부정선거 의혹을 제기해 이 모든 사태를 촉발시킨 참여계 후보다. 고 모 씨는 1차 진상조사위원회의 조사위원으로 들어가 각종 부정의혹을 제기하면서 '총체적 부정'으로 몰고 간 장본인이다.

이 사건은 피해자와 가해자가 뒤바뀐 뺑소니 사건이다. 지역 건축업자가 자기 이권 챙겨 줄 국회의원을 만들려다 실패한 선거 부정 사건이다. 여기서 시작된 근거 없는 흑색선전에 모두 속고 있는 것이다. 고 모 씨는 공식 투표소도 아닌 자기 회사 사무실에서 관리자 아이디로 접속해 온라인 투표 확인 기능을 수천 번 실행했다. 그 뒤 수백 명이 온라인 투표를 한 것으로 나온다. 여러 명이 동원된 조직적인 대리투표를 한 것이다.[5]

김인성은 그동안 논란이 된 부정사례들은 부정이라기보다 열악한 여건 때문에 일어난 관리 상의 부실에 가까우며 대부분이 소명 가능한 내용이라고 밝혔다. 명백한 범죄를 저지른 것은 오옥만 측의 고 모 씨 뿐이라는 것이다. 김인성의 증언은 검찰 수사에서 모두 사실로 밝혀졌다. 그러나 한 과학자의 양심을 건 '진실 세우기'는 이정희의 '상식론'이나 마찬가지로 사태를 바꾸지 못했다.

진실세우기와는 거리가 먼 신당권파와 언론

신당권파는 김인성 보고서를 폐기하고 자기들 입맛에 맞게 작성한 2차진상보고서를 발표하고 전국운영위원회에서 채택했다. 〈한겨레〉 조차 구당권파의 부정이 확인되었다는 주장을 계속 흘렸다.

---

5 김인성, 《진보의 블랙박스를 열다》, 2012.

통합진보당 올해 신규당원 30%가 탈당 '경선용 당원' 모집경쟁 벌였나
'이석기 몰아주기' 낱낱이 공개, 당권파 "확증 없다" 발끈
"당권파, 미투표 명단으로 이석기 조직적 지원"

유시민은 MBC라디오 〈손석희의 시선집중〉에 출연해서 다시 구
당권파를 비난했다.

"자기의 마음에 드는 조사 보고가 나올 때까지는 어떤 조사결과
도 인정하지 않겠다는 뜻이다."

사실 이 말은 되레 신당권파에게 해당되는 말이다. 자신들의 입
맛에 맞게 조사보고서를 뜯어고쳤으니까. 〈한겨레〉는 6월 27일자
사설에서 통합진보당 사태에 대한 훈수를 두고 나섰다.

'통합진보당 언제까지 진흙탕 싸움만 할 건가?'

통합진보당이 갈수록 태산이다. 비례대표 경선 부정에 대한 2차 진상조사 특위
의 결론을 두고 당권파와 비당권파가 전혀 상반된 해석을 내놓으며 티격태격
하고 있다. (…) 마주 보며 달리는 열차를 보는 것 같은 통합진보당 내의 소모적
대결을 보면서 참담함을 금할 수 없다. 비례대표 경선 부정에 대한 1차 조사 결
과, 그리고 뒤이은 당내의 폭력사태만으로도 당내의 책임 있는 세력이나 인사
는 모두 석고대죄하고 직을 버려야 한다. (…) 국민들 눈에는 당권파가 부정을
저질렀건, 양쪽이 다 부정을 저질렀건 그리 중요하지 않다. (…) 이석기·김재연
의원은 더 늦기 전에 자진사퇴의 결단을 내려주길 바란다. 이대로 가다간 진보
정당의 존립 기반이 무너지는 사태가 올 수 있다.

양쪽을 다 꾸짖는 것 같은 언사를 구사하고 있지만 1차 조사 결과를 기정사실화하고 이석기와 김재연의 사퇴를 촉구하는 것은 신당권파의 편을 들고 있는 것이 분명하다. 언필칭 '국민들의 눈'을 갖다 대는 것도 늘 써먹는 수법이다. 어느 국민한테 물어봤기에 누가 부정을 저질렀건 그리 중요하지 않다고 대답했단 말인가. 정연한 논리도 없이 조자룡이 헌 칼 휘두르듯이 마구잡이로 이석기와 김재연의 자진사퇴를 촉구하고 있다.

청년비례대표 당선자 김재연은 어느새 이석기와 한 묶음으로 취급되어 사퇴해야 하는데 사퇴하지 않고 버티는 '2인조 골칫덩어리'가 되었다. 이석기가 비례대표 2번, 김재연이 3번이다. 청년비례대표 선거과정에서 어떤 부정의 증거도 나오지 않았는데도 구당권파로 분류되는데다 국가보안법 위반 혐의로 수배 생활을 한 전력이 있다는 이유로 '종북' 낙인이 찍히면서 이석기와 함께 표적이 되었다.

신당권파는 7월 10일 의원총회에서 심상정을 원내대표로 선출하고 7월 15일에는 온라인 당직선거를 통해서 강기갑을 당대표로 뽑았다. 사실상 당권을 장악한 신당권파는 이석기와 김재연을 통합진보당에서 제명하려고 7월 26일에 제4차 의원총회를 열었다. 이석기와 김재연은 이미 5월 30일에 국회의원 등록을 마친 상태였다.

정당법 제33조에 따르면 정당이 소속 국회의원을 제명하기 위해서는 당헌이 정하는 절차를 거치는 외에 당 소속 국회의원의 과반수의 찬성이 있어야 한다. 통합진보당 19대 당선자 13명 가운데 제명에 반대하는 구당권파는 김미희·김선동·김재연·오병윤·이상규·이석기 등 6명이고, 제명에 찬성하는 신당권파는 강동원·노회찬·박원석·심상정·서기호[6] 등 5명이다. 전교조 위원장 출신인 정진후와 녹색연합 사무처장 출신의 김제남은 중립으로 분류되고 있다. 두 사람 중 한 사람이라도 제명에 반대하게 되면 이석기와 김재연은 국회의원 신분을 보장받게 된다.

신당권파 지도부는 '당의 방침'이라는 명분을 내세워 일단 정진후와 김제남을 자기편으로 돌려세우는데 성공했다.

서울 관악 을 당선자인 이상규는 포기하지 않고 김제남을 만나 끈질기게 설득했다. 이상규는 한 가지 지점을 계속 파고들었다. "이석기 의원은 그렇다 쳐도 김재연 의원까지 제명하는 건 말이 안 된다. 김재연은 1차 진상조사 때나 2차 진상조사 때 부정과 관련한 어떤 혐의도 발견되지 않았다. 단지 비례대표 3번 당선자라는 사실 때문에 '책임론'의 희생양이 된 것이다. 이는 불공평하다. 김재연을 위해서 반대가 안 되면 기권 표라도 던져 달라. 이 제명안이 가결되면 돌아올 수 없는 다리를 건너게 된다. 양측은 결국 당을 함께 할 수 없게 될 것이다."

이상규의 설득이 통했는지 김제남은 결국 기권표를 던졌다. 반대하는 의원들은 참석하지 않은 의원총회에서 찬성 6표, 기권 1표

---

6 당내 부정선거 파문이 일면서 비례대표 후보 1번 당선자인 여성농민회 출신 윤금순이 사퇴했다. 당선권인 6번 이후의 후보 중 8번 이영희, 9번 오옥만, 10번 노항래, 11번 나순자, 12번 유시민, 13번 윤난실 등 비당권파 후보들은 모두 사퇴했다. 7번 조윤숙 후보(장애인 명부)는 사퇴를 거부했으나 이석기, 김재연, 황선(사퇴 거부) 등과 함께 중앙당기위에 제소되었다. 조윤숙 후보는 당기위 제소 철회를 요구하면서 농성에 들어갔으나 철회되지 않았고, 다른 후보들의 사퇴로 14번이었던 서기호가 비례대표 국회의원직을 승계했다.

로 이석기·김재연 제명안건은 부결됐다. 의원총회 결과를 놓고 신당권파들은 패닉에 빠졌다.

심상정 원내대표를 비롯한 강동원과 박원석 등 원내지도부는 당의 방침을 의총에서 통과시키지 못한 책임을 지고 사퇴의사를 밝혔다. 7월 29일에 드디어 유시민이 통합진보당 게시판을 통해서 사실상 당이 깨졌음을 인정하는 글을 올렸다.

민주노동당과 국민참여당 모두 채택했고 통합진보당의 2012년 정치방침이었던 진보통합 야권연대 진보적 정권교체 전략은 효력을 상실했다.

신당권파의 탈당과 셀프제명

틈은 더 이상 메울 수 없을 정도로 벌어졌다. 총선을 위해 급하게 손을 잡고 한 지붕 아래 모여들었던 정치세력들은 짧은 동거를 끝내고 헤어지는 일만 남았다. 유시민, 심상정, 노회찬 등은 9월 13일 탈당을 선언했다. 신당권파는 이석기를 몰아내고 통합진보당의 당권을 장악하는 것이 불가능하다는 판단을 내린 것이다.

"탈당이라는 또 한 번의 멍에를 쓰게 됐고 국민 여러분께 진심으로 사죄드린다." (노회찬)
"통합진보당을 좋은 당으로 만들겠다는 약속을 지키지 못한 데 사과드린다. 새로운 진보정당을 위해 새롭게 출발하겠다." (심상정)

"모쪼록 스스로 혁신해 더 많은 국민의 이해와 사랑을 얻음으로써 저의 판단이 잘못된 것이었음을 입증하시기 바란다." (유시민)

　　민주노동당, 국민참여당, 진보신당 탈당파인 새진보통합연대가 통합을 결정하고, 2011년 12월 6일 중앙선관위에 통합진보당이라는 이름으로 정당 등록을 한지 9개월 만에 당은 둘로 쪼개졌다.

　　신당권파들은 탈당에 앞서 비례대표 의원들의 의원직을 유지하기 위해서 이른바 '셀프 제명'이라는 희한한 방식을 동원했다. 2012년 9월 7일 강기갑 대표의 분당 선언이 나오자 통합진보당 서울시당 당기위원회는 김제남, 박원석, 정진후, 서기호 등 비례대표 국회의원 네 사람의 제명 처리를 강행했다. 당사자인 네 명의 국회의원들은 제명 처리를 받아들여 중앙당기위에 이의신청을 하지 않기로 함에 따라 의원총회를 통해 제명됐다. 법규정상 비례대표들은 탈당하는 순간 의원직을 상실하게 된다. 그래서 의원총회를 통한 의원 제명방식을 선택함으로써 이들 4인은 의원직을 유지하게 됐다. 그래서 이 사건은 '셀프 제명'으로 불렸다.

　　'셀프 제명'은 통합진보당에 남는 당원들의 공분을 샀다. 이정희 대표는 언론과의 인터뷰에서 "비례대표 의원은 당을 탈당하면 의원직을 잃는 것이다. 통합진보당과 함께 못하겠다고, 나가시겠다고 하면 당을 살릴 분이 이어받아야 한다."고 밝혔다. 이상규 당시 통합진보당 의원도 "동료의원에게는 의원직 사퇴를 요구하면서도 정작 자신들은 의원직만은 움켜쥐겠다는 탐욕이 진보원칙도, 상식과 순리도, 당헌당규도 내팽개쳤다."고 신당권파를 강하게 비판했다.

분당 과정에서 또 한 가지 논란이 된 것은 국민참여당이 안고 들어왔던 8억 원의 펀드 부채에 대한 것이었다. 유시민과 국민참여계 당원들 중 80%가 탈당했는데, 그들은 국민참여당이 2011년 1월에 조성하고 2011년 국민참여당 중앙위원회의 의결을 통해서 시도 당에서 전액 소진된 펀드 부채 8억 원에 대한 상환 책임을 통합진보당에 떠넘기고 갔다. 국민참여당 펀드에 가입했던 가입자들은 통합진보당에 펀드부채상환소송을 냈다. 통합진보당은 소송에서 패해 8억 원의 부채와 소송기간 중의 지연이자까지 전액 상환했다. 그 돈은 통합진보당에 남은 당원들의 당비에서 지급한 것이다.

탈당파들은 진보정의당을 창당하고, 당명을 정의당으로 바꾼 채 5석의 의석을 가진 원내 3당으로 명맥을 유지하고 있다가 20대 총선에서 6석의 의석을 얻었다. 통합진보당은 6석의 의석을 지키며 18대 대통령 선거에서 이정희가 후보로 출마하기도 했으나, 문재인 후보의 당선을 위해 선거 막바지에 사퇴했다. 대통령선거에서는 박근혜가 당선되었다. 박근혜는 당선 직후부터 국정원이 개입한 선거부정 의혹에 시달리게 된다. 이른바 '댓글정국'이 시작된 것이다.

도둑이 매를 든 격

2012년 11월 15일 대검 공안부는 2012년 3월 통합진보당 비례대표 경선과 관련한 수사 결과를 발표했다. 전국 14개 검찰청에서 총 1,735명을 수사해 20명을 구속기소(후보자 3명 포함 21명 구속, 1명 구속적부심으로 석방)하고 442명을 불구속 기소했다. 구속된 3명의 비례 후보 중 두 사람은 처음에 부정경선 의혹을 내세우며 진상규명을 요구했던 사람이다. 도둑이 매를 들었던 것이다.

이 과정에서 통합진보당은 20만 명의 당원 명부가 검찰에 넘어가고, 3만 5천 명의 투표 사실이 수사대상이 됐다. 정당의 내부 기밀, 당의 심장을 다 꺼내보이게 된 것이다. 그런데 범죄 사실이 확인되어 구속된 20명 중에 목표했던 이석기와 김재연은 없었다. 검찰은 구속은커녕 입건도 하지 못했다. 모든 언론이 두 사람을 핵심으로 지목했고, 특히 이석기를 그토록 질타했는데 어찌 된 일일까?

검찰은 콜센터를 차려 놓고 다량의 대포폰을 이용해 조직적인 부정투표를 한 20명을 구속했다. 나머지는 모바일 투표 방법을 모르는 아버지나 아내를 위해 아들이나 남편이 대리 투표를 한 경우가 대부분이었다. IP중복 문제도 동일 작업장에서 근무하는 당원이라는 특성상 문제 삼기 어려웠다. 검찰도 이런 것은 범죄로 보기 어렵다고 인정해서 불구속기소가 442명이나 나온 것이다.

부정경선 의혹을 제기하며 당을 내분으로 몰아넣었던 세력들이 부정경선을 저지른 당사자라는 것이 밝혀졌으나 이정희와 이석기로 대표되는 당권파는 누명을 벗지 못했다. 부정선거 문제를 제기했던 세력은 탈당해서 새로 당을 만들었고 유시민은 정계 은퇴를 선언했다. 유시민과 심상정을 두둔하며 이정희와 이석기 편에 매를 들었던 언론들은 자신들의 잘못을 인정하지 않고 침묵했다. 대다수 국민들은 여전히 부정경선의 책임은 이정희와 이석기에게 있다고 믿고 있다. 진실이 밝혀진 후 정식으로 사과한 매체는, 아니 기자는 단 한 명뿐이다. 〈경향신문〉 원희복 선임기자는 〈이석기·김재연 의원 자격심사 … 통합진보당 경선의 진실〉(2013년 3월 22일 자) 이라는 기사에서 다음과 같이 사과했다.

진실이 가려진다고 해도 진보세력은 회복하기 어려운 타격을 입었습니다. 진보세력의 대통합은커녕 증오만 키웠기 때문입니다. 사태를 이렇게 만든 사람은 한국진보운동사에서 매우 엄중한 책임을 져야 하겠지요. 무엇보다 사태가 여기까지 이른데 우리 언론의 책임이 큽니다. 분위기에 매몰돼 하이에나처럼 물어뜯기 바빴지 진실을 보지 못했습니다. 죄송합니다. 사과드립니다.

통합진보당의 경선 부정선거 논란의 와중에 언론은 '경기동부연합'이라는 조직이 통합진보당의 실세이고, 이석기가 경기동부연합의 지도자라고 떠들었다. 경기동부연합은 주사파라는 것을 기정사실화하기도 했다. 그리고 이런 주장은 '이석기 내란음모 사건'과 통합진보당의 정당해산 심판을 다루는 법정에서 그대로 '사실'로 굳어졌다. 그러나 정작 경기동부연합에서 활동했던 사람들은 그것이 지금은 실체가 없는 과거의 조직일 뿐이라고 주장한다.

임미리 논문 〈경기동부연합의 기원과 형성, 그리고 고립〉

이 시기 임미리라는 소장 학자는 〈경기동부연합의 기원과 형성, 그리고 고립〉이라는 논문을 발표해서 '경기동부' 악마화에 일조했다.

경기동부연합은 통합진보당 내 당권파의 다수를 차지하는 세력으로 2012년 4·11총선을 통해 외부에 알려졌으며 지역적으로는 성남시를 기반으로 하고 있고, 이념적으로는 주사파가 주축을 이루고 있다. 경기동부연합이라는 명칭은 1991년 결성된 민주주의민족통일전국연합(전국연합) 산하의 성남·용인·광주·하남·이천·여주를 포함하는 지역단체명에서 비롯되었으며 전국연합 해체 이후에는 민주노동당 성남시당의 구성원들을 일컫는 말로 사용되었다. 2000년 창당한 민노당부터 2011년 12월 민노당과 국민참여당 그리고 새진보통합연대(진보신당 탈당파)가 통합해 창당한 통합진보당에 이르기까지 경기동부연합은 울산연합, 인천연합과 함께 강한 패권주의적 면모를 보이며 당권을 장악해 왔다.

임미리가 〈경기동부연합의 기원과 형성, 그리고 고립〉이라는 자신의 논문 서론에서 밝힌 경기동부연합에 대한 위와 같은 설명은 맞기도 하고 틀리기도 하다. 경기동부연합이 이념적으로 주사파가 주축을 이루고 있다는 단정은 20여 년 전의 상황을 아무 검증 없이 현재화하고 있다. 언론이 주사파의 대부로 불렀던 김영환이 정당해산심판 청구 법정에서 "17년 동안 한 번도 만난 적이 없다"고 자신의 입으로 말하는 과거의 운동권 사람들을 지목하면서 아무 근거도 없이 "그들은 지금도 주체사상을 신봉하고 있을 것이다. 주사파들은 생각을 바꾸지 않는다."라고 주장하는 것과 다름없는 추측과 추정에 불과하다. 김영환 자신은 90년대에 '전향'을 선언하고 지금은 과거의 동지들을 고발하는 역할을 서슴지 않을 정도로 백팔십도로 변했는데 다른 사람들은 왜 과거의 생각을 그대로 갖고 있다고 단정하는지 모를 일이다.

경기동부연합이 '강한 패권주의적 면모'를 보이며 '당권을 장악해 왔다'는 것 또한 반대파들의 주장과 언론의 편파적 보도를 토대로 한 자신의 주관적 예단일 뿐이다.

임미리는 이 논문을 쓰는 과정에서 과거에 경기동부연합에서 활동했던 박우형과 정형주를 인터뷰했다. 그는 자신이 경기동부연합에 대한 논문을 쓰고 있다는 사실을 밝히지 않고, 성남시의 시사(市史) 편찬위원으로 참여하면서 성남시에서 활동했던 시민사회단체들에 대해서 취재하고 있다면서 협조를 요청했다. 박우형과 정형주는 시사를 편찬하는데 쓸 내용인 줄 알고 인터뷰에 응했는데 임미리는 그 내용을 위의 논문에 그대로 인용했다는 것이다. 다음은 내가 박우형과 정형주를 만났을 때 들은 말이다.

"임미리가 우리의 발언 내용을 왜곡해서 자기 논리를 정당화하는데 이용했다. 이런 취지의 논문을 쓰는 줄 알았으면 취재에 응하지 않았을 거다. 임미리의 이와 같은 행동은 학자적 양심에 어긋날 뿐 아니라 인간에 대한 예의가 아니다. 이런 행위는 언론과 여론의 부당한 공격으로 만신창이가 된 사람들에게 또 다른 발길질을 한 것과 다름없다."

임미리의 공범은 사상의 자유를 금한 대한민국

임미리는 경기동부연합이 "국가보안법에 의해 침묵을 강제당하고 스스로를 대변할 수 없게 되면서 그들의 기억은 서서히 고착되어 갈

100

수밖에 없었던 것이다."라고 주장한다. 그러나 국가보안법과 '종북 몰이'의 억압과 강제가 아무리 심해도 그들은 침묵한 적이 없다. 그들은 시종일관 남한 정부가 '미국의 종속으로부터 놓여나는 자주적 입장'을 되찾아야 한다고 주장해 왔다. 통합진보당의 강령에는 주한미군 철수와 한미동맹 해체, 국가보안법 철폐가 명시되어 있다. 그들은 항상 자주와 민주와 통일의 목소리를 내면서 스스로의 입장을 대변해 왔다. 계급 문제와 경제민주화가 먼저라는 다른 진보진영의 입장에 대해서 민족 문제와 통일 문제, 즉 분단이 먼저 해소되지 않으면 계급 문제나 노동 문제, 경제 문제를 제대로 풀 수 없다고 주장해 왔다.

그들은 침묵한 적이 없다. 다만 정부와 여당, 보수 야당, 다른 진보 세력들과 '차별화되는' 목소리를 냈을 뿐이다. "자기 검열을 강제하는 국가보안법 아래에서 치열한 비판과 사투(思鬪)는 불가능하고 변화 역시 기대할 수 없다."는 진술은 임미리 자신에게나 투영해 보아야 할 것이다. 임미리가 비판하는 경기동부연합 사람들은 국가보안법 아래에서도 치열한 비판과 사투를 유지하면서 변화를 추구해온 사람들이다. 임미리로 하여금 경기동부연합에 대한 의도적 오해와 왜곡을 하도록 만든 공범은 그가 말한 '국가보안법으로 사상의 자유를 금한 대한민국'이 아닐까.

과거 경기동부연합이었던 사람들을 포함한 통합진보당이 탄압당하고 정당 해산까지 당하게 된 것은 그들이 침묵했기 때문이 아니라 침묵하지 않았기 때문이다. 임미리는 그들에게 "민중들이 지도의 대상이 아니라 거꾸로 그들을 견인할 집단지성의 주인공들이라는 것을 깨달아야 할 것이다."라고 충고하는데 그들은 진작부터 그런 사실을 알고 민중과 함께 살고 함께 운동해 온 사람들이다.

"과거의 기억을 자산으로 삼되 새로운 역사의 물결을 읽어낼 때 '당원들의 눈높이'를 '국민들의 눈높이'로 바꾸고 '괴물'의 탈을 벗을 수 있을 것이다."라는 충고 역시 그들보다는 그들을 탄압한 냉전반공주의의 탈을 쓴 '괴물'들에게 되돌려야 할 말이다.

'냉전반공주의'와 '종북몰이'가 더 이상 통하지 않는 세상, 6·25 전쟁의 간접경험과 레드컴플렉스에서 자유로운 세대가 주인공이 되는 세상이 되면 '국민들의 눈높이'는 새로운 역사의 물결을 읽어낼 수 있을 것이다.

적과의 동침

"

니가 진짜로 원하는 게 뭐야?

,,

- 신해철 -

의외의 반응 보이는 구치소 재소자들

옥상의 햇살은 눈부셨다. 수원구치소는 아파트형이라서 마당이 없다. 독방에 갇혀있는 수감자들은 일주일에 한 번 옥상에 올라가 운동할 수 있는 시간이 주어진다. 이 시간은 그야말로 금싸라기처럼 귀중한 시간이다. 어찌 보면 이 시간을 기다리면서 나머지 시간을 견디는지도 모른다. 그런데 며칠 전부터 옥상에 올라오는 시간이 부담스러워졌다. 몇 개의 사동이 죽 이어 붙여져 있는 아파트형 구치소의 각 사동에는 다 옥상이 있다. 이석기가 운동을 하러 올라오면 바로 옆 사동의 옥상에 여러 명의 여자 수감자들이 난간 쪽으로 몰려와 아는 체를 하기 시작했다. 그들은 호감을 표시하며 손을 흔들고 박수를 치기도 했다.

처음에는 사람을 잘못 보고 그러는 게 아닌가 생각했다. 하지만 "이석기 의원 파이팅!"이라고 외치는 소리를 들었다. 한 여자가 분명 그렇게 외쳤고 나머지 여자들이 와르르 웃음을 터뜨렸다. 예상치 못한 일이었다. 한편으로는 당황스럽고 한편으로는 가슴이 아팠다.

　CNC 관련 재판받으러 법정에 나갈 때 법원 앞에서 대학생들과 지지자들이 피켓을 들고 서 있는 것을 볼 때의 기분과는 또 달랐다. '이석기 의원을 석방하라!' '그가 자유롭지 못하면 우리도 자유롭지 못하다!' 같은 글귀가 적힌 피켓을 들고 그를 응원하는 모습을 볼 때는 가슴이 뭉클해졌다. 잊지 않고 법정을 찾아오는 사람들을 대하면 혼자가 아니라는 생각에 힘이 나고 위로가 됐다.

　일반 국민들은 다 자신을 괴물로 생각하는 줄 알았다. 국회의원에 당선되자마자 시작된 언론의 무자비한 공격에 시달린 탓에 극히 일부를 제외한 여론은 다 자신에게 적대적이라고 생각했다. 그런데 구치소 안에 있는 사람들이 그에게 격려를 보내고 있다. 그들은 각자 다 사연이 있어서 이곳에 왔겠지만 이 사회에서 어려움에 처한 사람들이리라. 그저 단순한 호기심이라고 해도 그들이 보내주는 관심이 고마우면서도 부끄러웠다. 사회에서 소외되고 어려움에 처한 사람들에게 도움 되는 일을 하려고 국회의원이 되지 않았나. 그런데 지금 이게 무슨 꼴인가?

　이석기는 건너편 사람들의 시선을 의식하느라고 운동도 제대로 못 한 채 옥상을 서성거리다가 자기 방으로 돌아왔다. 그는 허리를 곧게 펴고 반듯이 앉아 끝없이 되풀이해 온 반성과 성찰의 시간을 가졌다.

　통합진보당 비례대표 국회의원에 당선된 직후부터 쏟아진 언론의 관심은 몹시 부담스러웠다. 기자들의 인터뷰 요청은 한도 끝도 없이 이어졌다. 당내의 경선 부정 사태가 언론에 오르내리고 자신이 부정의 당사자로 지목받기 시작하면서 언론의 따라붙기는 한층 더 심해졌다. 이석기는 이미 직장을 그만두었는데도 그가 다니던 여의도의 회사 앞에 기자들이 줄을 서 있고, 그의 집 앞에도 기자들이 늘어서 있었다. 이석기는 되도록 언론 인터뷰를 사양했다. 그는 언론이 공정하게 그의 말을 전해줄 거라는 생각이 들지 않았다.

'무조건 사퇴'라는 말에는 도저히 동의할 수 없었다. 그는 정당한 절차에 따라서 국회의원이 됐다. 사실관계가 명백히 밝혀지지 않은 의혹을 가지고 일방적으로 사퇴를 하라, 아니면 제명하겠다는 건 도대체 무슨 말인가? 이건 마치 길 가다가 도둑을 만나서 얻어맞고 돈 뺏기고, 그러고 나서 도둑한테 잘못했다고 빌어야 하는 것과 마찬가지다.

2012년 6월 5일, 19대 국회 첫 등원하던 날

2012년 6월 5일, 그는 19대 국회에 첫 등원했다. 그날은 기자들의 질문을 피할 수만은 없었다.

문   의원직 사퇴 압박을 받고 있는데 입장을 밝혀주시죠.
답   당의 결정을 기다리고 있습니다.
문   의원회관을 처음 들어오셨는데 소감을 말씀해 주시죠.
답   정의감으로 불타는 20대 운동권의 심정으로 국회에서 열심히 하겠다는 그런 마음입니다.

문　　박근혜 전 위원장의 제명 추진에 대해서는 어떻게 생각하시
　　　나요?

답　　저는 마치 유신의 부활을 보는 것 같습니다. 박정희 군사독
　　　재정권은 인혁당을 조작하여 무고한 민주인사를 사법살인
　　　했습니다. 21세기 오늘날, 헌법기관이라 할 수 있는 국회의
　　　원을 국가관 운운하면서 입법부에서 입법살인을 하는 게 아
　　　닌가 그런 생각이 들고요. 우리나라도 이제 2만 불 시대 아
　　　닙니까? 그런데 5백 불 시대의 사고방식이 아닌가 생각이
　　　들어서 안타깝게 생각하고 있습니다.

　이석기는 구치소 안에서 그날을 끝없이 복기해 보았다. 여의도
는 그에게 익숙한 곳이었다. 그가 일하던 회사도 2012년에는 여의
도로 옮겨왔기 때문이다. 그러나 국회의원이 되어서 국회의사당 건
물에 들어선다는 것은 그저 그 앞을 지나다니는 것과는 전혀 달랐
다. 그는 대한민국의 법을 만들고, 정부를 견제하고, 국민들의 권리
를 보호하는 막중한 책임을 진 공직자가 된 것이다. 그는 국회의사
당을 들어서면서, 의원회관에 마련된 자신의 집무실을 둘러보면서
좋은 국회의원이 되겠다고 다짐했다. 자신을 찍어내려는 자들의 공
격이 잘못된 것임을 증명하기 위해서라도 의정활동을 통해 국회의
원 이석기의 가치를 증명해야 했다.
　그런 그가 등원 첫날부터 박근혜를 향해서 날을 세운 것은 그가
당선자 등록을 마치자마자 박근혜가 먼저 공격을 가했기 때문이다.
박근혜는 6월 1일 오후, 국회에서 열린 당 국회의장 및 부의장 후보

자 선출을 위한 의원총회에 참석한 뒤 기자들과 만난 자리에서 다음과 같이 말했다.

"통합진보당 사태의 주역인 이석기·김재연 의원은 사퇴가 안 되면 제명으로 가야 합니다. 국회라는 게 국가의 안위를 다루는 곳인데 기본적인 국가관을 의심받고 국민들도 불안하게 느끼는 사람들이 국회의원이 돼서는 안 된다고 봅니다. 그분들은 스스로 사퇴하는 것이 옳습니다. 지금 새누리당과 민주통합당 양당의 원내 지도부에서 (사퇴 문제를) 논의하고 있는데 스스로 사퇴하지 않는다면 그렇게 (제명으로) 가야 한다고 봅니다. 통합진보당 사태에는 민주통합당도 크게 책임이 있습니다. 민주당은 무엇보다 우선하여 이 문제를 해결해야 합니다. 국민이 바라는 것은 민생을 최우선시하고 구태정치는 버리는 것인데 민주당을 보면 구태정치로 돌아간 것 같아요. 빨리 국민의 삶을 챙기는 최우선 정치로 돌아와야 합니다."

이석기는 정치권의 교묘한 어법에 혀를 내둘렀다. 당 안팎에서 이석기와 김재연의 사퇴나 제명을 요구하는 명분은 분명 '경선 부정'이다. 그런데 박근혜는 느닷없이 '국가관'을 끄집어냈다. 사실 박근혜의 발언이 '느닷없는' 것은 아니다. 〈조선일보〉를 비롯한 보수 언론들이 입을 맞춰 '종북 주사파'가 국회에 입성하도록 놔둘 거냐고 거품을 물었으니까. 그렇게 떠들어서 이석기가 '종북 주사파'라는 것을 기정사실화 하고 나서 박근혜가 슬그머니 숟가락을 얹었다. 선거부정은 뒷전으로 밀쳐놓고 '국가관이 의심스러운 사람'으로 규정하며 제명의 명분을 바꿔치기한 것이다.

박근혜의 발언보다 더 기가 막힌 심상정과 유시민의 공격

박근혜의 발언보다 더 기가 막힌 것은 심상정과 유시민이었다. 어쨌든 함께 당을 만들어 한 배를 탔던 '동지'인데 이석기에 대한 공격은 상상을 초월할 정도였다. 2012년 5월 11일 당중앙위원회를 하루 앞두고 이석기는 심상정, 유시민을 함께 만났다. 유시민과는 세 번째 만남이고 심상정을 따로 만난 것은 그때가 처음이었다. 세 사람은 다소 어색한 분위기에서 마주 앉았다. 심상정은 듣던 대로 부드럽고 친화력이 좋은 사람이었다. 그러나 말을 섞다 보면 상대를 쥐락펴락하는 능숙함이 진정성과는 거리가 먼 느낌이었다.

"좋습니다. 비례대표 경선에서 부정선거를 하지 않았다고 칩시다. 그렇지만 이미 언론에 그렇게 알려졌고 대중들은 누군가 책임을 지지 않으면 이 사태를 용납하지 않습니다. 그러니까 의원직을 사퇴해서 책임지는 자세를 보여줘야 합니다."

유시민의 주장에 심상정도 맞장구를 쳤다.

"사퇴가 답이에요. 진보가 공멸하지 않으려면."

"진보의 생명은 진실입니다. 진실을 지키는 게 책임을 지는 일이라고 생각합니다."

이석기는 그렇게 대답했다. 정치인의 책임에 대한 그들의 생각은 서로 그렇게 달랐다.

이석기와 이날 나눈 이야기는 나중에 심상정이 〈한겨레〉와 인터뷰하면서 자기 입맛대로 각색해서 털어놓았다. 이석기는 그 기사를 보면서 '당원총투표'를 해야 한다는 자신의 제안에 반대한 이유를 들면서 덧붙인 심상정의 이야기에 깜짝 놀랐다.

권력과 책임은 같이 가는 거다. 그런데 중요한 결정의 책임을 묻기 어려운 비가시적인, 일종의 지하정부 같은 존재가 문제다. 이런 낡은 정파 구조를 해체해야 된다. (…) 당의 중요한 정책이 어느 정파의 누가 어떻게 결정했는지 아무도 모른다. (…) 누가 결정했는지 언론이 탐사보도를 해야 하는 수준인데, 그런 책임지지 않는 권력, 보이지 않는 조직, 지하정부와 같은 그런 행태는 당의 공적 의사구조를 왜곡하고 당의 다원성이 존중되는 민주주의를 봉쇄하는 것이다.

이석기는 지금 심상정의 그 발언을 되새기면서 '지하정부=RO'가 아닌가 하는 생각을 자꾸만 하게 된다. 그 뒤에 덧붙인 심상정의 발언 또한 이제 와서 생각해 보면 의미심장하다.

저는 적어도 북한을 추종하는 행위라는 실체적 측면에서 종북론자는 없다고 본다. 앞으로 이 당에서도 내란죄 등 법에서 용인될 수 없는 행위를 하거나, 민주주의를 폭력으로 훼손하는 이 두 경우를 빼고는 사상의 자유가 보장돼야 한다고 생각한다.

심상정이 언급한 '내란죄', '민주주의를 폭력으로 훼손하는 경우'라는 말은 그대로 '이석기 내란음모 사건'과 더 나아가서는 통합진보당 해산 결정과 직결된다. '북한을 추종하는 행위라는 측면에서 종북론자는 없다'는 말은 또 어떤가? 재판 과정에서 북한과 연계되었다는 어떤 증거도 나오지 않자 검사는 '북한과 연계되지 않아서 더욱 위험하다' '내면화된 종북이다' 라는 해괴한 주장을 펼쳤다. 이 모든 것이 과연 우연일까? 이석기는 그런 생각을 하다 보면 심경이 너무나 복잡해졌다.

박근혜의 발언이 국정원과 검찰에게 내리는 '지령'이었다면 심상정의 발언은 그들에게 내보인 '힌트'가 아니었을까? 심상정이 의도했건 의도하지 않았건 간에 그 뒤에 일어난 일들은 공교롭게도 이런 합리적 의심을 뒷받침하기에 충분했다.

유시민은 이석기가 자신에게 당권을 넘겨줄 테니 경선 부정을 눈감아달라고 했다면서 소위 '당권거래설'을 언론에 흘리기도 했다. 이석기가 그런 적이 없다고 반박하자 "이석기 당선자가 나를 찾아왔던 것은 사실이다."라고 발언하면서 '일개 국회의원 당선자가 그런 말을 하는 걸 보면서 이석기가 실세는 실세구나'라고 생각했다는 교묘한 언설로 없었던 일을 기정사실화했다. 여의도 정치는 이석기가 짐작했던 것보다 훨씬 더 복잡했다.

당시에는 수없이 많은 악의적인 기사가 나와서 되도록 신문을 안 보려고 했지만 우연히 보게 된 6월 7일자 〈한겨레〉의 사설은 도가 지나쳤다. 필자는 이석기와 김재연에 대해서 인신공격을 하고 있었다.

이석기·김재연 의원 등은 요즘 언론의 조명을 한 몸에 받고 있다. 그래서 혹시 자신들이 '언론 스타'라도 된 듯 착각하고 있는지도 모르겠다. 만면에 웃음을 띤 이 의원의 여유 있는 모습을 보면 이런 우려가 결코 지나치지 않다. 진보세력 전체를 곤경에 빠뜨린 데 대한 최소한의 양심의 가책을 느끼고 있는지조차 의심스럽다. 지금이라도 늦지 않았다. 이 의원 등은 하루빨리 국회의원직에서 물러나 통합진보당의 혁신을 위한 한 알의 밀알로 남기 바란다.

이석기는 이 기사를 쓴 사람을 찾아가서 터무니없는 인신공격을 해서 언론인의 자격이 없으니 사직하라고 말하고 싶었다.

언론의 공격을 한 몸에 받으면서도 이석기는 기자들에게 미안했다. 아침 출근길에서부터 한마디만 해달라며 자신을 따라다니는 기자들을 볼 때마다 제발 그러지 말라고 했으나 소용없었다. 기자들은 자신들에게 월급을 주는 회사의 명령에 따라 그를 따라다니는 것이다. 국회 출입기자들 사이에서 자신이 '당대표급 초선'으로 불린다는 말을 들었다. 이석기는 특히 의원회관에서 종일 '뻗치기'를 해야 하는 '말진'기자들이 안쓰러워 보였다.

'뻗치기'란 취재원에게 어떤 특별한 일이 일어나기를 기다리며 무작정 붙어 다니는 기자들의 현장 지키기를 말한다. '말진'은 각 언론사에서 가장 연차가 낮은 막내기자들을 말한다.

오프더레코드로 만난 기자들과의 첫 간담회

이석기는 청년들에게 유난히 약했다. 아들 또래의 젊은이들을 보면 저절로 눈길이 갔다. 기자들은 점심이든 저녁이든 밥 한 번 같이 먹으면서 애기 좀 듣고 싶다고 이석기의 보좌관들을 졸랐다. 이석기는 보좌관에게 자리를 한 번 만들어보라고 지시했다.

6월 15일에 말진 기자들과 이석기가 점심을 함께 먹는 자리가 마련됐다. 비보도를 전제로 한 오찬 기자간담회였다. 열 명의 기자들과 화제의 인물 이석기 의원이 둘러앉은 자리에는 묘한 긴장감이 흘렀다. 말 한마디 듣는 게 소원이었던 말진 기자들만 긴장한 게 아니라 '당대표급 초선의원' 이석기도 긴장했다.

이석기가 젊은 기자들을 둘러보면서 말문을 열었다.

"젊은 일꾼들이니까 나는 여러분에게 관심이 많습니다. 원래부터 젊은 친구들에게 애정이 많이 가죠. 여러분은 우리 사회의 미래니까요."

이석기가 말문을 열었다. 그 자리에는 그에게 끊임없이 '종북' 공세를 퍼붓는 조·중·동(조선, 중앙, 동아) 기자들도 있었다. 기자들은 '일꾼'이라는 말에 서로 눈짓을 주고받았다. 생경한 말이라는 뜻이겠다. 킥킥 웃는 친구도 있었다.

"나 때문에 고생도 많이 하고 뻗치기도 많이 했으니까. 우리 식으로 말하면 '정치적 입장 다 배제한 채' 밥 한 끼 같이 하자는 겁니다."

이어지는 이석기의 말에 기자들이 긴장을 풀고 다들 웃었다. 여기까지는 분위기가 좋았다.

"다시 한 번 부탁드립니다. 오늘 이 자리에서 나온 이야기는 오프더레코드, 아시죠?"

보좌관 L이 다시 한 번 다짐을 두었다. 기자들은 하나같이 고개를 끄덕거렸다. 한참 식사를 하면서 잡담 수준의 이야기가 오가고 있을 때 '문제의' 질문이 튀어나왔다.

"의원님, 통합진보당의 새로나기특별위원회 토론회 보셨어요?"

한 기자가 물었다. 신당권파의 소위 '혁신'에 대해서 어떻게 생각하는지 물어보기 위한 질문이었다.

"토론회 내용 중에 동의할 만한 내용이 전혀 없었습니다. 애국가 부르는 것도 그렇죠. 애국가 부르면 쇄신입니까? 황당한 짓이라는 생각밖에 안 들어요. 사실 우리나라는 국가가 없어요. 지금 부르는 그 애국가를 정식으로 국가로 정한 바가 없어요. 애국가는 그냥 나라 사랑하는 노래 중 하나일 뿐입니다. 민족적 정한과 역사가 있으니 아리랑이 우리 국가라 해도 좋을 것 같고요. 애국가 부르기를 강요하는 건 전체주의적 발상이라고 봅니다."

이석기는 새로나기특별위원회 토론회에서 당 행사를 할 때 애국가 제창 등의 국민의례를 하지 않는 문화도 바꿔야 한다는 의견이 제기되는 것을 보고 화가 났었다. 애국가를 부르는 것이 당내 혁신이라는 소위 '신당권파'의 유치한 발상을 비판하다가 나온 말이었다. 민주노동당 시절부터 그들은 당 행사 때 국민의례 대신 민중의례를 했다.

이석기는 원래부터 과도한 국가주의가 싫었다. 나치즘도 국가주의로부터 시작된 것이다. 박정희가 '국민교육헌장'과 '국기에 대한 맹세' 같은 걸 만들고 태극기를 신줏단지 모시듯 하면서 국가주의를 신봉하지 않았나. 박정희와 전두환이 집권하던 시절, 국기하강식이 시작되고 애국가가 울려 퍼지면 모든 국민이 하던 일을 멈추고 제자리에 서서 가슴에 손을 얹어야 했다.

영화 〈변호인〉에서 경찰의 고문 수사관 차동영(곽도원 분)이 송우석(송광호 분)을 구타하고 짓밟다 말고 국기하강식이 시작되면서 애국가가 나오니까 갑자기 동작을 멈추고 국기에 대한 경례를 하는 장면이 있다. 감독은 극우세력들의 과도한 국가주의를 그 한 장면을 통해서 명쾌하게 보여 주었다. 그 장면처럼 슬프고도 우스꽝스러운 장면이 또 있을까?

그러나 '애국가는 국가가 아니다'라는 이석기의 말을 들은 기자들은 하나같이 몸을 움찔거리고 눈을 빛냈다. 서로 눈짓을 주고받는 친구들도 있었다. 아무리 말진 기자라 해도 언론사 밥을 먹는 친구들이다. 이석기의 발언이 '대박' 기삿거리라는 걸 모르는 사람은 없었다. 이때부터 오프더레코드를 깨느냐 마느냐의 고민이 기자들의 머릿속에서 시작됐다.

"저기요, 의원님. 만약에 국가는 없다, 애국가는 국가가 아니다, 이런 제목으로 기사가 나가면 엄청난 댓글이 달릴 거 같은데요. 사실 의원님 같은 경우는 과격한 이미지가 있으니까 이런 발언은 자제하시는 게 대중정치인으로서 좋을 것 같아요."

기자 한 사람이 조심스럽게 의견을 이야기했다. 이석기는 특유의 함박웃음을 지으면서 고개를 끄덕거렸다.

"맞아요, 맞아. 좋은 의견입니다. 발언 하나하나도 대중들의 눈높이에 맞게 해야죠."

젊은 일꾼 같은 말은 생경한 표현

이석기가 긍정적인 반응을 보이자 다른 기자가 '일꾼'이라는 어휘에 대해서 지적했다.

"젊은 일꾼 같은 표현도 저희는 잘 안 쓰거든요. 무슨 뜻인지는 알지만 생경한 표현인 건 사실입니다."

"일꾼은 일을 잘하는 사람보다는 일을 찾아서 하는 사람이라는 뜻입니다. 그런데 일꾼 같은 표현을 쓰는 것을 바꿔야 한다는 건 알겠어요. 고마워요. 대중적인 언어, 정치적인 언어로 표현하는 걸 배워야 하겠어요. 내가 그런 점이 확실히 서툴러요. 그런 게 보이면 말해 주세요. 나는 고치는 걸 좋아하는 사람이에요."

"앞으로 조·중·동 기자들을 더 많이 만나셔야겠어요."

한 기자가 그렇게 말하자 다들 웃었다. 이석기도 "그래요, 그럽시다."라고 호응하며 기분 좋은 웃음을 터뜨렸다. 이석기는 내친김에 한마디를 덧붙였다.

"난 종북이라는 말이 정말 기분 나빠요. 모욕적인 말입니다. 자유로운 인간이 누구의 종이란 말입니까? 진짜 좋은 종미에 있다고 봐야 합니다."

그 이야기를 듣고 가뜩이나 복잡하던 기자들의 머릿속이 더욱 복잡해졌다. 이걸 어쩐다? 회사 들어가면 분명히 데스크가 무슨 얘기했는지 물어볼 텐데. 그 후로 분위기는 겉돌고 기자들은 이석기의 이야기를 건성으로 듣고 있었지만 정작 이석기는 그런 분위기를 눈치채지 못했다. 기자들을 유심히 관찰하고 있던 L은 기자들 사이에 흐르는 미묘한 동요를 느끼고 불안해졌다. 아무래도 '애국가는 국가 아니다'라는 발언이 기사화되면 문제가 심각해질 것 같았다.

"여러분, 약속 지킬 거죠? 오늘 이 자리에서 있었던 이야기는 기사로 내지 않기로 했어요. 약속한 겁니다."

자리가 파할 무렵 L은 다시 한 번 다짐을 두었다. 기자들은 고개를 끄덕거리긴 했지만 왠지 모르게 여운이 남는 표정이었다. 그의 불안은 적중했다.

이석기, '애국가'는 국가 아니다

기자간담회 다음날 〈한국일보〉는 6월 16일자 신문에서 이석기의 '애국가' 발언을 1면에 보도했다. 기사 제목은 매우 단순했다.

이석기, '애국가'는 국가 아니다

그러나 이 한 줄은 엄청난 파문을 일으켰다. 각 언론이 이 문제에 대해서 쉴 새 없이 떠들었고, 정치인들이며 논객을 자처하는 사람들도 빠지지 않고 이석기를 비난하는 데 나섰다. 대한민국에서 입 달린 사람들은 다 거들고 나선 것 같은 착각을 불러일으키기에 충분했다. 하지만 적지 않은 숫자의 국민들은 '그게 뭐 그렇게 대단한 말이라고 저런 호들갑인가?'하고 어리둥절해 했다.

이석기 의원실은 즉시 진화에 나섰다. "애국가를 부정한 게 아니고 새로나기특위의 활동이 진보정당과 맞지 않다는 이야기를 한 것이다. 기자들과 인간적인 거리를 좁히기 위해 비보도를 전제로 한 발언이다."라는 입장을 밝혔지만 별 소용이 없었다. 이석기는 민주주의 국가에서 이 정도의 발언도 할 수 없느냐고 묻고 싶었다.

언론들은 급기야 이석기의 애국가 발언이 고도의 전략이라고 몰아세우기까지 했다. 구당권파들을 결집시키기 위한 의도적인 발언이었다는 것이다. 심상정은 즉시 기자들과 만나 "이석기 의원은 딴세상에 사는 것 같다. 헌법을 뒷받침하는 국회의원이 국가를 부정하면 공인 자격에 의구심을 가질 수밖에 없다."고 비난했다. 새로나기특위 위원장인 박원석은 자신의 트위터를 통해서 "신묘하고 깊은 전략가인지, 자신이 무슨 말을 하는지도 모르는 무뇌 성향인지, 입만 열면 지구인으로서는 이해하기 어려운 달나라에서나 통할 얘기"라고 비난을 퍼부었다.

무엇보다도 애국가의 정통성이나 합법성에 대한 문제 제기는 이석기가 처음 시작한 것이 아니다. 애국가를 만든 안익태의 친일 행적이 뒤늦게 알려지고, 애국가의 가사가 친일적인 내용을 담고 있다는 이른바 '애국가 친일 논란'은 이미 수년 전부터 공론화되고 있었다. 이석기의 발언 이후에 애국가를 국가로 정하는 법률을 새누리당 의원들이 입법 발의한 사실을 보더라도 법적으로 애국가가 국가가 아니라는 말은 객관적인 사실이라고 할 수 있다.

이석기는 분명히 "애국가를 법률로 정한 바가 없다."고 말했는데, 언론에서는 '법률로 정한 바'라는 말은 빼고 애국가를 부정한다고 보도했다. 이석기의 발언을 근거로 통합진보당 전체가 애국가를 부정하는 세력인 양 오도하기도 했다.

이석기 통합진보당 의원이 애국가를 국가로 볼 수 없다는 취지의 발언을 해 논란이 일고 있다. (…) 발언 배경이야 어찌됐든 한마디로 부적절한 발언이다. (…) 이 의원 발언은 무엇보다 때아닌 이념 논쟁을 부추겼다는 점에서 경솔하다. 이 의원은 지금 논란의 핵심에 있는 인물이다. 통합진보당 비례대표 경선 부정 문제로 당 안팎에서 사퇴 압력을 받고 있다. 보수 세력은 이 의원 등에게 종북 꼬리표를 붙여 이념몰이를 하고 있다. 그런 와중에 애국가는 국가가 아니라는 발언은 보수 세력에게 좋은 먹잇감을 제공하고 있다. (…) 종북, 종미도 마찬가지다. 종북이란 게 사람을 재단하는 무서운 무기가 될 수 있듯, 종미도 무턱대고 몰아세울 일은 아니다. 시대가 변하고 있다. 진보도 변해야 한다. 애국가의 정통성을 운운하거나, 종미가 진짜 문제라는 식의 발언으로 진보인 양 하는 것은 시대에 한참 뒤떨어졌다. 이 의원은 전체 진보 진영의 수준을 10년, 20년 전으로 후퇴시키는 발언을 삼가기 바란다. (…) 이 의원은 더 이상 당과 진보 진영에 누를 끼치는 행보를 그만두고 스스로 거취를 정하기 바란다.

　　－ '이석기 의원, 지금 애국가 논쟁할 때 아니다', 〈한겨레〉, 2012. 6. 17.

크게 생각해 주는 듯이 생색을 내면서 훈계를 하고 있는 이 사설의 논조는 제목에서부터 사실을 왜곡하고 있다. 이석기는 애국가 논쟁을 한 적이 없고 할 생각도 없었다. 애국가에 대한 언급은 오프더레코드를 전제로 한 식사 자리에서 가볍게 던진 이야기에 불과하다. 애국가 논쟁을 하는 것은 언론과 이석기를 찍어내고 싶어하는 사람들이다. 보수 세력의 이념몰이에 먹잇감을 던져주는 것을 걱정하는 것처럼 가장하지만 이런 말 속에서 오히려 이석기에게 종북 꼬리표를 붙여주고 있다.

'종북보다 종미가 문제'라는 발언이 왜 문제인가

종북보다 종미가 문제라는 발언이 시대에 뒤떨어졌다는 건 또 무슨 말인가? 그렇다면 10년 전이나 20년 전보다 한국과 미국의 관계가 평등한 관계로 발전했기 때문에 종미라는 말이 맞지 않다는 뜻이라면 그야말로 근거 없는 허언이다. 이석기는 뿌리 깊은 미국에 대한 사대주의, 특히 위정자들이 대한민국의 국익이 아니라 미국의 국익을 위해 일하고 있는 것을 비판한 것이다. 최근 미국의 사드 배치를 둘러싼 정치권의 논쟁은 뿌리 깊은 '종미'가 현실적인 문제임을 그대로 보여주고 있다.

20년 전이나 지금이나 미국과의 관계는 불평등하고 종속적이다. 통합진보당의 강령에는 주한미군 철수와 한미동맹 해체가 명시되어 있다. 이석기가 자기 당의 강령에 따라 종미가 문제라는 발언을 한 것이 어째서 시대에 뒤떨어졌단 말인가? 진보 진영의 수준은 도대체 누가 정하는 것인가?

진보란 현재의 체제가 문제가 있다고 보고 부정하면서 대안을 모색하는 것이다. 신자유주의와 분단, 이 두 가지 문제를 해결하지 않고서는 대안을 모색할 수 없다. 한국사회에서는 이 두 가지를 같이 해결해야 한다. 한국의 진보연하는 언론이나 정치인, 논객들 중 상당수가 신자유주의 문제에만 집착하고 분단 문제는 외면하고 있다.

사실 이 사설의 진짜 의도는 맨 끝에 가서 드러난다. 이석기더러 물러나라는 것이다. 모든 길은 로마로 통하는 게 아니라 모든 논란은 이석기에 대한 사퇴 압박으로 이어졌다.

이석기는 '내란음모 사건' 재판과 통합진보당 해산 심판을 겪으면서 당시에 일어났던 일들을 되짚어 가는 과정에서 큰 의문을 품게 됐다. 통합진보당의 신당권파들, 진보와 보수 언론들, 자칭 보수와 진보 논객들, 새누리당과 민주통합당의 정치인들, 그들은 한목소리로 자신에게 국회의원직을 내놓으라고 외쳤다. 선거 부정을 한 게 자신이 아니라는 게 밝혀지고 나서도 '그래도 목을 내놓으라'고 으르렁거렸다. 그들이 진짜로 원하는 것이 자신의 의원직 사퇴였을까?

적어도 새누리당과 정부, 국정원과 검찰이 정말로 원한 것은 그의 의원직 사퇴가 아니었다는 생각이 들었다. 왜냐하면, 자신이 국회의원직을 내놓았다면 내란음모에서 통합진보당 해산으로 이어지는 시나리오가 성립하지 않는다. 그들이 정말로 원하는 것은 통합진보당 소속 국회의원의 내란음모였고 그것은 이석기여야 했다. 그래야 통합진보당을 공중 분해시킬 수 있는 스토리가 나온다.

그렇다면 1년 이상 끈질기게 이어졌던 이석기에 대한 사퇴 요구는 무엇이었나? 통합진보당 신당권파 세력이 원하는 것은 이석기 없는 통합진보당의 당권을 차지하는 것이었다고 처도 언론들의 합창은 무엇을 위한 것인가?

말투와 어휘 선택이 부적절하다고 비판할 수는 있겠지만

무엇보다도 그것은 북한을 대화의 상대로서 인정하고 포용해야 평화적 통일이 가능하다고 생각하는 정치세력을 무력화하려는 시도였다. 그 표적을 이석기에게 맞춘 것이다. 보수언론과 집권여당, 나아가 공안검찰이 호흡을 맞춘 것이다. '경선 부정' '종북 타령' '국고 사기' 등 여러 가지 구실을 내세워 여론화시키고, 중앙정치에서 의제화시키고, 표적수사를 진행하는 방식으로 이석기를 공격했다. 이석기는 자신과 통합진보당을 향하던 그 야단스런 공격들이 2012년 말까지는 야권연대를 통한 정권교체를 방해하기 위한 목적이었다고 생각했다.

그리고 그것은 결국 '이석기 내란음모 사건' 유죄와 통합진보당 해산을 염두에 둔 장기적인 포석이었음을 깨달았다. '아니 땐 굴뚝에 연기 나랴?'는 속담은 잘못된 것이다. 주인 대신 다른 사람들이 군불을 지피고 끝내 초가삼간을 홀랑 태워버리는 일도 얼마든지 가능하다.

그러나 이석기의 애국가 발언은 여러모로 신중하지 못했다. 오프더레코드를 전제로 한 식사자리에서의 발언이었다 해도 자신에 대한 국회의원 자격 문제가 끊임없이 제기되고 사퇴 압박을 받는 상황에서 그런 오해의 소지가 있는 발언은 하지 말았어야 하지 않을까? 제도권 정치인이 될 준비가 부족했다고도 할 수 있다. 이석기는 가까운 지인이나 후배들로부터도 말투와 어휘 선택이 부적절하다는 지적을 자주 받곤 했다고 한다. 이런 언어 감각과 비대중적 정서가 문제의 5.12 강연으로 이어졌다고 보는 시각도 있다. 그렇다고 해도 강연에서의 발언은 애국가 발언과 마찬가지로 비난하거나 공격할 수는 있을지언정 구속하고 처벌할 사법적 대상은 아니다.

06
___

대한민국 국회의원 이석기

"

더욱더 혹독한 날늘이 다가온나
판결의 파기로 유예된 시간이 지평선에 나타난다

"

– 잉게보르크 바하만의 시 〈유예된 시간〉 중에서 –

민주당과 새누리당 합의, 이석기·김재연 자격심사 하기로

"정의감으로 불타는 20대 운동권의 심정으로 국회에서 열심히 하겠다는 마음이다."

이석기는 국회에 첫 등원한 소감을 묻는 기자들에게 이렇게 말했다. 낡은 이념의 틀이나 도그마에 갇히겠다는 뜻이 아니라 한국 정치의 오랜 금기, 누구도 건드리지 못한 성역인 분단체제 극복을 위한 의정활동을 펼치겠다는 뜻이었다. 그것은 견고한 보수양당체제에 도전하겠다는 뜻이기도 했다.

그토록 시끄러운 논란의 소용돌이 속에서, 자기 당에서 제명을 해서라도 국회의원직을 빼앗겠다고 엄포를 놓는 와중에 시작된 국회의원 생활이었다.

국회의원 이석기는 국회에 들어가자마자 '여의도정치'에 대해서 환멸을 느껴야 했다. 2012년 6월 29일 민주당의 박지원 원내대표와 새누리당의 이한구 원내대표가 이석기와 김재연의 국회의원 자격심사를 하기로 합의했다. 이석기는 기자들과 만나 "여의도 정치가 그런 건가 하는 회의가 든다. 다른 정당의 국회의원에 대해서 자격심사를 한다는 게 말이 되는가? 새누리당의 색깔 공세에 박지원이 굴복한 게 아닌가 한다."고 항의했다.

이석기는 문화체육관광방송통신위원회로 시작했다가 박근혜 정부 출범 이후, 정부조직법 개정으로 미래창조과학방송통신위원회로 바뀐 상임위원회 소속 의원으로 활동했다. 특별위원회로는 방송공정성특별위원회와 남북관계발전특별위원회에서 활동했다. 이석기가 속한 상임위와 특위의 소관 분야는 방송, 통신, 과학, 남북관계 등이다.

이석기는 2012년 8월 23일에 열린 문화체육관광방송통신위원회의 전체회의에 참석했다. 이날 이석기는 이계철 방송통신위원회 위원장의 답변 태도를 보고 기가 막혔다. 이계철은 야당 의원들의 질의에 대해서 "소관 사항이 아니다." "말할 위치에 있지 않다."는 등 무성의하고 불성실한 답변으로 일관했다. 텔레비전을 통해서 많이 보아 온 대한민국 공직자들의 모습이었지만 국회의원이 되어 직접 눈앞에서 낭하고 보니 한심하기 짝이 없었다.

당시 MBC 노조는 '공정방송 복원'과 '김재철 사장 퇴진'을 위해서 장장 170일간 진행된 총파업 투쟁을 잠정적으로 중단한 상태였다. 여야가 개원 협상을 하면서 김재철 사장 퇴진에 대해서 공감대를 마련했다는 소식을 듣고 추이를 지켜보기로 하고 취한 조치였다.

무성의한 답변

이석기는 이계철의 성의 없는 답변 태도를 질타하면서 질문을 던졌다.

이석기 MB정권이 불통정권으로 국민의 원성이 높은데 위원장께서는 어떻게 그렇게 정권과 코드가 잘 맞는지 모든 질문에 모르쇠로 일관하고 있습니다. 방통위원장께서 어떤 문제도 잘 모르신다고 하니, 저는 (사태를 정확히 알고) 국민들과 소통을 잘하시라는 의미에서 MBC총파업 이후에 어떤 일이 일어나고 있는지 하나하나 말씀드리고자 합니다.

위원장께서는 MBC조합원이 170일 만에 총파업을 마치고 지금 전원이 현업에 복귀해 있는 것은 아시죠?

이계철 네.

이석기 그런데 세간에서 김재철 사장에 대해서 '뒤끝작렬'이라는 말이 떠돌고 있어요. 이 말이 무슨 말인지 아세요? 잘 모르시죠? 제가 설명해드리겠습니다. 이 말을 아주 섬뜩하게 보여 주고 있습니다.

첫째, 김재철 사장은 파업을 풀고 MBC의 정상화를 위해서 노력하려는 조합원들에게 무차별하게 보복인사를 취했습니다. 어떤 식이냐 하면 보도 부문 25명, 시사교양국 2명, 아나운서 4명, 스포츠 제작단 4명, 이 사람들을 본래의 전문성 있는 업무와 아무 상관없이 충청권으로, 경기권으로,

심지어는 보도 부문 인력을 드라마 제작국으로, 신사옥 건설 부문으로 보내는 무차별한 인사만행을 저질렀습니다. 이 숫자가 무려 54명이고, 파업 과정에서 발생한 징계자가 정직과 대기 발령 등 98명이나 됩니다. 무려 152명이 보복 인사로 조치됐습니다.

이거 어떻게 생각하세요? 이게 사실입니다. 이렇게 해서 MBC가 정상화 될 수 있겠습니까? 무차별적으로 보복인사를 하는데 MBC가 정상화될 수 있겠냐고요? 방송통신위원장으로서 말씀해 보세요.

이계철 그 방송사의 인사문제를 제가 왈가왈부하는 것은 말이 안 된다고 생각합니다.

이석기 위원장님! 방송통신위원장이시잖아요. 감독권이 있는 분이기 때문에 자기 판단과 의견을 묻는 건데 말씀 못하시면 안 되죠.

이계철 방송사 사장의 인사권을 저희가 감독할 수 있는 권한이 없습니다.

이석기 이건 단체협약권 26조 5항의 인사원칙도 무시한 불법적인 조치예요. 이 조항에 의하면 '직종 변경 등 주요 인사 이동 시에는 적재적소와 기회균등, 욕구충족의 원칙에 따라야 하고', 그다음에 이게 중요한 건데 '조합원의 의견을 참작해 사전에 노동조합에 통보한다.' 이렇게 돼 있습니다. 김재철 사장은 한 번도 통보하지 않고 파업복귀 전날 일괄처리했습니다. 이게 보복인사가 아니고 뭡니까? 보복인사 아닙니까?

그것만 묻고 싶습니다.

이계철 보복 여부를 제가 ….

이석기가 아무리 추궁을 해도 이계철은 "보복이다 아니다 판정하는 것은 제 소관이 아니다." "보복이다 아니다 하는 것을 말할 위치가 아니다."라고 발뺌할 뿐이었다. 이석기는 김재철이 보도제작국에 CCTV를 설치해 놓고 파업에 적극적으로 참여했던 기자들을 실시간으로 보고 있었다는 사실을 지적하며 인권침해가 아니냐고 따졌다.

이계철은 여전히 "그건 제가 판단해서 얘기할 필요가 없다고 생각합니다."라고 회피적 답변을 할 뿐이었다. 이석기는 이계철의 '무소신, 무책임, 무능력'에 대해서 유감스럽다고 질책했으나 방송통신위원장 이계철의 답변 태도는 조금도 달라지지 않았다.

국정감사 첫날인 2012년 10월 5일에는 김찬 문화재청장에게 '미군기지 내 문화재 보호를 위한 한미 간 합의권고'에도 불구하고 사전 협의 없이 기지 내 문화재를 훼손한 주한미군 측에 엄중히 항의할 것과 '오산공군기지 내 8백 년 된 은행나무'를 천연기념물로 지정할 것을 촉구했다.

10월 19일에는 싸이의 〈강남스타일〉이 유튜브를 통해서 공개된 것과 관련해서 국내업체의 망 사용료 문제를 제기했다. 사용자가 몰릴수록 통신비 부담이 늘어나는 우리나라의 기형적이고 낡은 통신비 구조로 인한 망 사용료 부담 때문에 엠엔케스트 등 많은 콘텐츠업체가 이미 도산했고, 콘텐츠업체들이 유튜브와 같은 외국 서버로

가는 '콘텐츠 망명' 현상이 일어나고 있음을 지적했다. 방통위는 콘텐츠산업의 육성을 위해서라도 해외망 접속료의 원가를 공개해 지금의 가격이 합리적이고 정상적인지 검증해야 한다고 했다. 이석기는 ICT강국이라는 허울에 걸맞지 않는 현실을 정확하게 진단했다.

이석기는 국정감사 기간 동안 MBC 노조와 YTN 노조에 대한 사측의 탄압에 대해서 지속적으로 항의하고 이명박 정권의 언론장악 기도를 비판했다. "언론계의 용산이 MBC라면 언론계의 쌍용차가 YTN"이라는 이석기의 발언은 양 방송사 노조의 입장을 대변한 것이다.

한국관광공사 국정감사에서는 이참 한국관광공사 사장의 입장이 민영화 반대임을 확인했다. 민영화가 되면 판매직원을 비롯한 5백 명 정도의 고용문제가 발생하고, 외국의 명품브랜드에 필적할 국산브랜드 육성과 국산업체의 성장 동력이 상실되며, 공항이 가져야 할 공공성이라는 가치도 흔들리게 된다고 지적했다. 이참 사장은 관계부처에 명확한 입장 개진을 하겠다고 답변했다.

국회의원이라고 다 똑같은 국회의원이 아니다?

이명박 정권은 한국관광공사 조합원의 반대에도 불구하고 민영화를 밀어붙였다. 인천공항공단이 입찰 공고를 강행했다. 이석기는 기획재정부가 밀어붙이는 '재벌 몰아주기 식' 면세점 입찰과정을 무효화시키고, 민영화 계획 자체를 백지화하기 위해 당 차원의 계획을 적극적으로 제안해서 진행할 계획이었다.

이석기는 국정감사 기간을 거치면서 중요한 사실 두 가지를 깨달았다. 하나는 대한민국 국회의원이 정말 할 일이 많은 중요한 직책이라는 것이고, 둘째는 통합진보당 국회의원, 그중에서도 이석기에 대해서 여야 보수정당의 국회의원들이 굉장히 불편해 한다는 점이다. 17대 국회에서 활동한 이정희가 국회의원에 대해서 한 말이 무슨 뜻인지 정확히 알게 됐다.

국회에는 두 종류의 사람이 있다. 같은 국회의원이라도 국회의원인 사람과 국회의원이 아닌 사람으로 나뉜다. 둘은 직위는 같지만 신분은 다르다. 전자에게 국회는 모든 것을 보장받는 공간이지만 후자에게는 철저하게 배제되고 갇힌 공간이다.[7]

다수당인 보수 여당과 야당의 국회의원과 소수당인 진보정당의 국회의원은 본질적으로 다른 두 종류의 인간이라는 이야기다. 의사당 안에서 이석기와 마주친 국회의원들은 대개 어색한 몸짓을 하고 피해가기 일쑤였다. 더러 먼저 악수를 청하는 사람도 있었지만 이석기는 자기가 먼저 나서서 악수를 청하지는 않았다. 의원 중에는 이석기가 발언할 때 그를 똑바로 쳐다보는 사람도 없었다. 그들은 "여기는 당신이 있을 곳이 아니야."라고 몸으로 말하는 것 같았다. 한

7　민노당 이정희 의원, "평범한 사람들의 작은 행복을 위해서…", 《레이디경향》, 2010년 3월호.

마디로 이석기는 국회 안에서 '왕따'였다.

　이석기는 여야 의원들이 자신을 어떻게 대하든 개의치 않기로 했다. 이석기는 실용주의자였다. 그는 늘 '실사구시'를 말했다. 실제로 도움이 되는 일이 무엇인지, 실제로 변화를 이끌어낼 수 있는 부분이 무엇인지 찾아다녔다. 그러자니 그는 스물네 시간이 모자랄 정도로 바빴다. 소수자들이 자기 목소리를 내기 위해, 자기 몫을 지키기 위해 모이는 집회, 농성, 토론장에서 요청이 오면 되도록 참석하려고 노력했다.

　18대 대통령 선거에서 통합진보당은 이정희를 후보로 내세웠다. 이석기는 이정희의 선거운동을 도왔다. 이정희는 문재인의 당선을 위해 지지선언을 하고 막판에 후보에서 사퇴했다. 대선 결과는 박근혜의 당선이었다. 대선을 치르는 도중에 불거진 국정원 직원의 댓글 사건은 시작부터 박근혜 정권의 발목을 잡았다.

　대선 텔레비전 토론에 나와서 이정희가 박근혜를 심하게 몰아붙인 일 때문에 박근혜가 이정희와 통합진보당에 보복할 거라는 소문도 나돌았다. 처음 그런 소문이 나돌 때는 너무 유치하고 황당한 소리라고 많은 사람들이 웃어넘겼다. 그러나 오래지 않아 그게 웃어넘길 일이 아니었음을 알게 됐다.

'검은 머리의 미국인' 김종훈 입각 저지

박근혜는 2012년 6월에 이미 '국가관이 의심스러운 사람은 국회에서 제명해야 한다.'면서 이석기를 어떻게 생각하는지 천명했다. 박근혜가 대통령에 취임하기도 전인 2013년 2월에 이석기는 박근혜에게 치명타를 안겼다. 박근혜가 미래창조과학부 장관으로 내정한 김종훈에 대해서 문제를 제기한 것이다.

이석기는 보도자료를 통해서 미래창조과학부 장관으로 내정된 김종훈 후보자가 2009년 미국 CIA 자문위원회에 참여한 사실이 확인된다고 밝혔다. 김종훈은 1999년 CIA가 설립한 인큐텔의 이사로 재직한 것에서부터 2009년 CIA 자문위원으로 참여하는 등 줄곧 미국 CIA와 관련된 일을 해온 것으로 확인됐다. 이석기는 이 보도자료에서 박근혜는 김종훈에 대한 장관 지명을 철회해야 한다고 주장했다.

이석기는 김종훈의 인터뷰 내용을 분석해 보고 기가 막혔다. 김종훈이 '조국에 충성하겠다'고 말했을 때 그가 말하는 조국은 미국이었다. 대한민국의 국익을 다루는 핵심 부처의 수장으로 미국에 충성하는 사람을 내세운다는 것은 있을 수 없는 일이었다. 이석기는 프란츠 파농의 말을 인용해서 "이 사람은 검은 머리의 미국인이다."라면서 장관 임명을 철회하라고 요구했다.

박근혜는 김종훈에 대한 국민들의 우려와 반발에 대해서 '전문성이 뛰어나니 아무 문제가 없다'는 식의 태도를 고집했다. 김종훈은 결국 여론에 밀려 사퇴했다. 이석기는 "이번 일은 박근혜 대통령의 친미적이고 독재적인 사고가 빚은 결과"라며 강하게 비판했다.

김종훈의 입각을 저지한지 한 달여 만에 새누리당과 민주통합당 지도부는 이석기와 김재연에 대한 국회의원 자격심사안을 발의하는데 합의했다. 이석기는 2013년 3월 22일, 〈한겨레〉와의 인터뷰에서 양당의 자격심사안 발의에 대해서 어떻게 생각하느냐는 기자의 질문에 "너무 어이가 없어서…. 일반적 상식으로 이게 말이…. 시쳇말로 황당무계한 정치적 보복…. 법적 근거도 없는…." 이라며 너무 화가 나서 제대로 말을 잇지 못했다.

처음 부정경선 의혹이 제기된 뒤 일 년 가까운 시간이 흘렀다. 당은 쪼개졌고 통합진보당은 20만 명의 당원명부를 검찰에 빼앗겼다. 검찰의 수사과정에서 당원들은 엄청난 피해를 입었다. 2012년 11월 15일 검찰은 수사 결과를 발표했고, 표적수사의 대상이었던 이석기와 김재연은 기소되지 않았다. 검찰 수사로 국회의원 자격 심사의 근거였던 선거부정 혐의가 사라졌는데도 새누리당과 민주당은 자격 심사안을 발의한 것이다.

2012년 비례대표 경선 부정 사태가 불거지면서 이석기 측은 언론의 엄청난 공격에 시달렸다. 당시 이석기 의원실에서는 수개월 동안 이어진 언론의 비판기사 목록을 만들었는데 1만 건이 넘어서자 더 이상 조사하는 것이 무의미하다고 생각하고 포기했을 정도다. 사실관계를 따져볼 생각소차 하시 않고 쏟아진 비판과 주장이 통합진보당에 대한 전면적 탄압으로 이어졌다.

통합진보당 경선 부정 사태에 대한 검찰의 수사는 일종의 폭력이었다. 약 1,800명을 소환 조사하고 462명을 기소하는 과정에서 암투병자와 아이 엄마까지 수갑을 채워서 끌고 갔다. 검찰 수사는 진실성 여부를 가리려는 게 아니라 진보세력을 탄압하기 위한 구실에 불과했다.

목적은 이번에도 '사상검증'과 '종북몰이'

여야의 때늦은 '국회의원 자격심사안 발의'는 검찰이건 정부건 여야 국회의원이건 '진실' 여부에는 관심이 없다는 것을 보여준다. 그들의 목적은 이번에도 '사상검증'과 '종북몰이'였다.

이석기와 김재연은 국회에서 자격심사안이 발의된 후 신상발언에 나섰다. 이석기는 "이번 19대 국회가 유신국회를 자초한 치욕적인 역사를 쓰지 않도록 선배 동료 의원 여러분들께서 막아 달라."고 말했다. 김재연은 "전 당원의 투표 값까지 다 들여다본 지난 7개월의 검찰 조사에서 밝혀진 결백이 아직도 모자라서 부정경선과 관련된 의원이라는 꼬리표를 달아야 한단 말입니까?"라고 항의했다.

새누리당 간사인 김태흠 의원은 이석기와 김재연의 신상발언이 끝나자마자 단상으로 뛰어올라갔다.

"북한의 핵 도발과 안보 위기 상황에서 노골적으로 북한을 편들고 있는 통합진보당의 행태를 보면서 두 의원의 신상발언에 동의할 수 없어서 이 자리에 섰습니다. 히틀러 나치당은 독일에서 소수 극렬집단에 불과했지만 대중의 불만을 조장해 2차 세계대전을 일으킨 바가 있습니다. 우리 국회에 김정은과 북한을 공공연히 두둔하는 세력이 있습니다. 바로 통합진보당입니다. 통합진보당의 행태를 보면 신성한 국회의사당에서 함께 국정을 논의할 수 있는 대한민국 정당인지 의심스럽습니다. 통합진보당은 북한의 3차 핵실험 당시에도 북한에 대한 제재를 반대했고, 중국도 찬성한 유엔 안보리 결의에 대해 우려를 표했습니다. 북한 노동당 대변인과 같은 주장을 하는 정당에 혈세를 27억 원, 올해 1분기에도 7억 원을 지원했습니다. 여야를 떠나서 국회의 책임을 통감해야 합니다. 대한민국 헌법 8조에 따르면 '정당의 목적이나 활동이 민주적 기본질서에 위배될 때에는 정부는 헌법재판소에 해산을 제소할 수 있고 그 정당은 헌재의 심판에 의해 해산된다'고 명시돼 있습니다. 국가안보를 위협하는 통합진보당의 종북적 행태가 지금 당장 중단되지 않는다면 국회는 정부에 통합진보당에 대한 정당해산심판 청구를 요청해야 합니다."

김태흠의 발언은 그 당시에는 그저 강한 정치 공세로 보였다. 하지만 그것은 2012년의 경선 부정 사태 때부터 시작된 '군불 지피기'의 일환으로 앞으로 통합진보당 해산을 청구하기 위한 포석이었다.

통합 반대파의 주장

통합진보당에 대한 검찰의 과잉수사와 정치권의 공세가 이어지면서 당내에서는 당의 통합 자체가 잘못된 것이 아닌지 회의하는 사람들이 있었다. 그러나 이석기는 한결같이 '대중적 진보정당' 노선 지체는 옳았다고 주장했다. 진보정당 12년 역사에서 창당 이래 단 한 번도 넘어보지 못했던 수도권을 돌파했고, 민주당 30년 아성인 호남에서는 일대일 대결에서 승리했다. 원내 3당으로 19대 국회에 진입한 것은 통합하지 않았다면 거둘 수 없었던 성과다. 교섭단체 달성 여부를 떠나서 한국 정치의 구도를 근본적으로 흔드는 역사적 선거였다는 게 그의 주장이었다.

이석기는 "통합 자체가 잘못된 것이라는 의견은 그만큼 지난해의 희생과 상처가 컸기 때문이지만 대중적 진보정당 노선은 여전히 당의 전략적 노선이다. 지난 선거 결과가 말해 주듯이 대중적 진보정당은 한국사회에서 진보정당이 집권으로 가기 위한 유일한 자기 발전 경로다."라고 일관되게 주장했다.

대중적 진보정당 노선. 이석기의 말대로 그것이 지금 한국사회에서 진보정당이 집권으로 가기 위한 유일한 자기 발전 경로가 될 수 있을까? 통합을 반대하던 민주노동당 사람들은 선거에서 그만한 성과를 내고도 그 열매를 따지 못한 채 상처와 희생을 떠안게 된 원인부터 분석해 봐야 한다고 말한다. 기존의 헤게모니와 타협함으로써 집권에 성공할 수 있었던 김대중 정부와 노무현 정부가 집권 초기의 개혁 의지를 잃고 보수화한 이유에 대해서 생각해 봐야 한다는 것이다.

국민참여당은 지역을 동원하고 반북 성향 유권자들의 지지를 업고 있는 보수 야당의 성격을 가진 정당이다. 국민참여당이 민주노동당의 대안적 이념과 정책적 비전을 공유할 수 없는 정당이었음은 그들의 '종북 찍어내기' 공세와 '당권'에 대한 집착에서 여실히 알 수 있다. 대중적 진보정당이라는 이름 아래 국민참여당과 진보신당 탈당파와의 동거를 통해서 성급하게 집권을 꿈꾸기보다는 자신들이 추구하는 진보적 가치의 선명성을 지키면서 국민들을 설득해 나가는 것이 옳다는 게 통합 반대파의 주장이었다. 그들은 정체성이 다른 집단끼리의 동거로 인해 당이 보수화되고 갈등을 겪게 될 것을 우려했다.

이석기는 당시의 상황을 통합진보당에 대한 계속되는 공세와 탄압으로 인식했다. 지배구조의 근본을 무너뜨리는 새로운 세력의 등장에 대한 두려움 때문이라는 그의 진단은 정확했다. 그러나 그 공세가 자신에 대한 내란음모죄와 통합진보당 해산으로까지 이어질 것임은 미처 짐작하지 못했다. 게다가 최초로 그 빌미를 제공한 것은 대중적 진보정당 전략으로 손을 잡았던 내부의 적들이었다.

2013년 3월과 4월, 한반도는 전운이 감도는 위기 상황을 맞고 있었다. 그러나 정부와 언론은 그런 사실에 대해서 국민들에게 정확한 정보를 제공하지 않았다. 이석기는 2013년 4월 초 〈진보정치〉와의 인터뷰에서 한반도의 위기 상황에 대해서 이야기했다. 그리고 이때의 상황 인식이 한 달 뒤에 운명의 5.12강연으로 발전하게 된다.

지금 한국전쟁 이후 전쟁가능성이 최고조로 높은 상황이다. 상황이 그러함에도 국민의 위기의식은 높지 않다. 언론에서 위기상황을 제대로 전달하지 않기 때문이다. 미군이 B-2폭격기와 B-52 전략폭격기, 최신예 전투기 F-22랩터, 핵추진 잠수함 등 공격무기를 총동원하고 있다. 모두 핵을 장착할 수 있는 무기들이나. 이런 상황이 국민들에게 제대로 진달되지 않고 있다.

한 예로 지난 1994년 당시 전쟁 일보 직전까지 갔지만 국민은 몰랐다. 클린턴 정권이던 그 시절 미국은 북의 영변 핵시설을 폭파하려 했다. 카터 전 대통령이 특사로 북을 방문해 문제를 풀지 못했다면 전면전으로 이어졌을 것이다. 진보당만이 현 정세를 정확히 보고 있다. 민족의 생존과 평화의 목소리, 그것을 넘어서서 민족의 새로운 단계를 열어가기 위해 적극적인, 전면적인 활동을 하는 정당은 지금 우리뿐이다.

타오르는 촛불

"

이게 나라냐?

"

– 2013년 포털사이트 정치뉴스에 가장 많이 달린 댓글 중 하나 –

촛불로 타오른 국정원 부정선거 규탄

오후 일곱 시가 가까워지면서 시청광장에는 촛불이 점점 늘어나 광장을 절반 이상 채웠다. 촛불이 켜진 광장의 모습은 멀리서 보면 축제라도 벌어진 듯 흥겹고 아름다워 보였다. 그러나 광장에 모인 시민들의 가슴은 터질 것처럼 답답했다. 아는 얼굴들을 만나자 마음속의 울분과 분노를 털어놓기 시작했다. 한 사람이 운을 떼자 주위 사람들이 모두들 한 마디씩 거들었다.

"청문회 보다가 어찌나 울화가 치미는지 텔레비전을 확 꺼버렸다! 그 뻔뻔한 낯짝을 보고 있을 수가 없더구먼."

"그동안 청문회 나온 인간들은 하다못해 잘못한 시늉이라도 했는데 이건 뭐, 선서 못하겠다고 고개 뻣뻣이 들고 지 할 말 다하고 있으니…. 아이고, 혈압 올라!"

"전두환이나 노태우보다 더 뻔뻔하다 아닙니까?"

"새누리당 국회의원들은 원세훈이랑 김용판이 변호사로 나왔습니까? 변명할 기회를 주느라고 애쓰는 게 가관이더군요."

"사기꾼 집단입니다. 우리한테 권력이 있는데 너희가 어쩔 거냐? 이러고 대놓고 국민을 무시하는 거라니까요."

"대놓고 무시하는 거 맞아요. 양심도 없고 부끄러움도 모르는 것들입니다."

"그동안 밝혀진 국정원 댓글과 경찰 수사관들의 대화가 담긴 CCTV영상 같은 구체적인 증거가 나왔는데도 발뺌을 하는 게 말이 됩니까?"

"손바닥으로 하늘을 가리는 거지요. 특검 가야 합니다."

"맞아요. 청문회 하나마나예요. 특검 가야죠."

초등학교 5학년 딸과 2학년 아들을 데리고 촛불집회에 나온 한 30대 주부는 취재하러 나온 기자에게 "아이들도 옳고 그른 것이 무엇인지 알아야 하지 않겠나, 그래서 데리고 나왔어요. 촛불집회 기사도 보여주고 불합리한 것을 보고 도망치지 말고 맞서야 한다는 걸 알려줄 필요가 있을 것 같아요."라고 말했다.

사람들은 국민을 대놓고 모욕했는데 왜 사람이 이거 밖에 모이지 않았느냐고 불만을 토로하기도 했다. 여덟 시가 되고 이둠이 깔리기 시작하자 더 많은 사람들이 모여들었다. 광장은 열기로 끓어올랐다. 촛불집회는 이제 이 나라의 정치가 풀지 못하는 갈등을 표출할 수 있는 유일한 출구가 되었다.

통합진보당도 촛불집회에 어김없이 참석했다. 당 소속 국회의원들도 번갈아가며 자리를 지켰다. 이날은 김재연 의원이 나와서 발언했다.

"정부는 지난 8·15 때 국정원 사태 해결을 요구하며 시위를 벌인 시민들을 연행했습니다. 청와대가 끓어오른 민심을 계속 무시한다면 성난 시민들의 시위를 멈출 수 없을 것입니다. 박 대통령은 시민들의 분노를 외면해서는 안 됩니다."

시민들은 참가자의 발언과 노래, 국정원 사태 관련 영상을 보면서 자리를 지켰다. 오후 아홉 시가 넘으면서 광장은 발 디딜 틈 없이 가득 찼다. 시민들은 자리에서 일어나 함께 노래를 부르고 구호를 외쳤다. 시민들은 서로 땀에 젖은 어깨를 부딪치며 혼자가 아니라는 사실에 위로를 주고받았다.

서울광장 건너편 국가인권위원회 앞에서 보수단체들이 집회를 열고 확성기를 여러 개 달아놓고 소리를 질러댔다. "촛불 좀비 물러가라!" "대한민국은 우리가 지킨다!"

촛불은 갈수록 숫자가 늘어났지만 박근혜 정부와 새누리당은 반성하거나 책임지려는 자세를 보이지 않았다. 그들은 2012년 대통령 선거 때부터 써먹은 노무현 전 대통령에 대한 공격으로 국정원의 대선 개입 논란을 잠재우려고 했다. 노무현이 NLL(서해북방한계선) 포기 발언을 했다는 흑색선전을 다시 시작하더니 결국 '2007년 남북정상회담 대화록 공개'를 요구하기에 이른다.

2007년 정상회담 대화록 공개는 심대한 국기문란 행위

이석기는 2013년 7월 2일, 국회 본회의에서 '2007년 남북정상회담 대화록 공개' 제출요구안에 대한 반대 토론에 나섰다. 이석기는 남북관계가 여야 정쟁의 수단으로 전락해서는 안 된다는 절박한 마음으로 나섰다면서 이 요구안을 부결시켜야 한다고 역설했다. 반대사유의 요지는 아래와 같다.

첫째, 본 안건은 국정원의 선거개입으로 불거진 초유의 사태가 본질임에도 국민적 관심과 진상 규명 여론을 딴 데로 돌려 본질을 은폐시킬 심각한 우려가 있습니다.

둘째, 본 안건은 남북정상회담 회의록과 녹음기록을 일체 공개하자는 것으로, 남북관계는 결코 정쟁과 정략의 도구가 되어서는 안 됩니다.

셋째, 최근 남재준 국정원장의 NLL발언록 공개는 심대한 국기문란 행위입니다. 정권의 안위를 위해서 부관참시도 거리낌 없이 자행하는 것이 과연 정상적인 것인지 묻지 않을 수 없습니다.

넷째, 여야는 합의 후, 본 안건을 제출한 것이 국론 분열에 종지부를 찍기 위해서라고 하였습니다. 그러나 매우 안타깝게도 본 안건은 상정 자체로 이미 새로운 분열과 논란이 일파만파로 커지고 있습니다. 도대체 2007년 남북정상회담 회의록과 국론 분열이 무슨 관련이 있단 말입니까?

그러나 이석기의 간절한 호소에도 불구하고 여야는 대화록 공개에 합의했다.

이 논란은 18대 대통령 선거를 앞둔 2012년 10월, 정문헌 새누리당 의원이 통일부 국정감사에서 '노무현 – 김정일 비밀대화록'이 있다고 주장하면서 시작됐다. "노 전 대통령이 2007년 10월 남북정상회담 때 김정일 위원장에게 북방한계선 때문에 골치 아프다. 남측은 앞으로 북방한계선을 주장하지 않을 것이며 공동어로 활동을 하면 북방한계선 문제는 자연스럽게 사라질 것이라고 약속해 줬다."는 것이다.

2007년 당시에 정상회담을 수행한 이재정 전 통일부 장관, 김만복 전 국정원장, 백종천 전 청와대 안보실장 등은 기자회견을 열어 "단독회담도 비밀 합의도 없었고, 비밀녹취록도 존재하지 않는다."고 반박했다.

김무성은 선거 기간 동안 노무현의 NLL(서해북방한계선) 포기 발언을 흑색선전의 도구로 써먹었다. 2013년 7월에 촛불정국이 심각해지자 새누리당은 다시 이 문제를 끄집어냈다. 여야는 결국 대화록 공개에 합의했고, 국회의원들이 대통령기록관에 보관된 회의록 원본을 열람하기로 했다. 그런데 여기서 회의록 원본을 찾을 수 없게 되자 새누리당은 '사초 실종'이라면서 다시 공세에 나섰다.

새누리당은 사초가 폐기되거나 은닉됐을 가능성이 있다면서 검찰에 백종천 전 청와대 통일외교안보정책실장과 조명균 전 청와대 안보정책비서관을 고발했다. 검찰은 두 사람을 대통령기록물관리법 위반 등의 혐의로 불구속 기소했다.

2015년 2월 6일 서울중앙지법 형사 30부(재판장 이동근)는 백종천과 조명균에게 무죄를 선고했다. 당시 최경환 새누리당 원내대표는 물론이고 박근혜 대통령까지 나서서 '사초 폐기'에 관여한 인사들은 정치적, 도의적 책임을 져야한다고 목소리를 높였었다.

법원은 녹음파일을 글로 풀어낸 녹취록 초본은 완성본을 위해 만든 것이고 완성본을 만들고도 초본을 그대로 두면 비밀 유출의 위험도 있어 초본은 폐기하는 게 맞다고 판단했다. 초본 삭제는 위법하지 않을 뿐 아니라 완성본이 나온 상태에서 초본 삭제는 오히려 당연하다는 참여정부 쪽 주장이 옳다고 판단한 것이다.

결국 '사초 폐기' 논란은 정략적 공세였고 검찰 역시 정권의 입맛에 맞춘 표적 수사를 했다는 것이 드러난 것이다. 이제는 당시 참여정부 쪽 인사들에게 책임지라고 요구한 새누리당과 박근혜 정부가 책임을 져야 할 때다.

촛불집회와 '정속주행'

여야가 남북정상회담 공개를 둘러싼 공방을 하고 있던 2013년 7월과 8월에도 촛불은 계속해서 타올랐다. 그러나 촛불집회는 1987년 6월항쟁 때와 같은 에너지를 발산하지 못한 채 모였다가 흩어지는 일을 반복할 뿐이었다. 야당은 시민들의 분노를 여당과 정부의 항복 선언으로 이끌고 갈 능력이 없었고, 촛불을 들고 모여든 시민들은 구심점을 찾지 못한 채 방황했다.

청와대로 향하자는 시민들의 함성에 경찰은 물대포로 화답했다. 찬물을 뒤집어쓴 채 꺼진 촛불을 들고 귀가하던 시민들은 뒷골목의 술집에 모여앉아 삭이지 못한 울분을 토로했다. 운동의 동력은 실질적인 사회의 변화를 이끌어내지 못했다. 촛불집회에 참가했던 김일석 시인은 시집 《조까라 마이싱》(산지니, 2014)에서 이런 모습을 자신의 오래된 자동차에 빗대 '정속주행'이라고 표현했다.

정속주행

밟아도 주인의 뜻 따르지 못하는
지구 열네 바퀴 돈 나의 차
정속주행만 하는 늙은 몸으로
평등은 무어며 혁명은 또 뭔가

몇 곡의 노래, 구호와 연설
몇 번의 함성과 촛불
뒤풀이에 분주한 술집 풍경
끓는 내장탕에 이는 패배의 파랑
들락이는 숟가락의 허무조차 정속이다

더는 애간장 녹아내리지 않는
늙은 광장, 니기미
불사르는 시대는 끝인 거야?
박 터지게 내달리는 건 끝이냐고?

시청광장에서 국정원의 대선 개입을 규탄하는 집회가 연일 벌어
질 무렵, 이석기는 직접 촛불집회에 참석하기도 했지만, 밤늦도록
의원실에 남아서 일할 때가 많았다. 저녁을 먹고 나서 뉴스 시간이

되면 텔레비전을 켜고 잠깐씩 뉴스를 시청했다. SBS의 8시 뉴스를 보고 KBS의 9시 뉴스를 보는 식이었다. 2013년 8월의 최대 이슈는 국정조사특별위원회의 청문회 소식과 국정원의 대선 개입에 항의하는 국민들의 촛불집회였다. 지상파 방송은 마지못한 듯이 촛불집회에 대해서 보도했고, 종편방송들은 촛불집회 소식을 거의 보도하지 않거나 보수단체의 촛불 반대 집회를 더 비중 있게 보도하는 등 편파적인 보도를 일삼았다.

야당인 민주당은 시민들의 자발적인 집회에 얹혀서 '국정원 개혁'을 요구하는 공세를 펼쳤다. 새누리당은 장외투쟁을 펼치는 야당을 '구태정치'로 몰아붙였다. 김용판과 원세훈의 청문회 증인선서 거부 때문에 국민들의 분노가 더욱 높아진 8월 17일 집회에서도 민주당은 선서 거부는 '대국민 선전포고'라고 목소리를 높였고, 새누리당은 거리에서 사람 모으는 호객정치를 중단하라고 맞받아쳤다. 지상파 방송3사는 촛불집회를 보도하면서 여야의 입장을 교대로 전달했다. '중립'을 지키는 듯한 보도 자세였다. 그러나 몇백 명 규모로 시작한 촛불시민이 왜 4만여 명까지 늘어났는지 그 이유에 대해서는 입을 다물었다.

이석기는 전 서울지방경찰청장 김용판과 전 국가정보원장 원세훈이 국회 청문회에 출석해 증인 선서를 거부하는 장면을 지켜보게 되었을 때 자기 눈과 귀를 믿을 수가 없었다. 김용판과 원세훈은 지난 대통령 선거에 관여했다는 이유로 기소되어 재판을 받고 있었다. 8월 16일 국회청문회에 출석한 두 사람은 지금 진행 중인 재판에 나쁜 영향을 줄 수 있어서 증인선서를 할 수 없다고 눈 하나 깜짝하지 않고 말했다. 국회의원들의 질문 공세에도 검찰이 기소한 혐의를 전혀 인정할 수 없다고 버텼다.

　텔레비전으로 청문회를 지켜보던 국민들은 그 뻔뻔함에 치를 떨었다. 이 부분에 대해서도 텔레비전은 국민들의 반응을 제대로 반영하지 않고 '중립'을 가장한 축소 보도를 일삼았다.

방송공정성 전제 조건은 해직언론인 문제 해결

방송공정성특별위원회에서 활동하던 이석기는 방송의 공정성을 확립하는 일이 무엇보다도 중요하다는 것을 실감했다. 그래서 특위 활동을 더욱 열심히 하게 되었다.

　8월 13일에 열린 방송공정성특위의 전체회의에서 이석기는 "방송공정성의 전제조건은 해직언론인 문제 해결이다. 9월 30일까지로 정해진 특위 활동기한 내에 하나라도 매듭을 지어야 한다."고 강조했다.

　"지난 80년 5월 광주 MBC가 불에 타고, 86년 KBS 수신료 거부 운동이 전국을 휩쓸었습니다. 그러나 87년 6월 민주항쟁 이후에 방송이 지금처럼 무너진 적이 없다고 봅니다. 여야를 막론하고 이는 대단히 중요한 문제이기 때문에, 이대로 가다간 박근혜 정부 집권 전반기 최대의 사회적 갈등 이슈가 방송이 되지 않을까 우려됩니다. 앞서 공영방송 문제는 결국 지배 구조 문제, 편성권 독립과 공정성 문제에서 비롯된 것이기 때문에 이명박 정권의 방송 장악의 상처를 치유하고, 지혜로운 대안을 마련해야 할 특위가 최소한의 성과도 없이 종료된다면 더 큰 국민들의 분노와 비판을 면치 못할 거라는 생각이 듭니다."

이석기는 방송공정성특위의 활동기간 내에 해직 언론인들의 복직 문제를 해결해서 해직 언론인들이 방송국으로 돌아가도록 하려고 무진 애를 썼다.

방송공정성특위에서는 공영방송 지배구조 개편을 위한 공청회가 예정되어 있었다. 이석기는 공청회에서 질의하고 토론할 내용을 준비하느라고 잠을 줄여가며 일했다. KBS의 수신료 인상을 반대하는 토론회에도 참석할 예정이었다.

이석기는 2013년 6월 20일에 '종편특혜환수법'을 대표 발의했다. 종편은 5·18광주항쟁의 역사를 왜곡하는 방송을 하는 등 편파성과 왜곡 보도로 사회적 논란이 끊이지 않았다. 소유와 편성, 광고 및 의무 전송 등 종편에 부여된 일체의 특혜를 환수하는 한편, 2014년에 예정된 종편 재승인 심사 기준에 방송심의에 따른 제재조치 등을 반영해 왜곡된 미디어 생태계를 정상화하고 언론의 민주화를 실현하기 위한 것이었다.

방송통신위원회에서 내놓은 '종편 재승인 방통위 초안'은 그 내용이 매우 부실하고 미흡했다. 그래서 8월 12일에는 '종편 재승인 방통위 초안'에 대한 긴급토론회를 개최했다. 토론회를 주최한 이석기는 "국정원 대선 개입이라는 초유의 국기문란 사건은 민주주의를 유린한 범죄행위이다. 그럼에도 불구하고 박근혜 대통령은 침묵하고, 방송 또한 국민적 분노를 외면하고 있다. 민주주의와 언론의 관계가 얼마나 중요한가를 알고 있는 만큼 이번 토론회에서 의미 있는 결과가 나오기를 바란다."고 말했다.

토론회 참석자들은 사실상 종편을 조건부 재승인하려는 프로젝트가 이미 진행 중이 아닌가 의심된다면서 비계량평가 중심의 방통위 초안으로는 객관적 심사가 불가능하고, 주주 변경 등 승인심사 당시 방통위가 눈 감은 부분을 철저히 반영해서 공정한 심사가 되게 해야 한다는 의견을 내놨다.

굴욕적 대미관계 비판한 유일한 정치세력

이석기는 방송공정성특위 활동을 하면서도 분단 문제와 통일문제, 그리고 그와 직결된 대미관계 개선을 위한 활동에도 나섰다. 제9차 한미 간의 방위비분담금 특별협정 협상에 대한 논평을 냈다.

방위비분담금 한국 협상단은 미군의 미사용액 1조2천억 원에 대해 미군당국에 책임을 묻고 이를 협상에 반영해야 함에도 불구하고 미군 측이 곧 집행할 것이라는 대리 해명만 늘어놓았다. 이석기는 7월 26일에 다시 논평을 내고 국익을 위한 협상을 하지 않고 미국 입장만 대변하는 협상단을 즉각 교체하라고 요구했다.

불평등하고 굴욕적인 대미관계를 꼬집는 이석기의 이런 논평과 주장은 정부 입장에서는 매우 거슬리는 일이다. 통합진보당은 보수세력이 금기로 여기는 미국에 대한 비판의 목소리를 거리낌 없이 내놓는 유일한 집단이다. 이석기가 국회의원 신분으로 내놓는 공식적인 논평과 발언은 애써 무시하려 해도 눈엣가시처럼 껄끄러울 수밖에 없었다.

이석기는 7월 25일에는 '정전 60년 한반도 평화협정 체결을 위한 국제평화 심포지엄' 해외참가단과 함께 한 통합진보당 지도부 간담회에 참석했다. 이 자리에서도 "분단은 일시적이고 통일은 필연적이다."라면서 북미 간 대화에 나서지 않는 미국의 태도를 비판했다.

"미국의 민중들은 아름답습니다. 하지만 미국의 지배세력은 그렇지 않습니다. 남의 나라를 침략하고, 다른 민족을 약탈하는 제국주의적 폭력을 수십 년간 저지르고 있습니다. 이것이 우리 진보당의 인식입니다. 그래서 한반도 평화통일을 실현하는 데에서 가장 주된 문제가 바로 미국이라고 보고 있습니다. 한국사회의 근본문제인 미국 문제를 제기한 유일한 정당이 진보당입니다. 한국의 지배 세력은 이 점이 두려웠던 것입니다. 그래서 탄압을 집중했습니다. (…) 정전은 전쟁을 일시적으로 중단하는 것입니다. 우리나라는 전쟁 일시 중단 상태로 60년을 지내온 세계에서 유일한 나라입니다. 이런 기형적인 정전 60년을 이제 끝내라는 것이 지금 우리 민족의 가장 설박한 요구입니다.

그래서 북미 간의 대화는 필연적입니다. 북미대화도 좋고, 4자회담도 좋습니다. 조속히 대화 국면이 열려서 남북 화해협력의 새로운 전환기가 되도록 여러분 모두 함께 힘써주시기 바랍니다. 미셸 초스도프스키 교수께서 통합진보당 사람들은 왜 항상 웃고 있는가 하고 물으셨습니다. 분단은 일시적이고 통일은 필연적이기 때문입니다. 통일은 멀지 않았다고 진보당은 확신합니다. 그래서 작년의 탄압도

환하게 웃는 낯으로 이겨냈습니다. 이것이 진보당입니다."

　이석기는 이때만 해도 탄압을 이겨냈다고 생각했지만 그것은 전
초전이었을 뿐 본격적인 탄압은 아직 시작도 하지 않았다는 것을 모
르고 있었다.

08
—

체포

백색테러의 공포 "다음번에는 칼을 준비하자."

2013년 8월 들어 이석기는 회기 중인 국회의 바쁜 일정과 촛불집회 참석을 비롯한 대외 활동 때문에 정신없이 시간을 흘려보냈다. 그 와중에 러시아에 가게 됐다. 8월 22일에 러시아의 야스니 발사장에서 다목적실용위성 아리랑5호가 발사될 예정이었다. 미래창조과학방송통신위원회 소속 국회의원 네 사람이 참관인으로 선정됐다. 새누리당 2명, 민주당 1명의 의원과 함께 통합진보당에서는 이석기 의원이 가게 됐다. 참관인단은 8월 19일에 떠나서 8월 25일에 귀국했다.

러시아에서 돌아오자마자 다음날 있을 CNC 재판을 준비했다. 첫 공판기일이 8월 26일로 잡혀 있었다. 이석기가 대표로 있던 씨앤커뮤니케이션즈가 선거홍보를 하면서 사기와 횡령을 했다는 혐의로 기소된 상태였다. 1년 전에 사무실을 압수수색하였고 회사 직원들도 함께 기소했다. 이석기는 첫 공판기일에 출석해 모두 진술을 통해서 CNC의 업무에 대한 검찰의 주장은 사실이 아니라고 소명했다.

1년 쯤 전인 2012년 9월 28일에 CNC 사건에 대한 검찰의 소환조사가 있었다. 이날 소위 '보수단체'의 간부들이 이석기에게 계란을 던지며 소란을 피웠다. 그날 낮에 이 단체의 간부들은 "이런 식으로 하지 말고 앞으로 하려면 제대로 하자." "다음번에는 칼을 준비하자."라는 취지의 대화를 나누며 향후 테러를 모의했다. 이들의 대화가 생생하게 촬영된 동영상을 누군가 이석기 의원실로 보내 이런 사실을 제보했다. 그런 일이 있었던 터라 CNC 공판이 시작되자 이석기는 바짝 긴장할 수밖에 없었다. 이석기는 백색테러를 염두에 두고 주변 상황의 변화에 각별히 주의를 기울이고 있었다.

2013년 8월 28일.

이석기는 마포 트라팰리스 앞에 도착했다. 비서관인 R이 그의 승용차를 운전하고 있었다. 언제나 그렇듯이 오전 7시가 조금 못된 시간이었다. 이석기는 국회에 출근하기 전에 이 오피스텔에 들러 옷을 갈아입는다. 이석기가 쓰고 있는 방은 3평 규모의 작은 오피스텔이다.

이석기는 엘리베이터를 타고 오피스텔이 있는 9층으로 올라갔다. 엘리베이터에서 내려 그의 호실이 있는 복도를 살폈다. 체격이 건장한 사내들 몇이 그의 오피스텔 문 앞을 둘러싸고 있었다. 사내들은 문을 강제로 열기 위한 도구를 쥐고 있었다. 이석기는 백색테러가 아닌가 의심하며 일단 몸을 피하기로 했다. 무슨 일인지 알아야 대책도 나올 것 아닌가? 이석기는 조용히 오피스텔을 떠났다.

국정원 수사관들은 이날 오전 6시 50분경에 아무도 없는 마포의 오피스텔을 덮쳤다. 관리인에게 문을 열어달라고 요구하지도 않고 큰 못을 뽑을 때 쓰는 연장인 빠루를 이용해서 문을 부수고 들어갔다. 이른바 '빠루 검거'의 진면목을 보여준 것이다.

신발장 위에 놓여있는 쇼핑백 안에 든 현금뭉치를 꺼내서 확인하면서 "웬 현금이 이렇게 많아? 이거 공작금 아냐? 어, 여기 달러도 있고, 가만있어 봐, 이건 어느 나라 돈인지 알아?" 하고 떠들었다.

"이거 봐라! 이건 러시아 돈인데. 루블화잖아." 수사관 한 명이 이석기가 25일 러시아에서 돌아오면서 환전해서 쓰다가 남겨온 돈을 꺼내 흔들면서 말했다. 나머지 대부분의 돈은 이석기 소유 건물의 임차보증금을 돌려주기 위해서 마련한 돈이었다.

수사관들이 그 돈을 보면서 수군거렸다. 국정원 수사관들이 멋대로 압수한 돈은 '북한에서 받은 공작금'으로 둔갑해서 신문에 대문짝만하게 실렸다.

내란음모 혐의로 압수수색 시작

이 오피스텔은 보좌관 이준호 명의로 임대한 것인데 국정원 수사관들은 7시 46분이 되어서야 이준호에게 압수수색에 대해서 통지했다. 그가 오피스텔 현장에 도착한 것은 8시 20분이었다. 그때는 국정원 수사관들이 이미 증거물 수색을 거의 끝마친 뒤였다. 이준호는 난장판이 된 오피스텔을 보고 기가 막혀서 수사관들에게 항의했다.

"이건 명백한 위법행위 아닙니까? 피의자나 변호인에게 영장을 제시하지도 않고 압수수색에 참여할 것을 통지하지 않은 채 압수수색을 할 수 있습니까? 형사소송법에 명시된 사전 영장 제시 규정을 어겼고, 피의자의 참여권을 박탈한 겁니다. 지금 압수한 증거물들은 모두 위법수집 증거라는 거 아시죠?"

"아이고, 변호사 나섰네. 당신은 의원보좌관이 아니라 변호사요?" 항의하는 이준호에게 수사관 한 명이 여유 있는 웃음을 머금고 느물거렸다.

"이준호 씨는 법대 다녔어. 졸업은 못했지만…." 다른 수사관이 씩씩거리는 이준호를 한 번 훑어보더니 동료들을 향해서 큰소리로 말했다. 사실이었다. 이준호는 변호사가 되려고 법대에 들어갔으나 학생운동을 하다가 학교를 그만두고 노동현장으로 갔던 이력이 있다. 수사관들은 너에 대해서 우리가 이미 뱃속까지 훤히 들여다보고 있다고 경고하려는 것 같았다.

"이 오피스텔을 임대한 사람은 접니다. 여기 있는 물건들은 대부분 제 소유고, 의원님하고는 상관없는 거니까 마구잡이로 이렇게 가져가시면 안 됩니다."

이준호가 강력하게 항의했으나 수사관들은 들은 체도 하지 않고 노트와 메모지 등을 싹싹 쓸어 담았다. 그리고 나서 이준호에게 압수수색영장을 다시 보여 주면서 신체 수색을 하겠다고 했다.

이석기의 주머니 속에서 휴대폰이 부르르 진저리를 쳤다.

"의원님, 지금 어디 계세요?" 이준호가 다급한 목소리로 물었다.

"오피스텔 분위기가 이상한 것 같아서 들어가지 않고 밖으로 나왔어. 무슨 일이 생겼나?"

"국정원에서 오피스텔로 압수 수색을 들어왔습니다." 이준호가 말했다. 이준호의 집은 안산이다. 요즘은 안산에서 국회에 있는 의원실로 출근하곤 했다. 이준호는 이석기의 보좌관이 되어 국회에 들어가기 전에 CNC에서 근무했다.

"이유가 뭐야? 압수 수색 영장을 확인했을 거 아냐?"

"그게 참 황당해서…. 내란음모죄랍니다."

"뭐? 내란음모?" 이석기의 목소리가 커졌다.

"잘못 본 거 아냐? 국가보안법 위반이면 몰라도 내란이라니?"

"그러게 말입니다. 저도 뭐가 뭔지 모르겠습니다." 이준호가 당황한 목소리로 말했다.

"일단 알았어. 자네는 그쪽 끝나면 빨리 의원실로 가게. 의원실 지킬 사람들은 있지?"

"연락 닿는 대로 전부 알리는 중입니다."

이석기의 아파트에서는 이석기의 형이 갑자기 들이닥친 수사관들을 상대로 진땀을 빼고 있었다.

"나는 이 집에 사는 사람이 아니에요. 동생 집에 잠깐 다니러 온 사람입니다. 무슨 일인지 모르지만 집주인이 있을 때 해야 하는 거 아닙니까?"

수사관들은 그의 말을 못들은 척 하면서 제멋대로 집안을 뒤지고 다녔다.

벽에 걸린 액자 속의 '이민위천(以民爲天)'이라는 글귀를 가리키면서 "저건 김일성의 좌우명 아냐?"라고 말하기도 했다. 《사기》를 쓴 사마천이 한 말로 세종대왕도 즐겨 썼다는 '이민위천'이 이석기에게 는 금기어였다.

이날 국정원 수사관들이 압수수색을 진행하면서 떠들었던 이야기들은 곧바로 신문기사가 되어 온갖 신문들을 도배하게 된다.

형사소송법에는 피의자 본인의 주거지에 대한 압수수색영장을 집행할 때 본인이 집에 없으면 지방공공단체의 직원이 참관하도록 규정하고 있다. 국정원 수사관들은 경찰관을 데리고 와서 아파트를 뒤졌다. 이 경우도 명백하게 법을 어긴 것이다.

이날 국가정보원은 이석기 의원실을 비롯해 18곳을 압수수색하고, 홍순석 통합진보당 경기도당부위원장, 이상호 수원시사회적기업지원센터 센터장, 한동근 수원의료복지사회적협동조합 이사장 등을 체포했다.

8월 29일에 국정원은 내란음모 및 국가보안법 위반 혐의로 이석기 등 4명에 대한 사전구속영장을 신청했다. 8월 30일에는 수원지방법원이 홍순석 등 3명에 대한 구속영장을 발부했고, 수원지방검찰청은 국회에 이석기 의원에 대한 체포동의요구서를 전달했다.

국정원이 제공한 〈한국일보〉의 '녹취록 단독 입수' 보도

국정원의 압수수색이 시작된 8월 28일, 이석기는 이 사건이 왜 터졌는지 도무지 알 수가 없어서 답답했다. 아무리 머릿속을 뒤져봐도 짐작 가는 바가 없었다. 다음날인 8월 29일, 〈한국일보〉의 '녹취록 단독 입수' 보도를 보고 나서야 지난 5월에 경기도당위원장의 요청으로 당원들에게 강연한 내용 때문이었음을 알게 되었다.

[녹취록 단독 입수] "도시·농촌 직거래 행사" 장소 빌려 … 핵심 10명 등 130명 참석
지난 5월 12일 서울 마포구 합정동 M수사회 교육관 지하 강당에서 이뤄진 지하혁명조직(RO) 회합은 국정원이 RO의 내란음모 혐의에 대해 확신을 갖게 한 결정적인 증거였다.

　　– 〈한국일보〉, 2013. 8. 29.

　기사는 RO라는 지하혁명조직이 있고, 이석기가 그 조직의 총책이며 그날 모인 130명의 당원이 지하혁명조직의 조직원이라고 쓰고 있었다. 이석기는 그날 강연에 대한 녹취록이 있다는 보도에 어리둥절해졌다. 당원들 앞에서 한 강연인데 누가 강연을 녹음했단 말인가? 그날 참석했던 당원 중의 한 사람이 동지들을 고발했다는 게 믿어지지 않았다. 강연을 한 지 석 달도 더 지났기 때문에 그날 무슨 말을 했는지 정확히 기억나지 않았다. 그러나 '내란음모죄'가 성립될 만한 발언을 하지 않은 것만은 확실했다. 하지만 신문과 방송은 입을 모아 강연 내용은 '전쟁을 부추기고 폭력을 조장하는 위험한' 것이라고 보도했다.

[녹취록 단독보도] "철도를 통제하는 곳, 이걸 파괴하는 것이 가장 효과적인 방

법이다." (이상호 경기진보연대 고문)

[녹취록 단독보도] "해외자금책, 유로화를 RO에 혁명자금으로 송금"

[녹취록 단독보도] 이석기 "전쟁 준비하자 … 군사적 체계 잘 갖춰라."

[녹취록 단독보도] 공안당국의 지하혁명조직(Revolution Organization · RO) 수사는 이석기 통합진보당 의원 등 주요 관련자들의 내란음모 혐의 입증, 이른바 '혁명자금'의 출처 및 용처를 밝히는 세 갈래로 이뤄지고 있다.

[녹취록 단독보도] 폭동 계획 정황 상당수 … 국정원은 자신감

[녹취록 단독보도] "고난을 각오하라. 제2의 고난의 행군을 각오해야 한다. 오는 전쟁 맞받아치자. 시작된 전쟁은 끝장을 내자. 전쟁을 준비하자. 그야말로 끝장을 내보자."

[녹취록 단독보도] 통합진보당은 30일, 공개된 지하혁명조직의 비밀회합 녹취록을 '날조 수준으로 심각하게 왜곡됐다'며 강력 반발했다. 하지만 어떻게 왜곡됐는지 근거를 대지 못했다. 진중권 등 진보논객들은 "내란음모라기보다는 부흥회" "돈키호테 수준"이라고 비판했다.

　　– 〈한국일보〉, 2013. 8. 29. ~ 2013. 8. 30.

　〈한국일보〉는 9월 2일과 3일에 'RO 회합' 녹취록 전문을 신문지면과 인터넷 한국일보를 통해 보도했다. 다른 신문들도 덩달아 추측 기사를 써댔다. 이석기와 참석자들은 녹취록을 확인해 볼 수도 없고 자신이 무슨 말을 했는지 정확히 기억할 수도 없었다. 하지만 보도 내용이 왜곡되었다는 것은 알 수 있었다.

　국정원은 28일, 29일, 30일 사흘에 걸쳐서 매일 백여 명의 국정원 수사관을 동원해서 국회의원회관의 이석기 의원실을 압수수색했

다. 이석기는 29일부터 국회에 나와 보좌관들과 동료의원들과 함께 의원실을 지켰다. 8월 30일에는 국회에서 기자회견을 열고 "내란음모니 반국가단체 동조니 하는 국정원의 날조와 모략에 대해서는 한 치의 타협 없이 끝까지 싸울 것이다."라고 밝혔다.

수사가 시작되고 녹취록 내용이 보도되고 체포동의안이 국회에서 표결에 부쳐지기까지, 8월 28일에서 9월 4일 사이에 신문과 방송은 날마다 '이석기 내란음모 사건'을 '지나치게' 많이 보도했다. 특히 이 기간에 이석기와 이른바 RO가 '북한과 연계되었다'는 내용이 집중적으로 나왔다.

[내란음모 수사] "경기동부연합 6~7명 최소 2차례 밀입북 포착"

이석기 일부 측근 밀입북 정황 포착, 수차례 만남 RO 비밀회합 디브리핑[8]

[이석기 체포동의안 처리 착수] "RO 조직원, 北 공작원 상시 접선" … 공안당국 정황 포착

[RO 조직원들 "북 잠수함 지원방안 준비" e메일 교환]

[RO 세포 모임서 "장군님을 지키는 게 조국을 지키는 것"]

이석기의 'RO' 在美 조직원과 통화

'北 접촉' RO 조직원, 정찰총국 225국 연계 의혹, 밀입북·중국 내 접선한 조직원도 상당수 될 듯

"이번 '내란음모 사건' 이석기 국회 진출 때 이미 예고된 사태"

---

8   디브리핑(Debriefing) : 공작원이 임무를 수행한 뒤 사후보고를 하는 것을 말한다.

국정원은 국회에 제출한 체포동의요구서에 이석기와 RO가 북한과 연계되었다는 내용을 넣었고, 이 사실을 언론을 통해서 적극적으로 홍보했다. 신문과 방송은 국정원이 넘겨주는 정보를 충실하게 받아썼다. 그 목적은 분명하다. 행여 국회의원들이 동료 국회의원에 대한 체포동의안을 부결시키거나 국민들이 '내란음모'라는 혐의에 대해서 의구심을 가질까봐 한국사회의 아킬레스건인 '레드 콤플렉스'를 적극적으로 활용한 것이다.

국정원의 노림수는 제대로 먹혔다. 새누리당은 말할 것도 없고 민주당은 행여 자신들한테 '종북'이라는 붉은 물이 묻을까봐 몸을 사렸다. 그러나 위의 기사에 나온 사실들은 재판과정에 전혀 반영되지 않았다. 검찰의 공소장에도 위의 기사 내용에서 '사실'이라고 주장한 사실들은 찾아볼 수 없다. 국정원과 검찰은 그와 같은 사실을 증명하지도 못했고 주장하지도 않았다.

매일 신문지상을 도배하고 인터넷을 도배하고 방송에서 거품을 물던 '북한과의 연계설'은 이석기의 체포동의안을 일사천리로 통과시키기 위한 미끼에 불과했다.

2013년 9월 3일, 이석기의 변호인단은 국정원과 〈조선일보〉, 〈한국일보〉 등을 피의사실 공표 혐의로 고소하고, 〈한국일보〉를 상대로 'RO 녹취록' 기사 게재 금지 가처분 신청을 냈다. "피의 사실 공표로 명예가 훼손됐고, 재판에 불리한 자료가 보도돼 공정한 재판을 받을 권리가 침해됐다."는 게 신청 이유였다. 그러나 법원은 10월 8일에 'RO 녹취록' 기사 게재 금지 가처분 신청을 기각했다.

언론을 도배한 RO에 대한 온갖 '소설'들

놀라운 일은 2013년 11월 19일, 〈한국일보〉 사회부 법조팀이 대한 언론인상을 받았다는 사실이다. 수상 이유는 내란음모 혐의로 수사를 받고 있는 이석기 통합진보당 의원이 포함된 지하혁명조직(RO)의 비밀회합 녹취록을 확보, 전문을 보도함으로써 이 사건의 실체를 알려 국민의 알 권리를 신장시켰다는 것이다. 재판과정에서 RO는 실체가 없고, 당시의 강연은 비밀회합이 아닌 당의 공식행사였음이 밝혀졌는데도 아직도 인터넷신문에는 한 글자의 정정보도도 없이 RO에 대한 온갖 '소설'들이 버젓이 게재돼 있다.

닉슨의 워터게이트 사건 당시 〈워싱턴 포스트〉의 편집인인 벤 브래들리는 "신문이란 알아내고, 취재하고, 검증하고, 쓰고, 보도하는 것이다." "진실이란 드러나는 것이며, 진실이 드러남이야말로 정상적이고 중요한 민주주의의 과정이다."라고 말했다.

한국의 신문들은 "취재하지 않고, 검증하지 않은 채" 주워들은 정보를 쓰고, 보도하는 데만 열을 올리는 기이한 행태를 보이고 있다. 대부분의 신문은 국정원이 흘린 정보를 받아쓰면서 당사자인 이석기나 통합진보당 당원들, 회합 참석자들에게 사실관계를 확인할 생각도 하지 않았다. 신문들의 이런 행태는 "이게 신문이냐?"라는 한탄과 더불어 '기레기'라는 부끄러운 이름을 낳게 하였다. 그럼에도 불구하고 진저리나게 쏟아붓는 '보도'라는 이름의 마녀사냥은 여전히 유효하다.

9월 4일로 예정된 체포동의안 표결을 하루 앞둔 9월 3일, 이석기는 국회에서 기자들과 만나 입장을 밝혔다.

문   체포동의안 처리와 관련한 입장은?

답   혐의는 내란음모인데 체포동의안 사유는 철저히 사상검증, 마녀사냥이다. 내란음모에 관련한 단 한 건의 구체적인 내용도 없다. 대한민국의 시계가 지금 어디 있는가, 그런 생각이 든다. '당신의 말에 공감하지 않는다. 그러나 당신이 말할 권리를 위해 목숨 걸고 싸우겠다' 고 자유주의자 볼테르가 18세기에 말한 바가 있다. 21세기의 대한민국 국회가 3세기 전만도 못해서야 되겠는가, 그런 생각이 든다. 참으로 안타깝다.

문   체포동의안이 통과된다면 앞으로 어떻게 할 것인가?

답   저는 당당하게 적법절차에 따라 임할 것이다. 국정원이 왜곡·조작·날조한 이 사건을, 국정원이 자신들에 대한 국민들의 분노를 무마하기 위해 날조한 이 사건에 대한 진실을 밝히기 위해 국민을 믿고 당당하게 싸워나가겠다.

문   녹취록을 보면 무력 투쟁과 북한 용어를 많이 사용했다는 지적이 있는데.

답   이게 하나의 문장이 아니고, 강의록이 있는 것이 아니라, 말로 한 입말이다. 전체적인 말의 기조, 그리고 분위기가 중요한데, 몇몇 단어를 가지고 짜깁기해서 마치 무력투쟁이니 하면서 북의 용어가 많은 것처럼 교묘하게 조작하고 있다고 생각한다.

문 집에서 발견된 1억 4천만 원이 집세라고 했는데 왜 루블화
와 달러가 섞여 있나?

답 좋은 질문이다. 국정원이 얼마나 왜곡, 날조, 조작했는지를
밝힐 수 있는 명백한 사실을 말하겠다. 우선 1억 4천만 원
전체가 루블화가 아니라는 점을 분명히 하겠다. 국회의원으
로서 상임위인 미방위 활동의 일환으로 아리랑5호 발사 현
장인 러시아에 출장 간 일이 있다. 그때 (남겨온 돈이) 달러와
루블화 다 합해서 백만 원 미만이다. 그런데 국정원과 일부
보수매체는 이게 해외에 엄청난 재정조직책이 있는 것처럼
오도하고 일방적으로 매도했다. 심지어 오늘 〈동아일보〉는
제가 북에 갔다 왔다고까지 거짓말로 묻지도 않고 기사화했
다. 이것이 현재의 여론재판, 마녀사냥의 본질이라고 본다.

문 국회를 혁명투쟁의 교두보로 삼았다는 말을 한 게 사실인
가?

답 그런 사실 없다. 저는 국민을 믿고 진실을 믿고 당당하게 임
하겠다.

체포동의안 개표 결과 - 찬성 258, 반대 14, 기권 11, 무효 6

통합진보당 소속 국회의원들은 이석기의 체포동의안 부결을 위해
서 사력을 다했다. 이석기의 강연회 발언 내용이 국정원에 의해서

왜곡되었다는 해명서를 들고 야당은 물론 여당 국회의원들을 찾아 다녔다. 그러나 의원들의 반응은 냉랭하기만 했다. 이정희 대표도 잇달아 입장을 발표하면서 이석기에 대한 '내란음모' 혐의가 부당하다고 호소했다.

2013년 9월 4일, 민주당은 오전에 의원총회를 열고 이석기 체포동의안에 관해서 토론했다. 이언주 민주당 원내대변인은 이날 국회에서 기자회견을 열고 입장을 발표했다.

"오늘 의원총회에서 이 문제는 여야관계가 아니라 국민의 눈높이에서 단호하게 처리하는 게 타당하다는데 의견이 모아졌다. 좀 더 철저한 검증이 필요하다거나, 국정원의 의도가 우려되기 때문에 신속한 처리에 다소 부정적인 의견을 제시하는 의원들도 일부 있었다. 그러나 우리는 체포동의안에 찬성하기로 당론을 정했다."

정의당의 이정미 대변인도 국회에서 기자회견을 열고 입장을 밝혔다.

"대표단 – 의원단 연석회의 논의를 통해 이석기 의원 체포동의안 처리에 찬성하기로 결정했다. 이석기 의원과 통합진보당의 해명은 국민들을 더욱 혼란에 빠트렸다. 헌법과 민주주의 그리고 국민의 상식으로부터 심각하게 일탈한 구상과 논의를 한 것에 대해 스스로 정치적 책임을 져야만 한다."

2013년 9월 4일 오후 3시. 제320회 정기국회 제2차 본회의가 개최되었다. 이석기 의원 체포동의안을 표결에 부치기 위한 회의였다. 김재연 의원을 비롯한 다섯 명의 통합진보당 국회의원들은 본회의장에 입장하는 동료 의원들 앞에서 고개를 깊이 숙이며 체포동의안을 부결시켜 달라고 부탁했다. 여당 의원들은 물론이고 야당 의원들도 고개를 돌리고 통합진보당 의원들을 외면하면서 빠른 걸음으로 그들 앞을 지나갔다. 더운 날씨임에도 불구하고 국회 본회의장에는 에어컨 바람 때문만은 아닌 냉기가 감돌았다.

이석기는 동료 의원들 앞에서 신상발언에 나섰다. 그러나 회의장 안에는 이석기를 동료로 생각하는 국회의원은 몇 명 되지 않았다. 대부분의 의원들이 고개를 숙이고 이석기의 발언을 들었다. 어쩌면 그들은 아무것도 듣지 않았을지도 모른다.

"역대 독재정권이 조작했던 내란음모 사건들은 단 한 건의 예외도 없이 모두 재심에서 무죄판결을 받았습니다. 불과 몇 달만 지나면 무죄판결로 끝나고 말, 저에 대한 내란음모 조작에 국회가 동조하는 것은, 역사에 두고두고 씻을 수 없는 과오로 기록될 것입니다.

'민족의 미래는 자주에 달렸다.' 이것은 정치인으로서 확고한 저의 소신입니다. 잠시 동안 저를 가둘 수는 있지만, 자주와 평화로 나아가는 우리 민족의 발걸음은 결코 멈춰 세울 수 없을 것입니다. (…)

지금 이 자리에서 처리되어야 할 것은 국정원의 대선 개입 국기문란 사건에 대한 엄중한 처벌이지 저에 대한 야만적인 사상검증이 아닙니다."

이석기의 신상발언에 이어 사전구속영장이 청구된 이석기에 대한 체포동의안에 대한 표결이 시작됐다. 289명의 국회의원이 투표에 참여했다. 개표 결과는 찬성 258표, 반대 14표, 기권 11표, 무효 6표였다. 이석기에 대한 체포동의안이 통과된 것이다.

체포동의안이 통과된 직후 이석기는 국회에서 다음과 같은 말을 남겼다.

"오늘 한국의 민주주의 시계는 멈췄습니다. 유신시대로의 회귀였다고 봅니다. 한국의 정치는 실종되고 국정원의 정치가 시작됐습니다."

체포동의안 통과는 예상된 일이었다. 그렇다고 해서 충격이 덜한 것은 아니었다. 이석기와 통합진보당의 동료 의원들, 통합진보당 당직자 등은 본회의가 끝나고 나서 이석기의 의원실에 모여 앉았다. 다들 망연자실한 표정들이었다. 이석기의 얼굴은 붉게 상기돼 있었다. 일주일 만에 여기까지 온 사태가 아직 잘 실감나지 않았다.

의원실은 너무 많은 사람이 들어 차 있어서 공기가 탁하고 무더웠다. 복도에는 수많은 기자들이 북적거리고 있었고, 방송국 카메라들도 의원실 앞에 버티고 있었다. 보좌관 K는 휴대폰 진동이 느껴지자 사람들을 헤치고 밖으로 나갔다. 복도에도 사람들이 북적거리고 있어서 이석기 의원실 바로 옆에 있는 김재연 의원실로 들어갔다. 언론사에서 일하는 후배가 걸어온 전화였다.

"뭐라고?" K는 자기도 모르게 큰소리를 냈다. 소파에 앉아 있던 김재연 의원 보좌관들이 고개를 돌리고 그를 쳐다봤다. K는 돌아서서 목소리를 낮췄다.

"지금 국정원 직원들이 국회 쪽으로 가고 있어요. 1~2백 명을 태우고 버스 몇 대가 출발했다고요."

"무슨 소리야? 구속영장은 내일 발부되는데."

"법원에 미리 구인영장을 신청했었겠죠. 암튼 그렇게 아세요."

누가 부르는 듯 후배는 급하게 전화를 끊었다. K는 이석기 의원실로 돌아가 그 사실을 알렸다. 이석기 옆을 지키고 있던 김선동이 말했다.

"변호사, 변호사들한테 연락해."

보좌관들이 사건을 맡기로 한 변호사들에게 전화를 걸었다. 변호사들도 이석기가 당장 강제 구인된다는 사실을 모르고 있었다. 제일 가까운 곳에 있는 변호사가 빨리 국회로 들어오기로 했다.

변호사보다 국정원 수사관들이 먼저 도착했다. 국정원 버스와 경찰버스 수십 대가 국회 정문을 통과했다. 수백 명의 국정원 직원과 경찰관들이 버스에서 내려 의원회관으로 몰려갔다. 텔레비전 카메라 기자가 그 뒤를 우르르 따라갔다. 그것은 누가 봐도 불필요한 소동이었다. 마치 이석기가 소위 RO 조직원들을 데리고 국회를 장악하고 있기라도 한 것처럼 보이도록 분위기를 연출하고 있었다. '내란음모'라는 죄목을 실감나게 하려는 쇼였다.

국정원 직원들이 이석기 의원실로 밀고 들어오려 하자 통합진보당 당직자들과 보좌관들이 문을 가로막고 실랑이를 벌였다. "변호인이 올 때까지 기다려요. 그것도 안 됩니까?" 당직자들이 소리쳤다. 국정원 직원들은 들은 척도 하지 않고 무조건 밀고 들어가려고 했다. 당직자들과 함께 국정원 직원들을 막으려던 김재연 의원은 몸싸움에 밀려 복도에 주저앉았다.

10년 만의 구속

김재연은 무릎에 얼굴을 파묻고 울음을 터뜨렸다. 작년의 부정경선 사태 때부터 시작된 온갖 모함과 모욕과 탄압이 생각났다. 지난 한 해 동안 들은 욕이 평생 들은 욕을 다 합친 것보다 많았다. 도대체 우리가 뭘 얼마나 잘못했기에 우리에게 이렇게 하는 걸까? 청년명부로 출마해 정당하게 통합진보당의 비례대표 경선을 치르고 국회의원이 됐건만, 이석기와 한데 묶여 부정선거를 한 범죄자인 것처럼 갖은 중상과 모략을 당했다. 이제 겨우 그것을 이겨내고 의정활동에 전념하려는데 이번에는 또 이석기를 '내란음모죄'라는 이해할 수 없는 혐의로 올가미를 씌웠다. 김재연은 너무 억울하고 참담해서 쉴 새 없이 눈물이 나왔다.

국정원 측과 이석기 측의 실랑이는 50여 분만에 끝났다. 변호인이 도착했던 것이다. 이석기는 변호인과 김선동, 보좌관, 당직자들과 함께 의원실을 나섰다. 이날 이석기는 구인장이 집행되기 몇 시간 전에 국회 본청 앞마당에서 열린 당원보고대회에서 다음과 같이 말했다.

"사랑하는 국민 여러분, 놀라셨죠? 저도 깜짝 놀랐습니다. 제가 내란음모죄랍니다. 대한민국 국회의원이 왜 내란음모를 합니까? 이 나라가 너무 좋아서 지리산 자락만 봐도 가슴이 설레는데. 제 조국이 어디냐고 묻습니다. 제 조국은 여기입니다. (…) 걱정 마십시오. 거짓이 진실을 이기는 역사는 없습니다. 국가 권력이 아무리 세도 국민을 이기지 못합니다."

이석기를 태운 호송차가 국회를 떠나는 동안 당원들이 외쳤다.

"이석기! 이석기 파이팅!"

"국정원 해체! 민주주의 수호!"

이석기는 그날 수원남부경찰서 유치장에 구금되었다. 2003년 8월 15일 특사로 풀려난 지 10년 만에 다시 자유를 잃고 구속된 것이다.

내란음모죄,
33년 만의 부활

"

지금 우리나라는 혼란의 도가니에 빠져 있습니다.
대학가는 반란과 난동을 부리는 학생들로 가득 차 있으며,
공산주의자들은 이 나라를 파괴하기 위해서 열을 올리고 있습니다.
위험이 도처에 도사리고 있지 않은가요?
내부의 적과 외부의 적이 들끓고 있는 것입니다.
그렇습니다. 우리나라에서는 법과 질서가 필요합니다.
법과 질서가 없다면 이 나라는 생존할 수 없습니다!

"

– 아돌프 히틀러, 《나의 투쟁》(1932) 중에서 –

수원지방법원 형사 12부, 김정운 부장판사

2013년 11월 12일 오후 2시. 수원지방법원 제110호 법정에서 이석기 등 7명에 대한 첫 공판이 열렸다. 수원지방법원 형사 12부, 재판장은 김정운 부장판사, 판사는 전경태와 방일수였다. 재판부는 이날 공판을 시작으로 매주 월, 화, 목, 금요일에 특별 기일을 열어 사건을 심리하기로 했다. 11월에만 11차례의 재판이 예정돼 있었다.

11월 4일에 통합진보당에 대한 정당해산심판 청구안이 국무회의를 통과했다. 변호인들은 재판부가 재판을 서두르는 것이 정당해산심판과 관련이 있는 것이 아닌지 의구심을 가졌다. '이석기 내란음모 사건'에 대한 판결이 정당해산심판의 결과에 영향을 미칠 수 있기 때문이다.

언론은 여전히 RO와 이석기의 내란음모를 기정사실화 하는 여론재판을 계속하고 있었다. 재판에 대한 관심도 뜨거워서 첫 공판이 열리기 전날인 11일에 수원지방법원 앞에는 노숙 천막이 설치되

고 밤샘 대기가 이어졌다. 방청권을 확보하기 위해서였다. 법원은
98석의 방청석 가운데 피고인의 관계자와 수사기관, 기자석을 제외
한 26석에 대해 당일 오전 선착순으로 방청권을 배부한다고 발표
했기 때문이다.

　이석기를 태운 호송차가 수원구치소 정문 앞을 나설 때 지지자들
은 구치소 문 앞에 모여 피켓을 흔들면서 응원을 보냈다. 수원지방
법원 앞에서 방청권 확보를 위해서 밤을 새우던 사람들도 일제히 호
송차 앞으로 다가와 손을 흔들며 격려했다. 취재 경쟁도 치열했다.
이석기가 나타나기를 기다리고 있었던 건 지지자들만이 아니었다.
보수단체 회원들은 한쪽에서 현수막을 쳐놓고 '종북 국회의원 이석
기를 북한으로 보내라!' '통합진보당을 해산하라!' 등의 구호를 외치
며 시위를 벌였다. 그들은 방청권을 차지하기 위해서 지지자들과 몸
싸움을 벌이고 '빨갱이들'이라고 욕설을 퍼붓기도 했다.

　두 달여 만에 대중 앞에 모습을 드러낸 이석기는 만감이 교차하
는 표정을 지으며 법정으로 들어섰다. 이상호, 홍순석, 한동근, 조
양원, 김홍열, 김근래 등 다른 여섯 명의 피고인도 이석기와 함께
법정의 피고인석에 앉았다. 이목이 집중된 재판이라 그런지 긴장감
이 느껴졌다. 방청석 쪽을 돌아보면서 가족을 찾는 사람도 있었다.

김정운 　미리 말씀드린 바와 같이 오늘 진행할 재판은 검찰에서 왜
　　　　피고인들을 기소하게 되었는지를 밝히고, 이어서 피고인들
　　　　과 변호인들이 공소 사실을 인정하는지의 여부, 그리고 이
　　　　사건에 관한 의견을 밝히는 절차를 진행할 예정입니다. 형

사소송법에서는 통상 모두절차라고 부르는 것인데 이와 같은 모두절차를 오늘 진행하게 됩니다. (…) 검찰에서 기소요지를 진술하십시오.

검사 김훈영이 이석기 외 6인의 피고인에 대한 공소요지를 진술했다.

김훈영 피고인들은 정예화된 지하혁명조직인 소위 RO의 총책 또는 중간간부로서 북한이 2013년 3월 5일 '정전협정 백지화'를 선언하자, 당시 정세를 '혁명의 결정적 시기'로 판단하고, '전쟁대비 3대 지침'을 시달하고, '세포결의대회'를 통해 사전 준비를 한 후, 5월 12일 마리스타 교육수사회 강당에서 이석기 피고인과 김홍열 피고인은 내란을 선동하고, 피고인들은 함께 내란을 음모했다. 국가보안법 위반에 대한 공소사실은 혁명동지가·적기가를 제창하고, 강연을 통해서 반국가단체인 북한을 찬양·고무·선전·동조 행위를 하거나, 각종 문건과 북한영화 등의 이적표현물을 소지했다.

검찰이 북한의 혁명군가라면서 이 노래를 부른 것이 북한을 찬양·고무한 행위라고 주장하는 〈혁명동지가〉는 우리나라의 포크 싱어송라이터인 백자(본명 백재길)가 대학 2학년 때 작사·작곡한 민중가요다. 그는 2016년 8월 18일, 〈경향신문〉과의 인터뷰에서 다음과 같이 말했다.

검찰의 기소요지

- 북한의 반국가단체성 - 김일성 독재사상인 주체사상에 기초한 한반도 적화통일을 기본 목표로 설정하고 있다.
- 북한 대남혁명전략을 추종하는 지하혁명조직 'RO'는 반국가단체 민혁당에 뿌리를 두고 있다. 피고인(이석기)은 2003년 8월부터 민혁당의 문제점을 극복한 새로운 지하혁명조직의 노선과 전략을 구상했다. '영도체계', '조직보위', '사상학습과 검열', '대중적 혁명역량' 등이 한층 강화된 지하혁명조직의 사업방향을 구상했고, 이와 같은 구상은 현재 'RO' 조직을 통해 상당 부분 실현되고 있다.
- 'RO'는 주체사상과 대남혁명론을 추종하는 노선과 목적을 가지고 있다.
- 'RO'는 엄격한 지휘통솔체계와 조직보위 체계를 갖춘 혁명가 집단이다.
- 피고인(이석기)은 혁명 투쟁의 교두보를 확보하기 위해 국회에 진출했다.
- 'RO'는 대한민국을 '적'으로 규정하는 혁명 전위조직이다.
- 'RO'는 북한식 용어 사용 등 내면화된 북한 추종 의식을 갖고 있다.
- 인터넷 언론 등을 통한 대중 선전과 선동을 조직적으로 실행할 수 있는 역량을 갖췄다.
- 'RO'는 합법, 비합법, 반합법의 모든 수단을 동원하여 대한민국의 현 정부와 헌법질서를 전복함으로써 남한 내에 주체사상에 입각한 사회주의혁명을 완수하는 것을 궁극적인 목표로 설정하고, 철저한 사상 무장과 엄격한 위계질서로 징예화된 지하혁명조직이다.
- 피고인 등 'RO' 지휘부는 북한이 2012.12. 경부터 장거리 미사일 발사, 3차핵실험 등에 이어 지속적으로 전쟁이 임박했음을 경고하며, 급기야 2013.3.5. '정전협정 백지화'를 선언하자 당면한 정세를 '전쟁상황 - 혁명의 결정적 시기'로 인식하기에 이르렀다.
- 북한의 정전협정 폐기 선언 직후, 'RO'는 조직원들에게 '전쟁대비 3대 지침' 등 폭력혁명 준비를 결의힐 결의대회 지침을 하날했다.
- 피고인은 2013.5. 초순경 서울 이하 불상지에서 조직원 20여 명을 대상으로 특별강연을 개최하여, 후방에서 빨치산과 같은 비정규전과 군사전을 해야 한다고 주장했다.
- 피고인은 2013.5.10. 곤지암 청소년수련관에서의 회합과 동년 5.12. 마리스타 교육수사회 강당에서의 회합을 통해서 내란을 선동하고 음모했다.
- 그밖에 2012.3.8. '이석기 지지 결의대회'에서 '혁명동지가'를 제창하는 등 이적단체인 북한에 대한 찬양, 고무, 선전, 동조 등의 행위를 했다.
- 피고인(이석기)은 주소지 등에 문건 형태의 이적표현물 17건을 소지했다.
- 피고인은 주소지에 파일 형태의 이적표현물 173건을 소지했다.

일제강점기의 독립군처럼 우리도 힘내고 살아가자는 의미로 만들었던 곡인데 어느 순간 북한 혁명군가로 둔갑해 있었죠. 어떤 논리와 설명도 통하지 않는 소용돌이 같은 상황이었다는 건 누구나 잘 알 겁니다. 어찌 보면 제가 썼던 노래 중 가장 유명한 곡이라 할 만하죠.

변호인 이정희의 모두진술

검사의 기소요지 진술이 끝나고 나자 재판장은 15분간 휴정을 선언했다. 휴정 후에 속행된 재판에서 이정희가 변호인 자격으로 나와서 모두 진술을 했다. 이석기와 열성 당원들이 내란음모죄로 기소되고 통합진보당이 정당해산의 위기에 몰린 기막힌 현실 앞에서 이정희는 변호사로서 당과 동료들을 구하기 위해 나섰다.

　변호인 이정희는 "유신시대, 군부독재시대 말고는 적용된 적이 없던 내란음모죄가 33년 만에 되살아났고, 진전되어야 할 민주주의가 분단체제 아래에서 또다시 위기에 처했다."면서 이 사건을 통해 재판부에 지워진 궁극적인 책임은 민주주의의 위기를 극복하고 갈등을 풀어나갈 지혜를 찾아내는 것임을 강조했다.

이정희　그러면 도대체 5월 12일에 무슨 일이 있었던 것일까요? (녹음 재생) "총" "총 갖고 다니면 안 돼."라고 말합니다. "부산에 가면 총이 있다."라는 말에 모두가 한바탕 웃어버립니다. "총기니 통신시설 교란이니 뜬구름 잡는 말이다." 이렇게 말합니다. 그런데 이 모임은 국가정보원의 허위 피의사실 유출, 검찰의 수사 발표, 언론의 대대적인 왜곡 보도를 통해서 내란음모, 내란선동 행위인 것처럼 사상 유례없는 여론재판을 당했습니다. 이로 인해서 만들어진 일체의 예단을 털어내고 이 사건을 살펴봐 주시기 바랍니다. (…)

그런데 아마 지금까지 보신 여러분들께서는 이 1회 공판기일이 열리기 전까지 언론을 통해서 알려졌던 것과 이 강연의 내용이 왜 이렇게 다른가 하고 의문을 가지시게 될 겁니다. 왜냐하면, 이석기 의원의 강연 내용은 왜곡된 녹취록에 의해 전문까지 신문에 실리고 인터넷에 공개됨으로써 심각히 왜곡됐기 때문입니다. (…)

극단적인 사례를 먼저 하나 제시해 드리겠습니다. 앞서 말씀드린 결론의 두 번째에서 '현 정세에 걸맞은 선전수행을 어떻게 할 것인가.' 라고 말했다는 것을 분명히 말씀드렸습니다. 그런데 '현 정세에 걸맞은 성전수행을 어떻게 할 것인가.' 로 녹취록은 바뀌어 있습니다. 〈한국일보〉는 2013년 8월 말 녹취록을 게재하면서 1면 머리기사 제목으로 이렇게 뽑습니다. 한자를 써서 '聖戰수행을 말했다'고 〈한국일보〉는 보도합니다. 받침 하나를 바꿨을 뿐입니다. 그러나 국민의 마음을 얻을 수 있는 선전활동을 하자는 이석기 의원의 말은 국정원이 왜곡하여 만들어낸 녹취록과 불법으로 유출된 이 녹취록을 보도한 언론에 의하여 마치 성스러운 전쟁을 수행하자면서 전쟁을 선동한 사람인 것처럼 바뀌어 있습니다. 이석기 의원은 이날 강연에서 '준비 정도와 상관없이'라고 표현했습니다. 이것은 녹취록에 '정규전과 상관없이'라고 바뀌어 있습니다. (…)

검사는 5월 12일 모임에서 폭동을 준비하기로, 실행하기로 합의했다고, 그리고 이 RO 모임이 그것을 준비하는 조직이었다고 말합니다. 과연 그렇습니까? 강연 및 토론 이후 참석자들이 어떤 행동을 했는지 본다면 우리는 알 수 있습니다. 왜냐하면, 5월 12일 이후에 '혁명적 결정적 시기'라고 주장하고, '급변하는 결정적 시기'라고 주장하는데, 그로부터 8월 28일까지 이 130여 명은 자유로이 활동했기 때문입니다.

검사가 소위 RO 모임이라고 주장하는 홍순석, 한동근, 국정원의 협조자 이성윤이 만난 모임이 2013년 5월 12일 강연 이후 있었습니다. 그런데 그 어디에도 전쟁준비, 폭동준비, 총, 폭탄 준비, 이런 내란죄를 실행하려는 흔적을 찾을 수 없습니다. 5월 12일 강연 이후 이 세 사람이 만났을 때 그 날의 화제는 백두산 여행이었습니다. 실제로 6월에 이들은 백두산 여행을 다녀왔습니다. 전쟁 발발에 대비한 무장투쟁을 준비하려고 했다면, 혁명의 결정적 시기를 맞아서 내란을 꿈꾸는 지하혁명조직의 구성원들이었다면 이런 일들이 있을 수 있는 일이겠습니까.

이정희가 진술하는 동안 방청석에서 진술을 방해하기 위해 소리를 지르는 사람들이 있었다. 법원 앞에서 이석기를 처벌하라고 시위를 벌이던 보수단체 회원 중 몇 사람이 방청석에 들어와서 계속 소란을 피웠다. 재판장은 몇 번이나 조용히 하라고 했으나 말을 듣지 않자 급기야 두 사람의 방청객에게 퇴정하라고 명령했다.

재판장 지금까지는 퇴정 조치만 시켰습니다. 향후 법정에서 소란을 피우는 행위에 대해서는 퇴정 조치가 아닌 감치[9]도 할 수 있음을 미리 경고해 드립니다.

계속해서 이정희는 이석기의 5월 12일 강연 내용은 '분단체제에서 평화체제로 가는 동안 진보진영은 여러 가지 어려움을 겪을 수 있기 때문에 그것을 극복할 준비를 하자.'는 취지였지 '북한식 사회주의 혁명을 하기 위해서, 또는 북에 호응해서 후방 교란을 하기 위해서 행동하자.'고 한 것이 아니었다고 주장했다. 또 검찰의 공소장에는 RO가 지하혁명조직이고, 이석기가 2003년 출소 후에 결성했다거나 이석기가 총책이라고 되어 있지만 이것은 검사와 제보자 이성윤의 추측일 뿐 근거가 없는 것이라고 진술했다.

---

9 감치 : 법정 내외에서 재판장의 질서 유지 명령을 위배하거나 재판장의 허가 없이 녹화·촬영·중계방송 등을 하거나 폭언·소란 등으로 법원의 심리를 방해하는 자에 대하여는 법원 직권으로 20일 이내의 감치 또는 100만 원 이하의 과태료에 처하거나 이를 병과할 수 있다.

관권 부정선거를 덮기 위한 조작 사건

이정희는 이어서 녹음파일이 위법수집 증거로 증거능력이 없다는 점 등 이 사건의 구성요건들에 대해서 검찰의 공소장 내용을 조목조목 반박했다. 그러고 나서 이 사건의 본질에 대해서 이야기하기 시작했다.

이정희 그렇다면 과연 이 사건의 본질은 무엇입니까? 관권부정선거를 덮기 위한 조작사건입니다. 2013년 3월 12일 원세훈 전 국정원장의 국내정치 개입 지시 문건이 공개되기 시작하면서 2013년 6월 원세훈 전 국정원장이 공직선거법 위반으로 기소됐습니다. 그리고 7월부터 8월 25일까지 국정조사가 실시되었습니다. 그 결과 대선 불법 개입에 대해서, 대선 불법 개입이 국정원 차원에서 조직적으로 이루어졌음이 밝혀졌고, 정권의 정통성에 심각한 문제가 제기되자 국정 조사가 종료된 지 3일 만인 8월 28일 이 사건이 터집니다.

이정희는 국가정보원이 2013년 5월 12일에 강연이 열린다는 사실을 이미 알고 있었고, 다음날인 13일에 강연 녹음파일과 동영상을 확보하고 녹음파일을 녹취했음을 지적했다. 그 후 두 달이 넘도록 피고인들에 대해서 내란이라는 혐의는 아예 국정원의 머릿속에서도 문서를 통해서도 나오지 않았다는 것이다. 이정희는 5월 12일의 강연 내용이 내란음모·선동 행위였다면 두 달이 넘도록 국정원은 과연 무엇을 했느냐고 질타했다. 심지어 2013년 7월 26일 자 조양원에 대한 통신제한조치허가서에서도 여전히 국가보안법 혐의를 적용해서 RO의 실체 파악을 위한 수사만 진행되고 있었다면서 국정원의 대선개입 국정조사가 본격화된 8월 이전까지는 내란이라는 것은 전혀 언급되지도 않았음을 지적했다. 그런데 한 달 만에 5월 12일 모임은 내란음모이고, 이석기 의원은 내란을 선동한 총책으로 둔갑했다는 것이다.

이정희는 '이석기 내란음모 사건'은 32년 만에 재심에서 무죄 선고받은 인혁당 재건위 사건을 떠올리게 한다고 했다. 국정원이 주도한 대선 관권선거 의혹을 덮기 위해 2013년 5월 12일 모임을 내란음모로 둔갑시킨 전형적인 공안조작 사건이라는 것이다. 그리고 공소장일본주의[10]를 위반한 검찰의 공소는 기각되어야 하고, 모든 공소 사실은 무죄임을 설파했다.

이정희   이들의 생각과 말과 행동은 내란죄와 국가보안법 위반죄로 단죄되어야 할 것이 아니라 사회적으로 토론되고 평가되며 더 나은 내용과 형식으로 다듬어져야 하는 것들입니다. 사회적 토론의 대상입니다. 적어도 법원이 책임지는 영역에서만큼은 한국사회의 민주주의가 유신시대로 후퇴하지 않

---

10   검사가 공소를 제기할 때 공소장 하나만을 법원에 제출하고 기타의 서류나 증거물은 일체 첨부하거나 제출해서는 안 된다는 원칙.

고 끊임없이 진전해 나갈 것이라는 간절한 기대를 확인시켜 주시기를 요청드립니다. 경청해 주셔서 감사합니다.

이어서 피고인들의 모두진술이 이어졌다.

재판장 피고인들이 이 사건 공소사실과 관련하여 하고 싶은 말이 있으면 이에 대해서 진술하고 재판부가 이를 듣는 시간을 갖도록 하겠습니다. 이석기 피고인에게 제일 먼저 진술하는 시간을 드리겠습니다.

이석기, 미국이 북을 공격하는 상황을 우려

이석기 먼저 오늘 공판에 앞서 진행된 준비 기일에서 어느 한 쪽으로 치우침이 없이 이끌어 주신 재판장님의 노고에 대하여 감사의 말씀을 드립니다. 지난 8월 28일 '내란음모 사건'이 터졌습니다. 아리랑5호 발사 참관을 마치고 러시아에서 귀국한 지 3일 만에 일어난 일입니다. 많은 사람들이 놀랐지만 아마 저보다 더 놀란 사람은 없었을 것입니다. 단언컨대 저는 내란을 의도한 적이 없으며 그래서 내란음모라는 엄청난 혐의에 대해 진심으로 놀랐습니다.

이석기가 여기까지 말했을 때 극우단체에서 온 방청객들이 "집어치워!"라고 소리치며 소란을 피웠다. 재판장은 소란을 피우는 방청객을 퇴장시키라고 명령했다. 이석기는 소란이 가라앉기를 기다렸다가 말을 이어나갔다.

이석기　그래서 저는 제가 다른 그 무엇이 아니라 내란을 음모한 혐의로 이 자리에 서 있다는 사실 자체가 무척 낯설고 참으로 어울리지 않는 풍경이라는 생각을 지울 수가 없습니다. 저는 이 사건의 피고인으로서 이 재판을 통하여 이 부조리한 풍경이 바로잡히고 이번 사건으로 인해 저와 진보당에 새겨진 주홍글씨가 벗겨지기를 간절히 희망합니다. 이것은 온갖 선입견과 예단에서 벗어나 진실을 직면하고 이성을 추구하는 것으로 충분히 가능하다고 저는 믿고 있습니다.

이석기는 20대에 대학에 입학한 이후 운동권으로 살아온 자신의 삶의 과정을 설명했다. 1997년의 정권교체에 감명을 받고 진보정당을 지원할 수 있는 방법을 찾았다는 것, 진보 진영의 과학적 선거를 돕고 성과를 낸 것, 그리고 대중적 진보정당 노선에 대해서 직접 책임을 지기 위해 총선에 출마한 것, 부정선거 의혹에 시달려 온 것, 검찰 수사로 혐의없음이 밝혀지고 나서도 색깔공세에 시달려 온 것, 그 와중에도 의정활동에 최선을 다했다는 것 등을 설명했다.

이석기　존경하는 재판장님, 제가 지금껏 살아온 과정을 말씀드리는 것은 저에 대해 있는 그대로 편견 없이 바라봐 주실 것을 원하기 때문입니다. 저는 언론에서 만들어진 이미지처럼 어떤 주의에 매몰되어 외눈박이로 살아온 사람이 아닙니다. 실사구시, 현실에서 진리를 찾는다는 것이야말로 저에게 배어있는 원칙이었습니다. 저는 북의 공작원을 만난 적도 없고 그로부터 무슨 지령을 받은 적도 없습니다. 검찰의 기소조차 이와 같은 부분을 적시하지 않고 있습니다. 그런데도 결국 제가 한 모든 말과 행동이 마치 북의 지령을 받아 이를 수행한 것처럼 되어 있습니다. 이런 선입견과 ….

방청석에서는 다시 소란이 일어났다. "헛소리 집어치워!" "빨갱이한테 재판은 무슨 재판!" 등 큰소리로 이석기를 비난하는 사람들의 목소리가 이석기의 발언을 가로막았다.

재판장 잠시만 재판장이 몇 마디 하겠습니다. 앞으로 진행될 재판이 아주 많습니다. 오늘 첫 단추를 꿰는 것에 불과합니다. 이런 식으로 재판을 진행한다면 어떻게 재판부가 재판을 할수 있겠습니까? 그리고 두 명의 방청객에 대해서는 재판부도 감치재판을 하지 않고 단지 퇴정만 명하였고 앞으로 또다시 그와 같은 행동이 있을 때에는 감치재판을 실시하지 않을 수 없다고 이미 엄중하게 경고한 바 있습니다. 그럼에도 불구하고 방청객들이 재판장의 재판 협조 요청에 전혀 응하지 않는다면 재판부 입장에서는 부득이 소란을 피우는 방청객 등에 대해서 구속하고 감치재판을 실시하지 않을 수 없음을 다시 한 번 말씀드립니다. 방금 소란을 피운 방청객에 대해서도 법정경위와 교도관이 별도의 장소에 구속해서 이 재판이 끝나는 대로 감치재판을 진행할 예정이므로 별도의 장소에서 잘 감시하고 있도록 하십시오.

재판장의 말이 끝나기를 기다렸다가 이석기는 진술을 이어나갔다.

이석기 이런 선입견과 예단이 없이는 아예 이번 사건이 성립하지도 않았으리라 저는 생각합니다. 이제 이번 사건의 출발이자 종착점이 된 5월 12일 강연에 대하여 말씀드리겠습니다. 저는 5월 12일 경기도당 임원들의 요청을 받아 강연을 했습니다. 당시 저는 이 땅에 드리워진 전쟁의 그림자를 강하게 의식하고 있었습니다. 제가 북이 남침을 할 경우에 이에 호응해서 그 무슨 폭동을 일으키려 했다는 게 저에게 제기된 공소요지로 알고 있습니다. 그러나 이는 전제부터 잘못됐습니다. 틀렸습니다. 저는 북이 남침하는 상황을 예상한 것이 아니라 미국이 북을 공격하는 상황을 우려하고 있었습니다. 탈냉전 이후에 일어난 전쟁에서 가장 두드러진 특징은 미국이 다른 나라를 침공하는 것이었다는 점입니다. 지금 지구상에서 다른 나라를 공격해 승리할 수 있는 나라는 사실상 미국밖에 없습니다. 북과 미국의 군사적 대결이 이어져 오고 있지만 북이 미국을 침공해 항복을 받아낼 일은 누구도 상상하고 있지 않습니다.

제가 우려한 것은 그런 상황에서 우리 사회가 과연 어떻게 될 것인가 하는 점이었습니다. 위기는 전환적 시기의 특징입니다. 낡은 시스템이 더 이상 유지될 수 없을 때 위기가 찾아오기 때문입니다. 근근이 평화를 지탱해 왔던 정전체제가 위기를 맞고 있다면 그것은 역으로 과거와 다른 새로운 체제, 한반도의 영구적인 평화체제로 갈 수 있는 하나의 기회로 될 수 있다는 게 저의 판단이었습니다. 제가 지난 4월 25일 국회의 본회의 대정부질문을 통해 전쟁 위기 해소와 항구적 평화를 위해 남·북·미·중 4자회담을 정부에 제안한 것도 이와 같은 맥락입니다.

나아가 저는 이와 같은 대전환기를 맞이하기 위해서 진보정당은 무엇을 할 것인지를 깊이 있게 토론하고 준비해야 한다고 생각했습니다. 이것이 5월 12일 강연의 배경이고 진실입니다. 현 정부가 들어선 이후 역사가 후퇴하고 있다는 우려가 들려옵니다. 이번 사건을 포함하여 많은 점에서 그런 우려는 근거가 있습니다. 하지만 저는 역사는 결코 후퇴하지 않는다는 믿음을 갖고 있습니다. 비록 잠시 그렇게 보일지라도 한 번 민주주의를 경험한 민중이 독재시대로 돌아가는 것은 불가능하다고 저는 믿고 있습니다. 역사는 정의의 편이며 정의는 민중에 의하여 실현되기 때문입니다.

이석기의 진술이 끝나자 방청석에서는 또 한차례 소란이 일어났

다. 이석기를 욕하고 비난하는 소리였다. 재판장은 소란을 피우는 방청객들에게 다시 한 번 경고와 질책을 한 후 나머지 피고인들의 모두진술을 들었다.

이상호, 홍순석, 한동근, 조양원, 김홍열, 김근래 등 여섯 사람이 차례로 진술에 나섰다.

이상호는 앞서 이정희와 이석기가 진술한 것과 마찬가지 요지로 '이석기 내란음모 사건'이 공안당국에 의해서 조작된 것임을 주장했다. 이상호는 수원시 사회적경제지원센터장, 사회적기업지원센터 협의회 회장으로 일하고 있으며, 지난 15년간 실업과 빈곤문제를 해결하는 사업에 전념하면서 경험과 능력을 인정받았다고 진술했다.

첫 공판이 열리기 전인 2013년 10월 14일 이석기 변호인단은 'CNC 사기 사건'과 '이석기 내란음모 사건'을 함께 심리해 줄 것을 요청하는 병합 신청을 법원에 냈다. 10월 18일 법원은 병합 신청을 받아들이지 않고 기각했다.

이성윤이 '이석기 내란음모 사건'의 알파요 오메가

공판 첫날의 모두진술이 모두 끝났다. 검찰은 이석기를 비롯한 6명의 피고가 유죄임을 확신한다고 주장했고 변호인과 피고인들은 무죄라고 항변했다. 방청석에서는 변호인과 피고인을 비난하는 사람들이 일어나서 고함을 지르고 소란을 피우는 일이 반복됐다. 재판장의 설득과 경고에도 불구하고 한두 사람이 퇴장당하고 나면 다시 다른 사람들이 소란을 피웠다. 언론을 통한 여론재판으로는 성에 차지 않는 사람들이 있는 걸까? 아니면 누군가 고용한 사람들일까?

이석기는 함께 기소된 여섯 명의 피고인들의 모두진술을 들으면서 마음이 아팠다. 그들은 하나같이 어려운 여건 속에서 진보정치의 발전을 위해서 헌신해 온 동지들이었다. 그들은 다 책임져야 할 가족이 있는 한 가정의 가장이었다. 그들이 10년, 20년 동안 가시밭길을 걸으며 쌓아 올린 사회적 경력과 평판이 이번 일로 물거품이 되었다. 가족들에게 가해지는 사회적 테러는 얼마나 견디기 힘든 일일까. 방청석에서 소란을 피우는 사람들을 보면서 가족들의 고초를 능히 짐작할 수 있었다.

그들을 고발한 국정원 협력자는 수원지역에서 20여 년 동안 진보정당 활동을 함께 해 온 사람이었다. 이성윤은 민주노동당에서 통합진보당을 거치면서 수원시 지역위원장을 지내고, 민주노동당 후보로 국회의원에도 출마한 적이 있었다. 그는 2010년부터 3년 동안 대학 동창인 홍순석과 한동근과 만난 자리에서 나눈 이야기를 녹음해서 RO의 세포모임이라고 주장했다. 5월 12일 이석기의 정세강연을 녹음한 뒤에 이를 국정원에 제출해서 '이석기 내란음모 사건'을 터뜨렸다.

이성윤이라는 증인은 사실상 이 '이석기 내란음모 사건'의 알파요 오메가였다. 모든 것은 이성윤에게서 시작됐고 이성윤으로 끝났다.

10

'RO (Revolutionary Organization)',
혁명조직이라는 이름의 혁명조직

"

지하혁명조직 이름이 RO?
상상력이 너무 빈약한 거 아님?
국가정보원에 작명소 하나 소개해 줍시다.

"

− 검찰의 중간수사 결과 발표 보도에 대한 한 네티즌의 댓글 −

누가 'RO'라 작명했나?

RO는 말 그대로 '혁명조직'이라는 뜻이다. 혁명조직이라는 이름의 혁명조직, 그것은 아무리 봐도 어색하다. 마치 그냥 '식당'이라는 이름의 식당이나 '슈퍼마켓'이라는 이름의 슈퍼마켓처럼. 재판이 시작되자 검찰 측과 변호인 측은 이 수상쩍은 이름, 즉 RO의 실체를 둘러싸고 치열한 공방을 벌였다.

국정원과 검찰에 의하면 RO는 국정원 협력자 이성윤의 입에서 나온 조직 이름이다. 이석기의 내란음모 혐의가 발표되고 국회의 체포동의안이 통과되기까지 집중되었던 '북한 연계설'과 함께 RO라는 지하혁명조직에 대한 언론 보도들이 쏟아졌었다. 재판 과정을 살펴보면 이런 내용은 모두 국정원과 검찰이 이성윤을 수사하는 과정에서 나온 진술들이었다.

2013년 11월 21일 6차 공판. 이재만 검사가 진행한 증인신문 과정에서 이성윤은 RO의 명칭에 대해서는 그다지 중요하게 생각하지 않는다고 말했다. 다른 이름이 있었다는 등 오락가락하는 태도를 보였다. 또 RO가 문서화된 조직의 명칭이나 강령, 규약이 없는 것이 보안을 지키기 위해서라고 주장했다.

이재만 RO는 북한의 대남혁명 전략에 따라 혁명의 결정적 시기에 대사변을 일으킬 것으로 예정되어 있는 지하혁명조직이 맞나요?

이성윤 네, 맞습니다.

이재만 RO라는 의미는 정식 조직 명칭인가요, 아니면 운동권 조직의 일반명사인가요?

이성윤 예전에도 이런 조직 사건이 많이 있었습니다. 근래 들어서 민혁당이나 영남위원회, 왕재산 사건 등 이런 사건이 있을 때마다 조직의 명칭이나 강령이나 규약이나 이런 것이 문서화된 것이 있어서 그런 부분을 회피하고 조직의 보안을 지키기 위해서 (없었던 것이고), 증인 같은 경우, 명칭은 그다지 신경 쓰지 않았습니다. 명칭이 무엇이냐가 아니라 어떤 내용을 가지고 어떤 활동을 하느냐가 중요하다는 생각이 들었고, RO라는 이름은 증인이 가입할 때 처음 들었고, 이상호 같은 경우는 '내일회'인지 '내일로'인지 명칭이 이런 것이라고 얘기한 것 같고, 명칭은 그다지 중요하게 생각하지 않았습니다.

진술이 애매하다고 느낀 재판장이 이성윤에게 직접 물었다.

재판장　RO라는 이름의 조직이 있는가요?

이성윤　네, 통칭 RO라고 얘기를 하고 있습니다. RO를 줄여서 '오'라고 하거나 '산악회', '내일회'라고 표현합니다.

재판장　RO라고 얘기하는 사람들이 있는가요?

이성윤　D가 증인에게 처음 얘기했었고, 그 이후에 한두 번 정도 그런 얘기를 들은 것 같습니다.

"지하정부 같은 조직이 있다."

이성윤은 민주노동당과 통합진보당의 정상적인 정치활동들을 모두 RO의 지시인 양 호도했다. 이성윤은 당의 의사결정도 RO가 좌지우지하는 것처럼 진술했다. 통합진보당 비례대표 경선 부정 사태 당시 "당내에 의사결정을 마음대로 하는 보이지 않는 권력, 지하정부 같은 조직이 있다."는 심상정의 말을 기정사실화하는 진술이었다.

이재만　RO 조직원에 대한 지침이나 사업계획에 따라 증인이 방금 말한 광우병이나 쌍용자동차 집회를 주도하거나 참석했을 텐데, 그때 다른 RO 조직원들도 다수 참석하고 있었나요?

이성윤　네, 그렇습니다. 증인이 아는 많은 사람들이 참석했었고, 20여 년 동안 활동하다보니까 경기도에 있는 사람뿐만 아니라 전국적으로 많은 사람들을 알고 있는데 총집중하자 하는 날은 시청이나 광화문에 가면 그런 사람들을 쉽게 찾을 수 있는 그런 상황이었습니다.

이재만 조직원이라는 것을 어떻게 인지하게 되나요?

이성윤 조직 생활을 하지 않은 분들은 잘 이해가 안 될 수도 있고, 증인이 드리는 말씀에 신빙성이 있나 의심을 가질 수도 있습니다. 하지만 아까 말했듯이 증인은 1990년부터 주체사상에 대해서 학습을 했고, 또 그 사람들도 아마 그 당시에 했을 것으로 생각되고 아까 말했듯이 경인총련 간부들과는 〈빛〉이라는 문건을 주고받고 하면서 학습을 했기 때문에 다 했을 것으로 생각이 들고, 워낙 많은 실천 투쟁들이 있었기 때문에 그런 과정들을 하나하나 확인할 수 있었고, 그리고 전국연합이라는 조직이 지금은 없어졌지만 예전에 경기동부연합, 경기남부연합 이런 모임으로 만나는 자리도 있었기 때문에 '아, 저 정도 활동을 했고 저 정도 지위면 조직원이겠구나' 하고 충분히 생각할 수 있습니다.

이재만 (조직원들은) 일반인들과는 다른 의식과 이념을 가지고 있다고 보면 되겠네요.

이성윤 네, 그렇지요. 이 자리에 앉으면서 검사님 한 분이 눈에 띄는데 검찰 조사를 받을 때 자꾸 일반인의 상식으로 우리 조직을 대하고 그러시더라고요. 그래서 증인이 그런 질문은 하지 말아주십시오, 라고 했는데도 계속 하시기에 증인이 짜증나서 조사 안 받겠다고 하고 나온 적이 있었는데. 이 자리에 계신 재판장님, 검사님, 기자님들도 있는데 일반인들의 상식으로, 보통의 상식으로 이런 조직을 예단하거나 판단하지 않았으면 좋겠습니다. 일반 상식으로 이해하지 못할 일들이 너무나 많고 보통 사람의 생각으로는 이런 것이 잘 납득이 안 되는 경우도 대단히 많이 있습니다.

RO 조직원 유일 증거는 이성윤의 추측

이성윤은 '조직'에 대해서 자신만이 전문가인 것처럼 행세하면서 검사와 재판부, 기자들에게 충고까지 하는 등 오만한 태도를 보였다. 그러나 그는 진술 과정에서 자기가 지목한 사람들이 RO 조직원이라는 것은 단지 자신의 추측임을 여러 차례 드러냈다.

이재만 증인은 홍순석이 RO 조직원이라는 사실을 지휘성원으로 오기 전부터 알고 있었나요?

이성윤 증인이 RO 성원으로 된 이후에 저 정도 사람이면 다 조직원이겠거니. 그 당시 산악회라는 얘기도 많이 쓰고 했는데 산악회원이구나 그런 생각은 했었지만 확인한 것은 회합에 저의 상부선으로 오면서 확인했던 것이고, 증인의 예상이 틀리지 않았구나 그렇게 생각을 했습니다.

이재만 피고인 한동근이 RO 조직원이라는 사실을 같이 세포모임을 하면서 알게 된 것인가요?

이성윤 보안 수칙과 관련해서는 조직원이 아닌 사람들끼리는 조직원 얘기를 하지 않는 것이 철칙입니다. '내가 조직원이다.'

라는 얘기를 하지 않거든요. 그렇기 때문에 한동근 같은 경우도 세포모임을 할 때 같은 자리에 있었기 때문에 세포원이구나 조직원이구나 그렇게 알게 된 것입니다.

이재만 피고인 조양원이 RO 조직원이라는 사실은 어떻게 알게 되었나요?

이성윤 말씀드렸듯이 증인에게 내가 조직원이라고 얘기한 적은 없고, 그것은 어느 누구에게도 얘기하지 않았으며 다만 주요 행사에 나타났고 곤지암이나 마리스타에 왔기 때문에 역시 그렇구나 알게 되었습니다.

이재만 증인은 피고인 이석기가 RO 조직원이라는 사실은 언제, 어떻게 알게 되었나요?

이성윤 올해 초부터 홍순석 선배가 세포모임을 할 때 이석기와 관련된 이야기, 민혁당과 관련된 이야기를 많이 했습니다. 그래서 이석기 대표가 일반적으로 이야기하는 대표가 아니었구나 그때 알게 되었고, 곤지암이나 마리스타 때 '바람처럼 모이시라, 흩어지시라.' 이런 이야기를 할 때 대단한 분이구나 확인하게 되었습니다.

이재만 조직의 대표나 총책이라는 것에 대해서 알 수 없는 구조인가요?

이성윤 검찰 조사나 국정원에서 조사받을 때 '단선연계 복선포치'[11]

---

11 단선연계 복선포치 : 조직원 상호 간 1대 1의 종적 연계만 유지하고 횡적 관계를 갖지 않는 원칙.

라는 얘기들을 했는데 점조직으로 운영되고 있습니다. 횡적
으로 종적으로 연계가 없었기 때문에 곤지암 행사나 마리스
타 행사가 증인을 더욱 놀라게 했던 것은, 그런 것을 뛰어넘
는 그런 것이었기 때문에 증인을 더욱 놀라게 했던 것이지
요.

'그런 것을 뛰어넘는 그런 것이었기 때문에 증인을 더욱 놀라게
했다.'는 말은 무슨 뜻일까? 극도로 비밀을 유지해야 할 지하혁명조
직인 RO가 조직원 130명을 모아놓고 공개 강연을 한다는 건 앞뒤
가 맞지 않는다. 이성윤도 그런 모순을 의식했기 때문에 놀랐다고
이야기하는 것이다.

　이성윤은 6회에서 9회까지 네 차례에 걸쳐서 재판에 나와서 장
황하고 상세하게 자신이 몸담았다고 주장하는 RO라는 조직에 대
해서 진술했다. 조직 체계와 강령, 목적에 대해서 진술하고 자신이
지하혁명조직의 조직원이고 다른 조직원인 홍순석, 한동근과 세포
모임을 하면서 학습하고 지침을 받았다고 주장했다. 그리고 '학모
(학습모임)'와 '이끌(이념서클)' 단계를 거쳐서 조직원을 끌어들인다는
진술도 했다.

　변호인들은 반대신문을 통해서 이성윤의 진술에 많은 허점이 있
음을 밝혀냈다. 이성윤이 조직원으로 지목한 사람들 중 한 사람도
RO라는 조직과 자신이 조직원임을 인정하지 않았다. 결국 RO라는
조직은 이성윤의 진술 이외에는 아무 물증도 없는 것으로 드러났다.
이성윤이 세포모임이라고 주장하는 '3인모임(이성윤, 홍순석, 한동근의

만남)'의 대화 내용 중에도 RO라는 조직명이 등장하거나 조직 활동에 대해서 언급한 부분이 전혀 없다.

국정원 직원과 150여 회 만날 때마다 돈을 받은 이성윤

변호인들은 변론요지서에서 이성윤은 '제보자'가 아니라 국정원으로부터 '수사를 의뢰받은 민간인'일 뿐이라고 주장했다. 이성윤은 인간적 배려가 없는 조직에 대한 실망감과 천안함 사건 등을 보고 국정원에 제보하게 되었다고 진술했다. 2010년 5월경 전화로 국정원에 신고했다가 며칠 후 국정원 홈페이지에 상담을 요청하는 글을 남기면서 자신의 휴대폰 번호를 남겼다고 주장했다. 변호인들은 이와 같은 주장이 모두 거짓이라고 보고 있다.

2010년의 진술조서에는 제보 동기가 북한의 3대 세습이었는데, 2013년에는 천안함 사건으로 바뀌었다. 이성윤 스스로 법정에서 천안함 사건에 대한 정부의 발표를 100% 신뢰하지는 않는다고 증언한 것을 고려할 때 제보 동기를 바꾼 것은 국정원의 주문에 의한 것으로 보인다.

이성윤은 전화로 신고하고 국정원 홈페이지에 글을 올렸다고 하지만 법정에서 변호인이 반대신문을 하면서 확인한 결과, 먼저 이름과 주민등록번호를 입력해서 인증을 받은 후 제목과 이메일 주소 등을 기재해야 비로소 글을 올릴 수 있는 국정원의 인터넷 제보방법을 모르고 있었다. 따라서 국정원 홈페이지에 글을 올려 상담을 요청하고 전화번호를 남겼다는 것은 사실이 아닌 것으로 보인다.

이성윤이 실제로 언제 어떤 경위로 국정원과 접촉했는지는 모르지만 2010년 7월경부터 국정원 수사관 문필주와 지속적으로 접촉해 온 것은 사실임이 밝혀졌다.

문필주는 '이용대 외 내일회(가칭 산악회) 조직원들에 대한 국가보안법 위반 등 피의사건'에 대한 수사를 시작했고, 2010년 8월 녹음기를 이성윤에게 주고 홍순석, 한동근과의 대화 내용을 녹음하게 했다. 문필주는 2013년 8월까지 주 1~2회씩 정기적으로 이성윤을 만났다. 그동안 5대의 녹음기를 주었고, 이성윤을 만날 때마다 국고로 한 번에 10~20만 원의 실비를 지급했다. 문필주는 녹음기를 주고받는 과정에서만 이성윤과 총 150여 회를 만났으며 그때마다 돈을 주었다고 법정에서 증언했다.

이성윤은 3인모임이나 통합진보당 행사 때마다 녹음기를 가지고 가서 전 과정을 몰래 녹음했다. 때로는 증거가 될 만한 내용을 녹음하기 위해 대화 내용을 유도하기도 했다. 그 결과 이성윤은 국가보안법 제21조 제1항, 국가보안유공자 상금 지급 등에 관한 규정에 의해 최대 5억 원의 보상금을 받을 수 있게 되었다.

변호인이 반대신문에서 이성윤에게 5억 원의 보상금을 받는 것에 대해서 알고 있는지 묻자 이성윤은 신고를 하면 보상금을 받는다는 것은 '초등학생들도 알고 있는 사실'이라고 대답했다. 이런 사실을 근거로 변호인들은 다음과 같이 주장했다.

"이성윤은 국정원에 의한 수사가 시작된 이후에는 단순한 제보자가 아니라 국정원으로부터 수사업무를 위탁받은 자라고 할 수 있다. 따라서 이성윤의 진술은 혐의를 입증할 목적으로 작성한 진술이기 때문에 진술의 객관성과 진실성은 처음부터 전혀 담보되지 않는다."

변호인들은 이성윤의 진술이 믿을 수 없다는 점은 2010년에 작성된 이성윤에 대한 참고인 진술조서가 드러남으로써 더욱 분명해졌다고 주장했다.

검사는 이성윤이 2010년에 국정원에서 진술한 조서를 증거로 제출하지 않고 수사목록에도 그 조서의 존재를 기재하지 않았다. 변호인들은 이성윤과 문필주에 대한 변호인 신문과정에서 2010년 당시의 진술조서가 있는지 계속 캐물었고, 결국 2010년 당시 4~5차례에 걸쳐서 이성윤에 대한 진술조서가 작성되었음을 실토했다.

검사는 진술조서의 존재를 인정하고 변호인의 요구에 따라 법정에 제출하게 됐다. 2010년 작성된 이성윤의 진술 내용은 2013년 진술 내용의 신빙성을 판단하는 데 중요한 의미를 갖고 있다.

'내일회'가 'RO'로

2010년 9월과 10월에 국정원과 이성윤은 '내일회' 사건에 집중하고 있었다. 변호인들은 '내일회'의 이적성과 관련하여 이성윤이 2010년 당시에 진술한 내용과 2013년에 진술한 내용을 비교해 보았다. 그 결과 2010년 당시에 없었던 내용이 2013년에 비로소 등장하거나, 2010년에 진술한 내용이 2013년에 와서 달라진 것을 다수 발견했다. 변호인들은 이것이 추후에 국정원과 이성윤이 협의해서 악의적으로 허위사실을 지어내거나 사실을 왜곡, 과장한 것이라고 주장했다. 2010년의 진술조서에서 이성윤은 조직명을 '내일회'라고 진술하고, RO는 보통명사로 언급하고 있다.

RO는 비밀조직으로 제가 RO 성원이 된 후에 3차례 조직 명칭이 변경되었으며 2009년 초경의 명칭은 '내일회'로 바뀌었습니다. 그러나 정식 명칭을 사용하지 않고 통상 '산악회'라는 위장명칭을 사용했습니다.

그런데 이성윤은 2013년의 진술에서는 지하혁명조직의 조직명이 RO였다고 하면서 2004년에 D와 함께 가입식을 하면서 D로부터 조직명을 들었다고 진술하고 있다. 또 한편으로 이성윤은 법정에서 "지난 3년간 홍순석 등과의 만남에서 'RO', '이끌', '학모' 등에 관한 내용을 들어본 적이 없다."고 진술했다.

RO는 '내일회'보다 더 자극적일 거라는 판단으로 국정원이 작명한 것일 가능성이 크다. 이성윤의 2010년의 진술조서에는 RO의 가입절차에 대해서 자신의 경우 절차를 생략하고 약식으로 진행했다고 되어있다. C와 우이동 산장에서 진행한 가입절차 이야기는 일언반구도 없다. 그 이야기는 2013년의 진술조서에서 갑자기 등장하고, 법정에서도 상세하게 진술하고 있다.

그러나 C는 법정에 증인으로 나와서 이성윤과 가입의식을 한 적이 없을 뿐 아니라, 처음부터 이성윤과 학습모임을 갖거나 우이동에 함께 간 사실이 없다고 진술했다. 물론 RO라는 지하혁명조직이 있다는 사실도 부인했다.

이성윤은 RO의 강령에 대해서도 2010년에는 강령에 대해서 들은 적이 없고 정해진 강령이 없다고 진술했다. 2013년의 진술에서는 2004년에 D와 함께 가입식을 하면서 D로부터 3대강령에 대해서 설명을 들었다고 진술했다.

이성윤이 D로부터 들었다는 강령의 내용은 "첫째, 우리는 주체사상을 지도이념으로 남한사회의 변혁운동을 전개한다. 둘째, 우리는 남한사회의 자주·민주·통일을 실현하다. 셋째, 우리는 이를 위해 주체사상을 연구, 전파, 보급한다."는 것이다.

변호인들은 이것을 두고 지하혁명조직이라면 당연히 강령이 있어야 한다고 생각하고 추후에 이성윤과 국정원이 협의해서 민족해방민중민주주의혁명(NLPDR)의 성격을 참고로 3대 강령을 지어낸 것이라고 보고 있다.

처음엔 'RO' 총책이 이용대라고 진술한 이성윤

이성윤은 2010년의 진술조서에서 D와 가입식을 할 당시 D로부터 당호명으로 '남철민'이라고 들었다고 진술하고, 문필주는 당호명이란 북한의 노동당이 부여한 이름이라고 설명하고 있다. 그런데 이성윤은 2013년의 진술조서와 법정에서는 '조직명'이라고 진술을 변경하고 있다. 이성윤이 북한과의 연계성을 강조하기 위해서 '당호명'이라고 주장했다가 설득력이 떨어진다고 보고, 홍순석이 3인모임에서 가명을 뜻하는 '오명'이라는 말을 언급한 것에 착안해 '당호명'을 '조직명'이라고 변경함으로써 설득력을 높이려고 한 것으로 보인다.

이성윤은 2010년의 진술조서에서 이용대가 총책이고 그 산하에 동부권역, 남부권역, 중서부권역, 도 사업, 중앙 파견이 있다고 조직체계를 설명하면서 당시 민주노동당 당직을 맡고 있는 사람들을 그 책임자와 구성원으로 표시하고 있다.

그러나 2013년의 진술에서는 총책을 이석기로 바꾸고, 조직체계에 대해 동부권역, 남부권역, 중서부권역, 북부권역, 중앙파견, 중앙위원회 (나중에 다시 중앙위원회를 삭제하고 청년팀으로 바꿈)로 구성되어 있다고 진술하고 있다.

RO의 총책이 이용대에서 이석기로 바뀐데 대해서 이성윤은 2013년 9월 13일 검사의 진술조서에서 다음과 같이 진술하고 있다.

이용대가 총책이었다가 병으로 쓰러진 다음에 이석기가 총책이 된 것 같기도 하고, 홍순석이 이용대도 이석기 앞에서는 함부로 하지 않고 존중한다고 설명한 것을 보면 이석기가 계속 총책이었을 것 같기도 합니다. 저는 누가 총책인지는 별로 관심을 두지 않아서 정확히는 알지 못합니다.

이성윤은 2010년 9월 8일, 국정원 참고인 진술조서에서 RO의 경기도 총책으로 이용대를 지목하고, 피고인 이석기는 중앙에서 파견 나온 사람 중 한 명으로 거론했다. 국정원도 이성윤의 진술을 토대로 '이용대 외 RO 조직원들에 대한 국가보안법 피의사건'으로 이 사건을 수사해 왔다. 조양원에 대한 2013년 7월 26일 자 통신제한

조치허가서까지 이용대를 RO의 총책으로 지목했다. 그러다가 한 달 만인 2013년 8월 28일경부터 이석기를 RO의 총책으로 둔갑시킨 것이다.

이성윤은 조직체계를 묻는 질문에 대해서 "문서로 된 것을 본 것도 아니고 이런 것을 누가 얘기해 준 것은 아닙니다. 하지만 제가 20년 넘게 활동하면서 이렇게 됐겠구나 하는 것이다."라고 진술함으로써 추측에 의한 것임을 스스로 인정하고 있다.

이석기가 총책이라는 이유

이성윤이 이석기를 총책으로 지목하는 근거들은 자세히 살펴보면 실소가 나올 정도로 어처구니없는 것들이다.

첫째, 2012년 4월 총선을 전후하여 이석기의 이름이 자주 거론되었다는 것이 이석기가 총책이라는 근거다. 이것은 더 설명할 필요도 없는 주장이다.

둘째, 2012년 8월 진실선본 해단식에서 이상호가 선창한 "동지여 너는 나다. 내가 바로 이석기 동지다."라는 구호로 볼 때 이석기가 총책이다. 진보당에서는 이런 방식의 구호를 일상적으로 사용하고 있다. 2012년 5월, 진보당의 부정경선 사태 때 분신 사망한 박영재의 추모행사에서도 당원들은 "동지여 너는 나다. 내가 바로 박영재다."라는 구호를 외쳤다. 과거 한총련이 탄압받던 2000년대 초반에 대학가 학생운동진영에서는 "내가 바로 한총련이다. 내가 바로 아무개 의장이다."라는 구호를 흔하게 외쳤다. 이런 사실을 잘 알고 있으면서도 이성윤은 위의 구호를 이석기가 총책이라는 근거로 삼고 있다는 것은 악의적인 왜곡이다.

셋째, 이석기에 대해서 '정치 지도자'나 '남쪽에서의 정치 지도자로서의 역할'이라는 표현을 쓰는 것이 총책이라는 근거다. 이것 역시 다른 설명이 필요 없는 억측이다.

넷째, 이석기가 곤지암 회합 때 참석자들을 꾸짖으면서 밤늦게 모인 사람들을 해산시키고 이틀 후에 다시 집결시킨 것으로 보아 이석기가 총책이다. 이것 역시 사실 자체가 틀린 지적이다. 정세강연을 주최하거나 해산하게 한 것은 경기도당 임원들이지 이석기가 아니다.

그밖에도 검사는 이석기를 '대표'라고 부르는 것이 총책의 근거라고 하지만 이것도 맞지 않는 주장이다. 이석기는 CNP전략그룹의 대표라는 직함을 10년 동안 갖고 있었기 때문에 예전부터 알고 있던 사람들은 입에 붙은 습관대로 그렇게 부르는 것뿐이다. (주)씨앤커뮤니케이션즈(CNC)는 2012년 2월까지 사명이 CNP전략그룹이었다.

이성윤의 2010년의 진술과 2013년의 진술을 비교해 보면 국정원은 2010년에 이성윤을 처음 만나서 수사를 시작할 때와 2013년에 내란음모 사건을 발표했을 때 그 목적과 대상이 달라졌음을 알 수 있다. 이성윤과 국정원은 달라진 진술의 간극을 메우려고 나름대로 많은 고심을 한 흔적이 보인다. 그러나 변호인들은 그 틈을 비집고 들어가서 낱낱이 헤집어 놓았다. 국정원과 이성윤의 주장이 얼마나 공허하고 앞뒤가 맞지 않는 '소설'인지를 밝혀냈다.

검사가 주장하는 지하혁명조직이 존재한다거나 피고인들이 그 총책이거나 간부라는 점에 대한 검사의 주장은 모두 근거가 없습니다. 결국 지하혁명조직 'RO'는 존재하지 않는 것입니다.

변호인단이 법원에 제출한 변론요지서의 결론 부분이다.

11

아니다 아니다 아니다

> 66
>
> 놈들한테 영혼이 있는지는 모르겠지만
> 찾으려면 아무래도 대대적으로 수색해야 할 거야.
>
> 99

데이스 루헤인(작가) –

검찰, 경호팀 결성하고 설악산서 두 차례 산악훈련

검찰은 RO의 실체와 관련해서 경호팀이 있다고 주장했다. 검찰의 주장은 언론에 다음과 같이 보도됐다.

3월 전쟁 임박 판단 후 경호팀 구성 = 국정원과 검찰은 경호팀의 산악훈련을 포함한 3월부터 5월까지 이어지는 일련의 흐름이 이 의원이 구체적으로 내란음모를 꾸몄다는 증거가 될 수 있다고 보고 있다. 검찰의 기소내용 등에 따르면 이 의원은 지난 3월 5일 북한 조선인민군 최고사령부에서 정전협정을 무효화한 것을 계기로 한반도에 전쟁 상황이 임박한 것으로 판단했다.

이 의원은 곧바로 '전쟁 대비 세 가지 지침'을 RO 중간책임자라 할 수 있는 '세포'들을 통해 전달했다. RO 내에서는 이 무렵부터 이석기 경호팀이 추진됐고, 4월 초 30명 규모로 경호팀이 실제로 출범했다. 공안당국은 경호팀 출범 직후 4월 5~6일 산악훈련을 한 사실을 이번에 확인했다. 이 의원은 이어 5월 10일 RO 회합을 한 차례 경기 광주 곤지암에서 소집했다가 곧바로 해산시킨 뒤 이틀 후에 다시 서울 마포구 합정동 회합을 지시했다. 이 회합에서 '총기 준비' '주요 시설 타격' 등의 발언이 나왔다.

　　－〈문화일보〉, 2013. 11. 11.

　　검찰의 주장 중에서 '사실'로 확인된 것은 "CNC의 직원 20명이 4월 초에 설악산 등반을 갔었다."라는 사실뿐이다. 실제로는 경호팀도 없었고 산악훈련도 없었다. RO가 없었기 때문에 이는 당연한 일이다. 그런데도 검찰과 국정원은 저런 '소설'을 쓰고 있다.

　　공안당국(검찰과 국정원)은 '이석기 경호팀'에 대해서 집중 수사하고 있다고 했지만 실상 수사한 것이 없다. '수사할 것'이 없었기 때문이다. RO가 없는 것처럼 애당초 '경호팀'도 없었다. 설악산에 등반을 갔던 사람들은 CNC 직원들일뿐이다.

설악산 녹색순찰대 유창수의 증언

검찰은 'RO 조직 내 이석기 경호팀의 설악산 산악훈련'과 관련해서 설악산국립공원 직원 두 사람을 증인으로 신청했다. 설악산에서 녹색순찰대로 근무하는 유창수는 2013년 11월 19일 제5회 공판에 증인으로 나왔다. 검사는 이재만이었다.

이재만　증인이 현재 하는 일과 담당 업무는 어떻게 되나요?
유창수　설악산 국립공원 장수대 분소에서 녹색순찰대로 근무하고 있습니다.

이재만　녹색순찰대는 어떤 업무를 하는 것인가요?

유창수　주로 탐방로 시설 점검과 보수, 청소, 불법 단속 등의 일을
　　　　　합니다.

　　유창수는 설악산 입산금지 기간 중에 출입금지 구역에서 CNC
의 직원들을 적발하게 된 경위에 대해 진술했다. 유창수가 한계령
탐방센터에서 근무하고 있는데 발소리가 나서 문을 열어보니 20여
명의 사람이 내려오고 있었다고 한다. "지금 산불 통제기간인데 몰
랐냐?"고 했더니 "알았다."고 하면서 "장수대에서 출발했다."고 했
다는 것이다. 유창수는 사진을 찍고 일행 중 8명에게 과태료를 부
과했다고 한다.

이재만　증인의 진술조서를 보면 '당시 날씨가 추웠고 산악회 소속
　　　　　도 아닌 것 같은 사람들이 거의 체력이 탈진된 모습을 보고
　　　　　상당히 놀란 사실이 있어 기억하고 있다'고 하는데, 대규모
　　　　　의 사람들이 입산금지 구역에 들어가서 단속되는 것을 처음
　　　　　보았기 때문에 놀랐다는 취지인가요?

유창수　증인이 한계령에서 근무하면서 통제기간에 그렇게 많은 인
　　　　　원이 내려온 것을 처음 보았기 때문에 증인이 의아하고 놀
　　　　　랐습니다.

　　유창수는 설악산 장수대를 출발해서 대승령에서 통제구간인 서

북능선을 따라 해발 1,500m가 넘는 귀때기청봉을 거쳐 한계령으로 내려오는 코스는 설악산에서도 아주 험한 코스라고 했다. 날씨도 춥고 눈이 쌓여있는데 그렇게 많은 사람이 몰래 등산했다는 것이 일상적인 일이 아니라 놀랐을 뿐, 그들이 다른 등산객들하고 특별히 달라 보였다는 것은 아니다. 변호인 김필성은 증인신문을 통해 이 점을 확인했다.

김필성 당시 등산객들이 다른 등산객들과 차림새가 달랐나요?

유창수 특별하게 다른 점은 ….

김필성 그런 것은 없었나요?

유창수 네. 바람이 많이 불어서 판초나 바람막이 옷을 입었다는 것 외에는 특별하게 외관상으로 다른 것은 별로 느끼지 못했습니다.

김필성 당시 등산객들이 군인 등 특수기관의 요원처럼 건장하고 훈련받은 사람들처럼 보였나요?

유창수 그런 모습은 아니었습니다. 지쳐 있었고, 그날 증인이 갔어도 지쳤을 것 같습니다.

김필성 검찰에서 그곳에서 특수훈련을 했다고 주장하고 있는데 특수훈련이나 군사훈련을 받은 모습처럼 보였나요?

유창수 증인이 판단할 부분은 아닌 것 같습니다. 상당히 피곤해 하고 지쳐 있었던 것은 사실입니다.

김필성 일반적인 등산객과 다른 모습이었다거나 옷이 훈련받은 것처럼 그랬던 것은 아닌가요?

유창수 옷이 지저분하다든지 다른 사람들과 특별히 다른 것은 아니었던 것 같습니다.

김필성 당시 등산객들이 신분증 제시 요구나 사진 촬영 요구에 순순히 응했나요?

유창수 거기에서 약간의 실랑이는 있었습니다. 아까도 말했지만 보통 산악회는 '선생님은 위반했으니 신분증을 제시해 달라'고 하면 '네' 하면서 바로 내주는 사람은 거의 없습니다. 봐달라고 하든지 버팁니다. 그날도 8명을 단속하는 것이 쉽지 않았습니다.

김필성 특별히 다른 등산객들의 경우보다 신분을 숨기려고 한다든지 숨으려고 하는 모습을 보였나요?

유창수 그런 것은 증인이 느끼지 못했습니다. 다른 점은 크게 못 느꼈습니다.

유창수는 시종일관 그들이 다른 등산객들과 크게 다른 점이 없었다고 진술하고 있다. 게다가 검찰이 '경호팀'이라고 주장하는 그들의 연령대가 40대와 50대까지 있었다고 했다. 검찰은 유창수로부터 '경호팀'이 산악훈련을 했다는 정황을 증명할 만한 아무런 증언도 끌어내지 못했다. 그런데도 11월 28일 제10회 공판에서 당시 CNC 직원들에게 직접 과태료를 부과했던 장수대 분소 주임 이중섭을 다시 증인으로 불러냈다. 그러나 결과는 마찬가지였다. 이중섭의 증언은 유창수와 크게 다른 점이 없었다.

검찰은 위 두 사람의 증언 이외에 '경호팀'에 대해서 아무 증거도 제출하지 못했다. 증인으로 나온 CNC 직원은 회사 등산 모임에서 등산을 자주하는 사람들은 꼭 한 번씩 해보고 싶어하는 비박(biwak) 등산을 간다기에 따라갔을 뿐이라고 증언했다.

백두산 여행을 김일성 유적지 방문으로 둔갑시켜

국정원과 검찰은 RO의 실체와 관련해서 RO 조직원 60명이 백두산 김일성 유적지를 방문했다는 사실을 밝혀냈다고 언론을 통해서 선전했다.

재판부에 제출된 당시 백두산 여행의 일정표를 보면 보통 관광객들의 단체여행과 조금도 다름없는 평범한 내용으로 되어 있다. 첫째 날은 중국에 가서 연길에 도착해서 휴식을 취하고, 둘째 날은 백두산으로 이동해서 일부 구간은 트레킹하고 일부 구간은 지프로 이동해서 천지와 장백폭포를 탐방하고 나서 하산했다. 셋째 날은 윤동주 시인이 다녔다는 대성중학교와 윤동주 생가를 방문하고 간도총영사관을 둘러봤다. 도문대교를 구경하고 두만강에서 보트 체험을 하는 것으로 일정을 끝냈다. 마지막 날은 목단강공항을 출발해서 인천공항에 도착함으로써 여행을 마무리 지었다. 직접 여행에 참가했던 사람들에게 물어봐도 김일성 유적지를 탐방한 적이 없다고 했다.

2013년 12월 19일 제22회 공판에 증인으로 출석한 백현종. 그는 부천시 원미동 '나눔과 섬김의 교회' 목사다. 통합진보당 창당 초기인 2011년 말까지 당의 중앙선거관리위원장, 2013년 12월 당시 통합진보당 부천시 원미 갑 지역위원회 위원장, 통합진보당 중앙위원이었다. 증인신문은 변호인 김칠준이 맡았다.

김칠준 증인은 올해 6월 6일부터 9일까지 3박 4일간의 일정으로 진행된 백두산 여행에 참여한 사실이 있는가요?

백현종 네, 있습니다. 저와 제 아내, 그리고 고등학교 1학년에 재학 중인 제 아들까지 온 가족이 함께 참여했습니다.

김칠준 위 백두산 여행은 누가 어떤 경위로 기획한 여행인지 알고 있나요?

백현종 앞서 소백산 산행을 기획했던 경기진보연대의 남부와 중서부 운영위원들이 같이 논의해서 서로 다른 지역 상황들도 같이 이야기하고 마음도 모아보는 그런 자리로 만들어보자는 취지로 4월부터 준비했던 것으로 알고 있습니다.

김칠준 증인은 백두산 여행에 대해서 누구로부터 어떤 내용으로 참여를 제안받았는가요?

백현종 당시 경기진보연대 중서부권역 대표를 맡았던 경기도당 홍순석 부위원장이 저에게 말을 했고, '지역에 함께 할 수 있는 당원들이 좀 갔으면 좋겠다. 그런데 워낙에 여행경비가 고가이다 보니까 많은 사람이 가기는 어려울 것이다. 그래도 백두산인데 한 번 가보면 의미가 있지 않겠느냐'라고 이야기를 했고, '알겠다. 그런데 참가하는데 특별한 제한이나 이런 것들이 있냐. 꼭 성인만 가야 되느냐?'고 물었습니다. 저는 제 아들을 생각했기 때문에 그랬는데 '특별한 제한은 없다. 그러나 백두산 트레킹이기 때문에 너무 어리거나 그러면 곤란하지 않을까?' 하는 정도였습니다. 그래서 지역의 부위원장들, 위원장들, 열심히 활동하는 당원들, 시민사회단체에 있는 청년 회원들에게 제가 함께 가자고 권유를 했었는데 역시나 여행경비가 100만 원이 넘다보니 저희 가족세 사람과 다른 두 사람, 부천에서는 이렇게 다섯 사람이 함께 다녀왔습니다.

김칠준 전체적으로 백두산 여행은 몇 명이 참여했고 어떤 사람들이 참여했는가요?

백현종 버스 두 대를 이용했었는데 60명이 채 안 돼서 57~58명 정도 되지 않을까. 정확한 인원은 생각나지 않습니다. 다양한 사람들이 있었습니다. 저희처럼 가족 전체가 참가한 경우는 저희밖에 없었지만 가족이 같이 참가한 경우도 있고, 결혼 후에 처음 여행을 한다는 부부도 있었고, 시민사회단체에서 활동하는 분들도 계셨고, 직장에 어렵게 휴가를 내고 참가한 직장인들도 있었고, 가장 기억에 남는 것은 정신지체장애를 가진 청년이 참가한 경우였습니다. 암 투병 중인 분이 새로운 전기를 만들어야겠다면서 참여한 분도 있었습니다.

김칠준 백두산 여행의 구체적인 내용이나 프로그램은 어떠했는가요?

백현종 일반적인 프로그램이었습니다. 인천공항에서 목단강공항으로 가서 버스를 타고 다녔고 백두산 근처에서 1박하고,

백두산 기행을 하고, 다음날은 윤동주 시인이 다닌 학교도 가고, 두만강에서 뗏목도 탔습니다. 저는 가족과 함께 하는 시간이라 굉장히 좋았던 여행이었습니다.

김칠준 당시 증인은 김일성 유적지를 방문한 사실이 있는가요?

백현종 없습니다.

김칠준 당시 참가자들이 이른바 RO 구성원이었는가요?

백현종 전혀 아닙니다. 언론보도를 통해서 RO의 구성원들이 백두산 기행을 갔었다는 보도가 있어서 제가 그날 저녁에 아내와 아들에게 이야기했습니다. '두 사람도 이제 RO가 됐다. 우리 가족 모두 RO다.'라고 하면서 같이 웃었던 기억이 있습니다.

이처럼 RO에 대한 검찰의 주장은 근거가 희박한 허황된 것으로 드러났다. 그런데도 검찰은 줄기차게 RO가 있다고 주장하면서 급기야 이성윤의 진술에 의지해서 통합진보당의 당직자 32명도 RO의 조직원이라고 발표했다. 그러나 이런 주장은 이성윤의 추측에 근거한 것일 뿐이어서 정작 그들을 수사하거나 구속하지도 못했다.

이제 검찰의 손에 남은 것은 문제의 5월 12일 강연에 대한 녹취록뿐이었다.

12

생각을 처벌하다

국정원 녹취록 450곳 이상 오류

이석기는 이 사건이 일어난 후 2013년 5월 12일의 강연에서 자신이 무슨 말을 했는지 하나하나 되살려 보았다. 사람의 기억이란 믿을 만한 것이 못된다. 기억이란 기록이 아니라 편집이라고 뇌를 연구하는 전문가들이 이야기하듯이 시간이 지나고 나면 자신이 무슨 이야기를 했는지 구체적인 내용을 잊어버리는 게 정상이다. 이야기를 들은 사람들의 기억도 정확하지 않다. 자기 나름대로의 방식으로 이야기를 저장해 놓기 때문이다.

하지만 강연 같은 경우에 강연을 한 사람은 자신이 어떤 목적으로 어떤 취지의 이야기를 했는지는 잊어버리지 않는다. 그가 한 말은 그의 생각이었다. 그는 자신의 생각을 '강연'이라는 형식을 빌려 말로 전달한 것이다. 그것은 그가 평소에 했던 생각이 말로 표현되어 나온 것이다. 그들은 그가 한 말을 '몰래' 녹음해서 그에게 죄를 물었다. 그런 행위는 그의 머릿속에 들어있는 '생각'을 엿보고 그것을 처벌하려는 것이다.

이석기와 변호인단은 재판 과정 내내 이 강연의 취지는 결코 내란음모나 내란선동에 있지 않았다는 것을 증명하려고 애썼다. 언론 보도 중 상당 부분이 이석기가 하지 않은 말을 이석기가 한 것처럼 왜곡하고 있었기 때문에 그것을 바로잡는데도 많은 시간을 할애했다.

2014년 1월 7일 제32차 공판에서는 5월 10일 곤지암 모임과 5월 12일 마리스타 모임의 녹음파일에 대한 증거조사가 진행됐다. 검찰 측 녹취록에서 450곳 이상이 악의적으로 오녹취한 것으로 드러났다. 재판부는 변호인단이 작성한 수정녹취록을 증거로 채택했다. 그동안의 언론 보도는 모두 검찰이 잘못 녹취한 내용을 그대로 받아 적거나, 검찰이 수사 중이라면서 피고 측에 불리한 내용을 흘린 정보를 옮긴 것이다. 언론은 보도한 내용이 사실이 아닌 것으로 밝혀진 뒤에도 정정하거나 사과한 적이 전혀 없다.

녹취록 전문은 강연에서 말한 내용을 그대로 옮겨 적은 것이고, 이석기 의원 전체 발언 요지문은 국정원 녹취록의 오류를 바로잡고, 문장을 다듬어 이해하기 쉽게 글로 옮겨 적은 것이다. 아래 강연 요지문은 1심 공판 당시 변호인단이 재판부에 제출한 것이다.

* 본 강연

지난번 곤지암 강연 일정 취소는 간부들 잘못 때문입니다. 일부 간부들은 현 정세를 너무나 안일하게 보고 있습니다. 얼마 전 '이상호 사건'[12]에서 보듯이 공안기관의 불법사찰이 심각해지고 있고, 말 한마디 잘못하면 그 날로 보수언론의 도마 위에 오르는 상황입니다.

곤지암은 그런 면에서 대처가 어려운 무방비 상태였습니다. 정세가 이렇게 엄중함에도 불구하고 당과 전선운동단체[13]에 있는 분들은 은연중에 공식 일정이나 자기 사업에만 매몰되는 경향이 있습니다.

현 시대는 미 제국주의의 낡은 지배질서가 붕괴되는 치열한 격변기입니다. 경제, 군사 영역에 이어서 정치 영역에서도 몰락하고 있습니다. 미국 내 지식인들도 더 이상 미국식 민주주의가 대안이 아니라는 이야기를 공론화하고 있습니다.

지역적으로 볼 때, 한반도는 미 제국주의 지배질서의 가장 약한 고리입니다. 또한 민족적, 계급적 억압이 가장 첨예하게 충돌하는 역사의 한복판, 민족사적 대격변기에 여러분이 서 있습니다.

---

12 내란음모 사건의 피고인 중 한 사람인 이상호가 2013년 1월 자신을 미행하던 국정원 직원을 잡아 경찰에 넘긴 사건. 이 사건으로 이상호는 우울증과 불면증에 시달리는 등 심각한 후유증을 겪었고, 그것이 이날 강연 이후의 분임토론에서 '예비검속'을 염두에 둔 과격한 발언으로 이어지면서 문제가 되었다.

13 이해와 요구를 달리하는 각종 대중단체들이 공동의 목표를 이루기 위하여 결성하여 함께 활동하는 연대 단체를 의미함. 멀리는 일제 강점기의 신간회를 들 수 있음.

야권연대를 파괴하려는 대선 프로젝트

이런 격변기 속에서 우리는 낡은 양당질서를 밑으로부터 흔들어서 진보적 대중 정당인 진보당을 창당했습니다. 4·11총선을 통해 원내 3당으로 도약하는 혁명 적인 쾌거를 거두었습니다. 진보당의 진출에 놀란 미 제국주의자들은 사상 유 례가 없는 총공세를 퍼부었습니다. 하지만 뜨거운 의리와 동지애로 뭉친 세력 은 결코 죽지 않습니다. 결국, 진보당은 살아남았고 더욱 강해졌습니다.

작년 이른바 '진보당 사태'[14]의 성격은 단순한 당권 찬탈 쿠데타가 아니었습니 다. '자주·민주·통일'이라는 진보세력의 정통성을 무너뜨리고, 진보정당을 체 제내화 하고자 한 것이 그 본질입니다. 특히 야권연대를 파괴하려는 대선 프 로젝트였습니다.

사실 이런 탄압은 시대적 대격변기에 저들이 우리를 얼마나 두려워하는가의 표 현입니다. 때문에 진보당의 고립화, 종북 소동은 앞으로도 멈추지 않을 것입니 다. '가는 길 험난해도 웃으며 가자'란 슬로건의 의미는 그래서 각별합니다. 종 북 프레임은 제2의 빨갱이사냥입니다. 지배체제에 가장 위협적인 세력, 가장 진취적인 세력을 종북으로 낙인찍는 선전공작입니다. 사실인가 아닌가는 상관 없습니다. 결국은 민주당과 연대 연합하여 총선 승리를 하는 것을 보고 두려

---

14 2012년 19대 총선 당시 통합진보당 비례대표 국회의원 후보 당내 선거를 둘러싸고 부정선거 논란이 빚어짐. 애초에는 당 내부 갈등으로 촉발되었지만 언론이 이를 대대적으로 보도한 데 이어 공안검찰 이 '업무방해' 혐의로 압수수색, 체포 등 강제수사에 나서면서 정국의 최대 현안으로 대두되었음. 부 정선거 의혹을 제기한 측은 집단 탈당하여 정의당을 창당하였음. 같은 해 11월 경, 검찰의 수사 발표 에 의하면 이석기 의원에게서 어떠한 부정의 혐의점을 확인하지 못하였음. 그에 반해 부정선거 의혹 을 제기한 측의 후보 및 주요 당직자들은 불법 대리투표를 위한 콜센터 운영 등이 밝혀지면서 구속되 었음.

워서 친 것입니다.

민주당이 127석 제1야당으로서 갖는 힘은 결코 적지 않습니다. 하지만 현 지도부의 중도화, 개량화는 심각합니다. 심지어 대북 문제마저 후퇴하고 있습니다. 한마디로 말해 야성을 잃어버린 것입니다. 이는 우연으로 보이지 않습니다. 안철수는 새로운 정치를 갈망하는 민심의 왜곡된 아이콘입니다. 사실 민심을 대변할 수 있는 새로운 정치세력은 진보당입니다. 하지만 저들이 종북이라는 붉은 보자기를 씌워서 두려움과 불신의 대상으로 만들었기 때문에 쉽지 않습니다. 안철수에 대해서는 어렵게 생각하지 않습니다. 우리 민중은 자기 정체성이 없는 세력을 절대 지지하지 않습니다. 안철수의 준비 정도는 노원구 보궐선거에서 드러났습니다. 당분간 안철수 바람이 부는 것처럼 보이지만 대격변기의 시대에 맞지 않습니다.

세 가지 키워드 – 광명성 2호, 3차 핵실험, 정전협정 무효화 선언

현 정세를 이해하는 데 필요한 세 가지 키워드가 있습니다. 첫 번째는 '광명성 2호'입니다. 북은 미국의 20년 경제 봉쇄에 이어서, 중국마저 유엔 대북 제재에 동참하는 악조건 속에서 광명성 발사를 성공시켰습니다. 다음으로는 '3차 핵실험'입니다. 여러 가지 의견이 분분하지만, 미 국방정보국의 평가에 의하면 과학기술적 측면에서 상당하다, 수소폭탄까지 성공했다고 보고 있습니다. 이 두 가지 성과에 이어서 마지막으로 나온 것이 '정전협정 무효화' 선언입니다. 북미간의 낡은 고리를 끊어내겠다고 선포한 것입니다. 국제법상으로는 전쟁 상태입니다.

지난 4월 한 달간은 사실상 전쟁을 치른 것입니다. 미국은 플레이북이라는 북침 계획에 따라 실전 시뮬레이션을 진행했습니다. 본토에서 핵 폭격기까지 동원했습니다.

북핵에 대해 미 행정부 내에서는 견해가 갈립니다. 먼저 국무성, 국가정보국은 일정한 핵 보유 능력은 있지만 무기화 단계에는 도달하지 못했다고 봅니다. 그에 반해 국방성, 국방정보국은 상당 정도의 핵보유 능력을 갖춘 실제 위협세력이라고 주장합니다. 전자는 정치적 판단을 하는 곳이고 후자는 실제 전쟁을 수행하는 곳입니다. 그래서 (나는) 후자가 맞다고 봅니다. 소형화, 경량화, 다종화를 이루고 미 본토를 타격할 수 있는 정밀도를 갖추었다는 것이 국방부의 평가입니다. 대외적으로 인정을 못할 뿐입니다.

북은 헌법을 통해 핵보유국임을 명시했습니다. 비핵화는 현실적으로 어렵게 되었습니다. 미국 내에서도 비핵화 대신 비확산으로 이동하고 있습니다. 특히 미국이 우려하는 것은 핵기술의 '이란' 이전입니다. 그래서 비공개 대북 제안도 했습니다. 과거 미국의 역대 군사전략은 본토 침공은 염두에 둘 필요가 없었습니다. 일례로 할리우드 영화에서 미국을 침공한 것은 오직 외계인밖에 없었습니다. 핵보유강국으로 올라선 북이 미국의 위협세력임을 인정하면서 기존 군사전략도 수정하게 되었습니다.

가치 판단을 배제하고, 북이 핵보유강국으로서 미국의 위협세력이 되었다는 것은 객관적 팩트입니다. 지난 3월의 정전협정 무효화선언을 통해 북미 간의 낡은 관계는 더 이상 유지될 수 없는 상황입니다. 이제 새로운 단계로 나아갈 수밖에 없습니다. 바로 그래서 세계적 범위에서, 특히 한반도에서 미국의 지배 질서는 무너져 내리고 있다고 보는 것입니다. 우리의 역량이 강화되면 새로운 질서는 앞당겨지겠지만, 그렇지 못하다면 기존의 낡은 질서가 형태만 변화되어 유지될 것입니다.

침묵하는 것 자체도 일종의 표현

현 정세를 어떻게 볼 것인가에 대해서 일각에서는 편향이 있습니다. 남측의 관점에서 바라보는 것도, 북측의 관점에서 바라보는 것도 모두 일면적입니다. 우리 민족과 외세 간에서 자주적 관점, 한국사회를 책임지는 주체적 입장에서 현 정세를 보아야 합니다.

편향의 대표적 사례는 최근 한 시민단체의 '총보다 꽃' 퍼포먼스입니다. 남북이 모두 총을 내려놓자고 하면서 정작 미국은 빠졌습니다. 현 정세를 남북 간 대립과 갈등으로 보는 착시 현상 때문입니다. 그러나 현 정세의 본질은 우리 민족과 미국의 대결입니다. 또 한편에서는 북미 간에 모든 결정을 한다며 남측을 종속 변수로 보는 편향이 있습니다. 정말로 북미 결전을 통해 한반도 전환기를 이룰 수 있다면 우리는 기도만 열심히 하면 됩니다. 하지만 그렇게 단순하게 보았다간 심각한 대가와 희생을 치르게 됩니다.

최근에 당 대표 명의로 나간 성명도 유감스럽습니다. '북이 미사일을 쏘면 안 된다.'는 내용입니다. 현재 위기의 본질은 우리 민족과 외세의 문제이며, 긴장의 주된 원인도 미국에 있습니다. 바로 이런 점을 오도할 수 있다는 점에서 일종의 실책입니다.

그러나 혹여 우리가 북의 자주권 문제, 주권 차원에서 접근했다가는 또 역시 종북으로 몰려 곤욕을 치를 겁니다. 종북 소동이라는 게 일종의 한국판 매카시즘인데 50년대 동족상잔, 70년대 빨갱이사냥과 같은 폭력성이 역사적으로 내재되어 있습니다. 물론 근본적으로는 핵을 없애고 한반도 비핵지대화를 해야 합니다. 하지만 미국은 천여 기 이상 핵무기를 그대로 가지고 있으면서 당장 북에 대해서만 핵을 내려놓으라고 주장하는 것은 자주, 평등이라는 국제적 원칙에도 맞지 않습니다.

침묵하는 것 자체도 일종의 표현입니다. 분단 문제의 이런 복잡한 현실, 우리 민족과 외세 간의 역학 관계로 인해 때로는 침묵이 정답일 경우가 있습니다. 설사 옳은 주장이라 할지라도 정당으로서 그런 선명한 주장을 하기에는 아직은 힘이 부족합니다. 앞서의 경우도 만약 북이 미사일을 발사하고 나서는 또 곤란을 겪게 됩니다. 왜 유감 표명 안 하냐, 종북 아니냐, 이렇게 되는 겁니다. 결국 침묵으로 때를 기다려가며 꿋꿋이 지켜나가면 됩니다. 그게 입장 자체로도 옳고, 정치적으로도 지혜로운 겁니다.

그런 면에서 재차 강조하지만 미국의 침략 위협, 군사적 지배체제를 종식시키겠다는 자주적 관점, 한국사회를 책임지는 사람답게 이 정세를 바라보고 준비하겠다는 주체적 입장에서 우리가 흔들리면 안 됩니다.

최근에 한 보수 신문에서 '이민위천'이라는 액자를 두고서 비난했습니다. 누구나 다 알고 있는 상식적인 말임에도 불구하고 북과 연계시키며 음해한 것입니다. 저들이 종북 마녀사냥의 기회를 호시탐탐 노리는 것은 엄중한 현 정세와도 무관하지 않습니다.

우리가 총보다 꽃을 지향하는 것은 분명합니다. 하지만 군사적 침략이라는 폭력 구조를 근본적으로 청산하지 않고는 평화가 저절로 오지 않는다는 점 또한 명백합니다. 그러면 현 정세에서 우리는 무엇을 할 것인가.

필승의 신념으로 무장해야

첫째는 필승의 신념으로 무장해야 합니다.

그를 위해서는 먼저 현 정세에 대한 인식이 정확해야 합니다. 남의 측면 또는 북의 측면에서만 바라보며 일면적으로 이해해서는 안 됩니다. 신념은 신화가 아닙니다. 객관적 근거에 입각해서 격변기 정세, 변화의 큰 흐름이라는 역동성을 믿는 것입니다.

승리적 국면임에도 불구하고, 사실 우리들에게는 가혹한 시련이 예견됩니다. 미국의 지배질서와 군사적 침략 위협에 반대하는 모든 행위는 다 반역으로 몰아갈 것이기 때문입니다. 저들의 입장에서는 우리의 모든 행위가 반역입니다.

시간 관계상 생략했던 내용을 언급하자면, 핵보유강국은 전면전이 없습니다. 인도, 파키스탄은 그냥 핵보유국입니다. 경량화해서 핵무기를 보유한 나라가 핵보유강국인데, 3~4개 국가에 불과합니다. 이번에 북이 거기에 진입한 겁니다. 이런 핵보유강국 사이에는 전면적 대결을 못합니다. 자국민 천만 명 이상의 희생을 미국이 택할 수는 없습니다. 때문에 한반도에서도 전면전이 아닌 국지전, 정규전 대신 비정규전과 같이 새로운 형태의 전쟁이 전개될 것입니다.

예를 들어서 서해5도가 군사적 충돌 위험이 높은 이유도 그렇습니다. 인구밀도가 낮고, 확전의 가능성이 높지 않고, 그러면서 군사적 시위 효과를 극대화시킬 수 있는 곳이기 때문입니다.

잠시 다른 이야기지만, 얼마 전에 연평도에 가서 3보1배를 진행한 사례 또한 일면적 정세 이해에서 비롯된 것입니다. 무력 충돌을 막겠다는 의도는 좋지만 번지수가 잘못되었습니다. 발포명령권이 없는 해병대가 아니라 미 대사관으로 갔어야 옳습니다.

앞서 언급한 새로운 형태의 전쟁에서 굉장히 중요한 것은 심리전, 사상전입니다. 특히 사이버 선전전의 경우에는 최근 국정원 심리전문가에 의해 상당히 정예화 되어 있습니다. 3,4월의 엄중한 국면에서도 국민들이 크게 동요하지 않은 것도 그 까닭입니다.

하지만 민심은 본질을 보게 마련입니다. 3주 전에 햇반 판매량이 전년 대비 증가율 37%를 기록했고, 비상용품을 구매하는데 50대가 가장 많았습니다. 저들은 그런 여론 추이를 예리하게 살피고 대응을 했습니다. 군인들 외박 외출도 막지 않았습니다.

'곰신'이라고 군대에 남자친구 보낸 사람들의 인터넷 카페가 있습니다. 여기에 누가 '남친이 걱정된다'는 글을 올립니다. 바로 달리는 댓글이 '너 누구냐, 종북이지?', 현재 그 정도로 철저하게 심리전, 사상전, 선전전이 체계화되어 있는 상태입니다.

이렇듯 새로운 형태의 전쟁은 이미 첨예하게 진행되고 있습니다. 그런데 저들이 볼 때 가장 두려운 것은 체제 안정 방해 세력입니다. 그 세력부터 손보려 합니다. 하지만 그토록 어마어마한 탄압에도 불구하고 진보당과 저는 여전히 살아있습니다.

자주, 진보와 보수를 가르는 유일한 기준

현재 진보당은 한국사회에서 자주의 기치를 든 유일한 정치집단입니다. 어찌 보면 진보와 보수를 가르는 유일한 기준이 자주라고 할 수 있습니다. 박근혜, 민주당, 안철수 막론하고 누구나 복지를 이야기할 수 있겠지만, 자주만큼은 누구도 어떻게 못합니다. 자주라는 가치는 한반도의 복잡한 정세, 다양한 이해관계를 한 번에 단순화시킬 수 있습니다. 현상적으로는 복잡할지라도 본질적으로는 우리 민족과 외세의 문제라는 게 드러납니다. 결국 우리를 위협하는 것은 북이 아니라 외래침략자인 것입니다.

자주의 기치를 든 자주·민주·통일세력을 제거하려는 것은 저들의 입장에서는 당연한 순서입니다. 군사전략적으로 그렇고, 정치적으로 그렇습니다. 이것이 진보당 탄압의 배경입니다. 그런 와중에 지난 달 재보궐선거 결과는 상당한 성과입니다.

앞으로 군사적 위기국면이 지속되면 계엄에 준하는 상황이 올 수도 있습니다. 가장 먼저 착수하는 것은 선무공작[15]입니다. 예전과 달리 민심의 중요성 때문입니다. 이미 군, 검, 경, 국정원 전체가 동원되어 상상하지 못할 능력을 갖고 전개하고 있습니다. 선무공작에서 일단 적이다, 종북이다 규정이 되면 법리적인 탄압, 물리적인 테러가 횡행할 것입니다. 저들은 우리를 반체제로 보기 때문에 실제 테러 양상은 과거 장준하, DJ 때보다 더 심각할 것입니다. 여기 오신 분들도 자유롭지 못합니다.

작년 공안검찰이 당 서버 탈취하면서 당원명부와 투표 값 모두 가져갔는데 이미 리스트가 만들어졌을 것입니다. 저랑 얼굴 한 번 본 적 없는 지방의 당원, 비례대표 경선에 저에게 표를 던졌다는 이유로 리스트에 이름이 올라가 있을 수도 있습니다. 최근에는 압수수색도 일상화되었습니다. 어느 공개 진보단체의 경우는 법원에서 유죄판결을 받고 나서 단체 명칭도 변경했지만 그 후에도 탄압 상황은 바뀌지 않고 있습니다. 철도의 경우는 느슨한 수준의 현장모임에 불과한데도 탄압을 하고 있습니다.

과거 DJ, 노무현 정부 시절의 자유분방한 정치활동 문화와 느슨함을 경계해야 합니다. 당시에 자주·민주·통일을 전면에 걸었던 사람들은 사실상 모두 수사

---

15 선무공작 : 군이나 그에 준하는 국가기관이 특정 주장을 전파할 목적으로 대외적으로 펼치는 선전활동.

대상자로 볼 수 있습니다. 국가보안법 7조[16]의 남용은 한국사회에서 여전히 현존하는 위험입니다.

그래서 지금 신념을 강조하는 겁니다. 신념이라는 건 보이지 않는 승리, 즉 아직 오지 않았지만 그 승리가 반드시 올 것이라는 확신입니다. 또 그걸 만들어낼 보이지 않는 힘에 대한 확신입니다. 결국 그 힘을 우리가 만들어내겠다는 확신인 겁니다.

또한 놓치지 말아야 하는 것은 가치에 대한 부분입니다. 우리는 우리 자신이 행복을 누리고자 하는 게 아닙니다. 내가 아끼는 자식들, 내가 사랑하는 후대들이 성과를 누릴 수 있다면 그를 위해 행복을 만드는 것도 진짜 행복입니다. 힘에 대한 확신, 행복에 대한 가치, 이 두 가지가 바로 필승의 신념입니다. 지금의 엄중한 정세에서 우리에게 가장 먼저 요구되는 일차적인 과제는 이런 필승의 신념으로 단단히 무장하고 단결하는 것입니다.

물질기술적 준비를 갖추어야

두 번째는 물질기술적 준비를 갖추어야 합니다.

현실은 힘 대 힘, 의지 대 의지의 대결입니다. 60년간의 낡은 질서에서 저들은 쉽게 물러나지 않을 것입니다. 갖은 방해와 탄압, 공작이 들어올 것입니다. 그

---

16 2011년 유엔(UN)의 프랭크 라 뤼 특별보고관은 "한국의 국가보안법 제7조(찬양·고무죄)는 인권과 표현의 자유를 심각하게 침해한다." "한국의 국가보안법 제7조는 모호한데다 공익 관련 사안에 대해서 정당한 논의를 금하고 있다."며 폐지를 권고했다. 시민단체인 '국가보안법 폐지 국민연대'에 따르면 2008년 이후 2012년 중반까지 국가보안법 위반 혐의로 검거된 사람은 총 482명으로 그 중 7조 위반 혐의자가 82%에 달하는 402명인 것으로 조사됐다.

를 이겨내기 위해서는 물질기술적 준비를 해야 합니다.

왜 물질기술적 준비라 했는가. 현 정세는 첨예한 정치군사적 대결 국면입니다. 관념적 준비, 추상적 준비로는 안 됩니다. 구체적 준비, 실천적 준비를 해야 합니다. 그래야 수세가 아니라 공세로 나아갈 수 있습니다. 희생을 최소화하는 지혜로운 길입니다.

새로운 형태의 전쟁에서 저들의 압도적인 심리전, 선전전 등의 역량은 앞서도 언급하였지만, 그에 비하면 우리 역량이 상당히 많이 부족합니다. 이걸 인정합시다. 하지만 필승의 신념을 가지고 있으면 그 속에 물질기술적 준비의 해답도 충분히 있을 겁니다.

무에서 유를 만든 사례로 광명성 2호도 있습니다. 북을 따라 하자는 게 아니라 우리도 그만한 능력이 있단 겁니다. 무수한 탄압에도 이 땅의 진보세력은 살아남았습니다. 60년대, 70년대, 80년대 같으면 꿈같은 이야기들을 지금 우리는 당당히 주장하고 있습니다.

이제 우리 민족과 미국이 맞붙는 민족사의 대결전기입니다. 우리가 선두에 서서 한반도 통일의 새로운 단계로 나아간다면 이 또한 영예로운 일입니다. 우리가 예상하든 예상하지 않든 미국에 의한 북에 대한 도발이 분명하다면 미리 대비합시다. 일정한 시간이 지나면 이 국면이 끝날 거라는 건 착각입니다. 현 정세를 이해하면서 살폈지만 낡은 질서가 교체되지 않는 한 군사적 긴장과 위기는 언제고 재연될 수밖에 없습니다. 말씀드린 대로 이미 새로운 형태의 전쟁으로 가고 있습니다.

너무 비장하게 하지 말고 웃으면서 갑시다. 가다보면 힘들겠지만 힘든 것도 사는데 괜찮은 겁니다. 한 번 힘들면 민족사가 변하는데, 이 얼마나 가치 있습니까. 다가온 대격변기에서 우리가 선두에 서는 것을 복으로, 긍지로 생각합시다.

통합진보당 경기도당 소속 당원 130여 명이 모인 이날 강연에서 이석기는 한 시간여에 걸쳐서 위와 같은 이야기를 했다. 강연이 끝나고 잠깐 질의응답 시간을 가졌다.

✱ 질의응답

질문1 미국이 예전처럼 쉽게 도발하는 것이 아니라 중국 등을 동원해서 경제를 봉쇄하고 (북을) 고립 압살하는 게 더 많은 것을 취할 수 있지 않겠습니까?

마오바의 '전략적 인내'와 같이, 쉽게 도발하지 않고 공세 국면을 지속하는 상황에서 군사적 문제가 크게 부각될 수 있겠습니까?

답변1 강연을 잘 들으셔야 하는데, 방금 그 '전략적 인내'라고 하는 오바마 1기 행정부의 대북정책이 미국 스스로도 실패했다고 인정하는 겁니다. 광명성 2호, 3차 핵실험, 정전협정 무효 선언, 이런 것들이 나오면서 기존의 대북정책의 총체적 실패라고 평가를 받은 겁니다.

그리고 군사적 충돌은 누구도 모르는 겁니다. 94년 미국의 영변 핵시설 폭격 시도 당시에 YS도 몰랐습니다. 아무도 몰랐습니다. 실제 2차 핵실험 때 미국이 북에 대해서 타격대를 꾸리고 협박을 했습니다. 하지만 북에서 그냥 강행한 것입니다.

미국 입장에서 본토에 대한 위협이 현실화되었다는 것과 현실로 이해한다는 거는 또 다릅니다. 어찌 보면 우발적인 건데, 실제 도발하고 싶은 생각도 있지 않겠습니까. 정말 핵 참화가 벌어질 수도 있습니다. 물론 저는 핵보다는 재래식 전쟁 가능성을 높게 봅니다.

최악의 상태는 물론 전면전, 무력 충돌 상황입니다. 역사적으로 볼때 평화의 전단계로 전쟁이 있는 사례도 있습니다. 하지만 제일 바라는 것은 싸우지 않고 희생을 최소화하는 겁니다. 그래서 다 준비하면 될 거 아니냐는 겁니다.

질문2 지역에서는 평화협정 체결 서명운동을 진행하고 있습니다. 정전협정에서 평화협정으로 가야한다, 이거는 정리가 됩니다. 그런데 시민들을 만나면서는 '박근혜 정부와 미국에게 북과 대화하라고 얘기 좀 하라' 이런 얘기를 함께 하고 있는데, 한반도 위기의 본질을 드러내는 측면에서 볼 때 이 부분이 올바른 겁니까?

답변2 토론에서 얘기하는 게 적절할 것 같습니다. 본질의 근본 문제에 대해서만 조금 언급하겠습니다. 반전투쟁, 평화 호소를 하는 건 너무나 정당하고 또 당연합니다. 그와 별개로 미국이 만들어낸 한반도 군사적 갈등의 근본구조를 무너뜨리는 것도 중요합니다. 즉, 반전 평화 호소를 하여 당면한 전쟁 위기를 막는 것도 중요하지만, 근본적으로는 미국의 대한반도 전략을 바꾸어내야 한다는 겁니다.

강의 주제 중 하나가 정치군사적 위기 상황에 대한 준비입니다. 정전협정을 평화협정으로 바꾸기 위한 노력도 늦추지 말아야 하겠지만 최후의 상황, 군사적으로 결정되는 상황이 올 수도 있기 때문에 새로운 형태의 전쟁에 대한 준비를 강조했습니다.

질문3 정치, 군사 그 특징들이 무엇인지, 정치군사체계도 이해가 안 됩니다. 그걸 알아야 물질기술적 준비….

답변3 그건 토론해보시기 바랍니다. 몇 마디 말로 접근할 수 있는 현실이 전부가 아니고, 또 그게 중요한 게 아닙니다. 조국의 내일을 위해서 순박하고, 열띠게 토론을 하는 것 자체에도 의의가 큽니다.

근데 각자가 처한 현실 문제가 또 있게 마련입니다. 예를 들어 국립 병원 종사자라든지, 대형면허 소지자 소집령[17]이라든지, 앞에 앉은 이 분은 '괜히 땄다'고 지금 그러는데, 아무튼 이런 게 현실 문제죠. 토론해 보시기 바랍니다.

질의응답이 끝나고 나서 약 한 시간 쯤 각 권역별 분임토론이 이어지고, 30분 동안 토론 내용에 대한 발표가 있고 나서 이석기의 마무리 발언이 있었다.

* 마무리 발언

오늘 강조한 것은 물질기술적 준비 문제만이 아닙니다.

현 정세에 대한 자기 입장을 투철히 하고 여러 가지 낡은 사상을 일소하자는 것입니다. 현 정세에 대한 입장, 주체적 관점이 분명하면 물질기술적 준비는 각자가 다양하게 창조적으로 할 수 있습니다.

하지만 현실 투쟁에서 비켜 있거나 상층에서 활동하는 분들은 여전히 관념적으로 이해하는 경우가 많습니다. 그래서 말은 급진적이지만 실제 현실 문제에 대한 이해는 대단히 떨어집니다.

---

17 전쟁이나 국가비상사태 시에 관계법령에 의하여 강제로 동원되는 인적 자원을 의미함. 예비역, 보충역 등을 비롯하여 특정면허 취득자, 특정업체 종사자 등이 그에 해당됨.

과거 항일독립운동의 역사를 짚어보면 한 자루의 권총[18]이 의미하는 바가 큽니다. 한 자루 권총에 담겨 있는 것은 항일운동의 강력한 대중 기반입니다. 지금 미국과 맞서기 위해서도 대중 속으로 깊이 들어가면 무궁무진한 길이 있습니다.

토론과는 무관하지만 재미있게 들은 이야기라 소개하겠습니다. 어느 철탑을 파괴하는 게 군사적으로 중요하다고 칩시다. 밖에서는 여러 가지 방법을 거론할 수 있는데, 실제 그 현장에서는 너무나 단순한 방식을 사용합니다. 결국 대중 속에 답이 있습니다. 강의에서 새로운 형태의 전쟁은 결국 민심을 움직이는 사상전, 선전전, 여론전, 심리전이라 강조한 바 있습니다. 우리가 전국에서 동시다발로 그렇게 여론을 움직이면 저들에게는 존재는 보이지 않는데 그 위력이 엄청날 것입니다.

또 하나 강조 드리면, 이 싸움은 이기는 겁니다. 러시아혁명 당시를 보면 차르가 독일과 전쟁할 때 많은 혁명가가 전쟁에 찬성했습니다. 소수에 불과한 볼셰비키만이 전쟁에 반대하고 내전으로 전환했습니다. 그로 인해 당시에는 엄청난 희생을 당했지만 결국은 그를 계기로 혁명에서 승리합니다.

일제 때는 일제에 반대하는 사람에게 불령선인[19]이라고 하고, 항일 무장투쟁하는 사람들에게 비적이라고 들씌웠습니다. 분단시대에도 분단을 무너뜨리려는 사람에게 종북세력이라고 그럽니다. 그런 걸 두고 종북이라고 공격한다면 영예

---

18 일제강점기에 각계의 동포들은 임시정부를 비롯하여 해외 독립운동단체들이 무장을 갖추어 일제에 맞서기 위한 군자금을 모금하여 후원하였음. 즉 자주독립을 열망하는 대중들의 의지를 상징화한 표현임.

19 불령선인(不逞鮮人 후테이센진) : 일본 제국이 일제 강점기에 식민지통치에 반대하는 조선인을 불온하고 불량한 인물로 지칭한 용어이다.

롭게 받읍시다. 아까 남부에서 누군가 칼 가지고 다닌다고 하던데, 이젠 칼 가지고 다니지 마십시오. 총? 총 가지고 다니지 마십시오. 핵폭탄보다도 중요한 게 사상의 무기입니다. 우리는 이기기 위해서 싸우는 것이지 죽기 위해 싸우는 게 아니란 걸 명심하셔야 합니다.

이기는 싸움이기 때문에 이기기 위한 준비를 과학적으로 철저하게 합시다. 분단에서 통일로 가는 싸움은 이미 시작되었습니다. 끝으로 물질기술적 준비에서 아까 놓쳤는데 선전부대를 반드시 가지고 있어야 합니다.

원래 우리가 잘하는 게 선전전입니다. 그런데 앞서 청년팀 발표에서는 선전전을 가볍게 보았는데, 굉장히 중요한 겁니다. 어떤 상황에서도 독자적으로 자체 선전전을 진행할 수 있도록 물적 토대를 구축하는 것이 물질기술적 준비입니다.

좀 전에 발표를 들으니 '총 어떻게 준비하느냐' '부산 가면 총을 만들어서' 하던데, 그냥 빈말이라고 생각하겠습니다. 실제로 저들은 우리보다 훨씬 더 치밀하게 현 정세에 대한 준비를 이미 하고 있습니다. 예를 들어 인터넷 사제폭탄 사이트, 보스턴테러 압력밥솥 매뉴얼, 벌써 내사 중이고 추적 중입니다. 저들은 현 정세에 대해서 그 정도로 기민하고 빠르게 대응하고 있습니다. 오히려 저들이 현실에 민감하다는 점을 강조하고 싶은 겁니다.

현실은 이렇게 치열합니다. 민족사의 대전진을 정말 제대로 해보자는 주체적 관점만 서면 각자 준비할 것은 무궁무진할 것입니다. 또 정보전도 굉장히 다양하고 중요합니다. 우리 자체의 힘과 지혜로 대격변기를 맞이하는 것은 영예로운 일입니다. 그간 쌓아온 긍지, 자부심 다 놓고 한 번 제대로 해봅시다. 서로 간에 일체감을 높이기 위해 노력하는 과정에서 속도도 자연스럽게 빨라집니다. 더 큰 힘이 나오는 원리가 그것입니다.

강연 참석 당원 130명이 모두 RO의 조직원?

처음 언론에 공개된 이석기의 강연 내용은 국정원 녹취록의 오류가 변호인단에 의해서 바로잡히기 전, 왜곡된 내용 그대로였다. 이석기가 총기 준비를 지시했다는 것은 법정에서 녹음파일을 통해서 사실이 아님이 입증되었다. 실제로 이석기가 한 말은 '총이나 칼을 가지고 다니지 마라'는 것이었다. 당시 언론보도로 큰 충격을 주었던 기간시설 타격 사전 준비 역시 사실이 아닌 것으로 밝혀졌다.

검찰이 증거로 제출한 '한전 홈페이지 검색 기록'은 보유하고 있는 한전 주가 검색을 위해서임이 소명되었고, '인터넷진흥원 주소 수첩 기재'는 의료생협 홈페이지 리뉴얼을 위한 장애인 접근성 문의 목적이라고 소명되었다.

역시 큰 논란이 되었던 KT 혜화지사 습격 목표 발언은 남부권역 분반 토론에 참여한 한 당원의 개인적인 발언일 뿐이고 분반토론 녹음파일 전체를 들어보면 참석자들이 분명하게 이견을 표시하는 대목이 확인되고 있다.

검찰은 10분 만에 해산한 5월 10일 곤지암 강연과 5월 12일 마리스타 강연 내용 중 많은 부분을 왜곡해서 발표했다. 검찰이 왜곡한 부분을 몇 개 살펴보면 다음과 같다.

"전면전이야 전면전!" (검찰 측) → "전면전은 안 된다." (실제 발언)

"폭력적인 대응" (검찰 측) → "통일적인 대응" (실제 발언)

"중앙 지휘부가 다 없는 거예요." (검찰 측) → "중앙 당직이 다 없는 거예요." (실

제 발언)

"실탄이 있어도 연락을 할 수 없는 상황" (검찰 측) → "시 단위에 있어도 연락을 할 수 없는 상황" (실제 발언)

"김근래 지휘원, 자네 지금 뭐하는 거야." (검찰 측) → "김근래 자네 지금 오나?" (실제 발언)

    검찰은 녹취록의 내용을 왜곡한 것으로 그친 게 아니다. 이석기의 강연 내용과 분임토론에서 나온 이야기를 구분하지 않고 뒤죽박죽 섞어서 '국가기간시설 타격'이니 '무기 지시'니 하는 내용이 이석기의 강연 도중에 나온 이야기인 것처럼 언론을 통해 발표했다. 사건이 보도된 초기에 사람들을 놀라게 했던 이야기들은 대부분 분임토론 때 중구난방으로 떠들었던 내용이다.

    사건이 터지고 나서 누구보다도 놀란 사람들은 그날 정세강연에 참석했던 경기도당 당원들이었다. 강연에 참석했던 당원 130명이 모두 RO의 조직원이었다는 발표에 참석자들은 어안이 벙벙했다.

    그날 그들이 참석한 정세 강연은 당원들이 모이는 다른 강연회나 당 행사와 특별히 다른 점이 없었다. 경기도당이라고 해도 서로 멀리 떨어진 지역에 살고 있어서 오랜만에 만난 사람들은 서로 반갑게 인사를 나누고 안부를 물었다. 일요일 밤 열 시에 갑작스럽게 열린 강연회라서 이 자리에 나온 사람들은 평소에 당 행사에 적극적으로 참여하는 열성당원들이 대부분이었다.

    밤늦은 시간에 강연 일정이 잡힌 것에 대해서도 특별히 이상하게 생각하는 사람은 없었다. 다들 직장이나 하는 일이 있으니까 더 많은 사람이 참석하기를 바라고 그렇게 일정을 잡은 거라고 생각했다. 맡길 데가 없어서 아이를 업고 온 여성도 있었다. 아무래도 이석기 의원이 강연한다고 해서 기대를 갖고 참석한 사람이 많았다. 주제가 다소 무거워서 분위기는 진지했지만 중간중간 웃음이 터지면서 편안한 분위기에서 강연이 이루어졌다.

검찰의 중간 수사 결과 발표 때 신문에 실린 RO의 조직도를 보고서 참석자들은 실소를 금치 못했다. 거기에 나온 이름은 모임에서 사회를 보거나 질문을 한 사람이 전부였다. 녹취록에 등장하는 사람들을 가지고 꿰맞춘 티가 났다. 참석자들이 다 RO의 조직원이라면서 검찰은 왜 참석자 모두를 반국가단체 결성 등의 혐의로 기소하지 못하는지에 대해서 설명하지 못했다.

홍순석 경기도당 부위원장이 토론을 이끌던 중서부 권역 토론회에서는 누군가 "전쟁 나면 우리 총이라도 준비해야 하는 거 아니야?" 하는 이야기를 하자, 다른 사람이 "에이, 총은 어려우니까 해킹 기술이라도 연마해야 하나?"라고 받았다. 그러자 홍순석이 "그런 뜬구름 잡는 이야기하지 말고 현실적으로 우리가 해야 할 일이 뭐냐, 이걸 갖고 이야기하자."라고 정리했다.

그런데 국정원과 검찰은 이것을 두고 '첨단 해킹 기술로 국가 주요 시설 마비'를 기도했다고 발표했다. 실제로는 총이라든가 해킹이라는 말이 나왔을 때 다들 웃었다. 현실감이 없는 이야기이기 때문에 웃었던 것이다.

국민 눈높이에 비춰 볼 때 지나친 것 아니냐?

언론으로부터 가장 많은 공격을 받은 것은 이상호의 유류시설과 철도시설 등을 파괴해야 한다는 발언이었다. 이날 강연 모임 참석자 중 증인으로 법정에 출석하기도 했던 백현종은 〈한겨레〉 인터뷰[20]에서 다음과 같이 말했다.

기자　경기도당이 주최한 모임이고 공적인 당원모임에서 국가기간시설 파괴 같은 이야기가 나오는 것은 너무 과한 것 아니냐. 국민 눈높이에 비춰 볼 때 지나친 것 아니냐는 지적이다.

백현종　당이 여러 차원에서 모임을 주최할 수 있다고 본다. 공적 모임이라면 주요 간부 모아서 결정과 집행이 있어야 할 텐데, 당시 모임은 그야말로 토론하고 정세를 공유하는 자리였기 때문에 자유토론이 가능하다고 보는 것이다. 공적 모임이었다면 결정을 내리고 당의 활동 방향을 규정하는 과정이 필요한 것 아니었겠나 싶다.

기자　설사 그렇다 해도 유류시설 파괴 같은 이야기가 나온 게 온당한가?

백현종　구분 지어야 할 필요가 있을 것 같다. 그날 모임은 경기도당

20　신매카시즘의 시대① 통합진보당 '5월 모임' 참가자들은 말한다, 〈한겨레〉, 2013. 11. 2.

이 주최한 공식적인 자리였다. 여기서 중요한 것은 경기도 당이 그런 이야기를 했다면 분명히 문제다. 그런데 이야기한 사람은 당원이었다. 당원은 자신의 생각을 표현한 것이다. 130명이 모여서 130개의 서로 다른 생각과 의견을 자유롭게 나눴다. 이 과정에서 누구는 좋아서 할 이야기가 없다고 했고, 어떤 사람은 과한 이야기, 어떤 사람은 농담, 어떤 사람은 뜬구름 잡는 이야기도 했던 거다. 그런데 그 130명의 언어 가운데 하나만 뽑아서, '그래도 당의 공식적인 자리인데 그런 이야기를 해서는 안 되는 거 아니냐' 이렇게 접근하는 건 너무 선정적이고 부당한 것 같다.

백현종은 "5월 12일 당원 모임이 녹취록으로 만들어져 공개될 가능성에 대해서 알았다면 우리는 농담 한마디에도 자기검열을 했을 거다. 그런데 '농담 한마디에도 자기검열을 해야 하나'하는 생각이 든다. 진보당을 고립시키기 위한 시나리오 속에서 이 사건이 진행되고 있다고 생각한다."고 덧붙였다.

이 사건에서 놓치지 말아야 할 지점이다. 국정원은 정당의 공식 행사를 협력자를 통해서 '몰래 녹음해서' 공안 사건을 만들었다. 전형적인 불법 사찰이다. 이렇게 개인은 물론이고 정당의 행사까지 몰래 캐고 다니는 국정원의 행위는 과연 정당한 것인가? 이것은 심각한 인권 침해다. 그러나 우리나라의 언론 중 이런 부분에 대해서 문제 제기를 하는 언론은 거의 없었다. 그저 국정원이 흘린 정보를 베껴 쓰기 바빴을 뿐이다. 국정원이 그렇게 믿을 만한 기관이 아닌 것은 온 국민이 다 알고 있는데도 말이다.

또 다른 강연 참석자인 김미라는 〈한겨레〉와의 인터뷰(위에 인용한 백현종과 같은 기사)에서 통합진보당에 집중되고 있는 비난에 대해서 다음과 같은 답변을 내놨다.

기자   이번 사건이 터지면서 극우·보수 세력과 별개로 일부 진보 지식인, 정치인도 진보당의 이념적 경직성과 폐쇄적 조직문화 등에 대해서 비판했다.

김미라   우리에 대한 그런 비판은 국정원이 흘린 정보를 기정사실화한다는 것을 전제로 할 때 가능한 것인데, 적어도 진보라 불리는 사람들이 왜 국정원 말을 찰떡같이 믿는지 나는 되묻고 싶다. 그래도 한때 운동을 같이했던 사람들에 대해서 사이비종교집단, 발달장애[21]라는 표현까지 꼭 써야 했는지….

백현종은 위의 기사에서 통합진보당을 낡은 진보라고 하는 사람들에게 다음과 같이 되물었다.

"진보진영 일각에서 우리를 가리켜 낡은 진보, 골방 진보라고 하

---

21 5월 모임의 내용이 알려진 뒤 진중권은 8월 30일 자신의 트위터에서 이석기 의원 등 모임 참석자를 가리켜 '딱 소설 속 돈키호테의 무장 수준, 철없는 애들도 아니고 30~50대 아줌마, 아저씨라고 하던데…. 발달장애죠'라고 언급했다. 이어 김대호(사회디자인연구소장)도 페이스북에서 '1980년대의 화석' '발달장애' 등의 표현을 쓰면서 비판했다. 이번에도 역시 사실 확인이나 검증 없이 국정원 발표를 받아쓴 언론보도가 나자마자 경망스럽게 나선 것이다. 더구나 이런 발언은 장애인에 대한 비하라는 비판을 받았다. 박경석 전국장애인차별철폐연대 상임공동대표는 '두 사람의 글을 보면서 주류사회가 가지는 장애인에 대한 편견과 비하가 너무나 두꺼운 벽으로 다가왔다'고 밝혔다.

는데, 그들이 바꾸고자 했던 1970~80년대 한국 사회의 현실과 구조적 모순, 그리고 지금 한국 사회의 현실과 구조적 모순은 과연 달라졌나. 변한 게 있다면 그건 단지 그들일 뿐이다. 우리의 현실 인식에 문제가 있다면 토론하면 된다. 우리도 사람이니 잘못하는 것이 있을 수 있고 현실 인식에 문제가 있을 수 있다. 잘못이 있다면 인정할 수 있다. 그런데 왜 유독 우리에 대해서는 낙인찍어 배제하려 하나. 진보라면 다양성을 인정하고 존중해야 하는 것 아닌가."

분단, 자주를 말하면 '낡은 진보'라 하는데…

백현종이 지적한 대로 통합진보당을 '1980년대의 화석'이라고 비판하는 사람들은 지금의 한국사회가 1980년대와 비교할 수 없이 민주주의가 발전했다고 믿고 있을까. 이명박 정권을 거치면서 퇴행하기 시작한 민주주의는 박근혜 정권에 와서 걷잡을 수 없는 속도로 뒷걸음질치고 있다는 것을 정말로 모른단 말인가.

한국사회의 냉전반공주의가 분단체제를 고착화시키고 있는 현실이 바뀌지 않았는데 통합진보당이 자주·민주·통일 노선을 지키는 것이 왜 시대에 뒤떨어진 일인가. 미국이 전시작전권을 가지고 있는 현실이 바뀌지 않았는데 자주 노선을 주장하는 것이 뭐가 잘못되었단 말인가. 노조 문제, 환경 문제, 인권 문제, 공정 언론 문제, 재벌 개혁 문제 등을 제기할 때마다 종북 프레임 속에 가둘 구실을 찾는 보수 기득권세력에 저항하는 것이 진보정치가 해야 할 일이 아닌가.

분단 문제를 해결하지 않고 한국사회에 진정한 민주주의는 뿌리 내릴 수 없다는 인식이 '낡은 진보'라면 그들이 생각하는 '새로운 진보'는 도대체 어떤 것이란 말인가. 통합진보당을 '낡은 진보'라고 비판하는 사람들은 개인의 인권과 자유와 행복을 우선 가치로 두지 않고 '자주'를 강조하는 것이 낡은 사상이라고 주장한다. 자주적이지 못한 정부를 가진 나라의 국민이 과연 인권을 존중받고 자유와 행복을 누릴 수 있을까.

검사는 이석기의 정세강연에 대해서 다음과 같이 주장했다.

"혁명의 준비기에 조직의 역량과 대중혁명역량을 강화하여 혁명의 결정적 시기를 준비하고 있는 조직은 2012년 말경 북한이 장거리 미사일 발사, 3차 핵실험 등에 이어 지속적으로 전쟁 위험을 고조시키며 2013년 3월 5일 정전협정 백지화를 선언하자, 현 정세를 전쟁 상황, 즉 혁명의 결정적 시기가 임박한 상황으로 판단하고, 강연 등을 통해 이러한 정세 인식을 조직원들 사이에 공유하였다."

혁명의 결정적 시기인가, 준비기인가

이것은 국정원에서의 이성윤 진술을 토대로 한 것이다. 이성윤은 "2013년 5월 12일 '마리스타 교육수사회' 강당에서 열린 조직원 비공개 회합 시 전체 조직원이 한자리에 모이면 조직원의 신원 노출이 불가피할 수밖에 없는데 '단선연계 복선포치'라는 조직 보위 수칙에 위배되는 것 아닌가요?"라는 국정원 수사관의 질문에 "그렇습니다. 그럼에도 불구하고 전체 조직원들을 모은 것은 총책 이석기가 현 정세를 결정적 시기가 임박한 전시 상태로 인식하고 더 이상 지하조직으로만 있을 수 없다고 판단한 것 같습니다."라고 대답했다.

그러나 당시 RO가 현 정세를 혁명의 결정적 시기로 인식했다는 것은 이성윤 개인의 판단으로 이성윤은 법정에서 진술을 여러 번 번복했다.

김칠준 혁명의 결정적 시기라고 보았느냐 아니냐에 대한 질문에는 답할 수 없습니까?

이성윤 아직은 그런 시기는 아니다. 예를 들어서 전민항쟁을 얘기했을 때, 1987년 6월항쟁도 전민항쟁의 일종이었다, 이런 이야기를 들었습니다. 2013년의 상황이 그런 정도는 아니었다 생각했습니다. 전쟁 시기를 강조하는 것은 이석기 대표가 계속 강조를 했기 때문에 그렇게 말씀을 드리는 겁니다.

김칠준 반복해서 질문해서 죄송한데요. 피고인 이석기의 인식이 혁명의 결정적 시기는 아니었다고 본다는 거죠?

이성윤 이석기 대표가 혁명의 준비기, 혁명의 결정적 시기라는 표현을 한 적이 없기 때문에 저는 그 부분에 대해서는 답할 수 없습니다. 제가 법정에서 혁명의 준비기냐 결정기냐, 현 정세를 어떻게 보느냐, 그런 부분에 대해 얘기한 걸 가지고 질문하시는 것으로 이해하는데, 이석기 대표가 그 부분을 어떻게 생각하는지는 강연 중에 나오지 않아서 답변을 못 드리는 것이고, 다만 계속해서 전쟁 위협을 강조했기 때문에 이석기 대표는 2013년 5월을 전쟁시기라고 규정하는구나 그런 것을 말씀드리는 겁니다.

재판장 보충질문을 하도록 하겠습니다. 피고인 이석기가 강연을 할 때, 또는 마무리 발언을 할 때, 혁명의 준비기나 혁명의 결정적 시기나 이런 단어를 사용한 적이 있어요?

이성윤 이석기 대표는 직접적인 표현은 없었습니다.

심재환 기존 진술과 관련해서 물어보겠습니다. 그 준비기, 결정적 시기와 관련해서 증인이 계속 좀 애매하게 답변하셨는데요. 그 마리스타 수도원에서 이석기 의원의 발언 중에 일부를 보면, 정확히 이런 발언이 있었는지는 아직 모르는 것이지만, 제출된 녹취록에 이렇게 쓰여 있습니다. "지금 냉정하고 객관적인 상태를 보면 우리의 역량이 생각보다 상당히 많이 아쉽다는 거예요. 많이 아쉽죠? 군사적으로 충돌시기에. 그러나 이걸 다 인정하자. 현재의 우리 역량이라는 것을 다 인정하고 지금이라도 준비하자." 이렇게 발언했어요. 이 발언의 뜻은 증인이 볼 때에 준비기라는 거예요, 결정적 시기라는 거예요?

이성윤 제가 법정에서 혁명의 결정적 시기나 준비기 이렇게 말씀드렸기 때문에 변호사님도 그런 질문을 하신 것 같은데, 그 내용으로만 보면 준비기죠. 저는 이제 준비기라고 말씀드릴 수밖에 없습니다. 부족한 게 많이 있다는데 결정적 시기는 아닌 것이고, 아타 간의 역량 관계에서 혁명이라고 하는 것은 앞서 다수의 힘으로 포위, 고립, 섬멸하는 것을 이야기하는 것입니다. 하지만 우리의 힘이 그 정도는 아니었다. 하지만 거듭 말씀드리지만 혁명 시기는 아니지만 전쟁 시기이다. 그래서 그런 것을 준비하자, 이랬던 자리가 5월 10일과 5월 12일의 자리였습니다.

심재환 그러니까 그 전쟁 시기라는 것은 자꾸 말씀을 돌리시는데, 전쟁시기라고 하는 것은 어떤 일정한 국면의 특징을 이야기하는 것이고, 증인도 법정에서 진술을 똑똑히 하셨지만 준비기나 결정적 시기냐는 소위 아타 간의 역량관계에 의해서 판단하는 것이라면서요? 그래서 그 역량에 관해서 이 의원이 우리 역량이 없다, 이렇게 발언한 거지요?

이성윤 (우리 역량이) 부족하다, 부족하다….

내란선동 구성 요건 해당성 없는 이유

변호인 측에서는 이석기의 5월 10일과 5월 12일 강연에 대해서 '내란음모·선동의 구성요건 해당성이 없다'고 결론 내리고 변론요지서를 통해 그 이유를 다음과 같이 설명했다.

첫째,   피고인들은 (당시의 정세를) 전쟁 상황·혁명의 결정적 시기로 인식하지 않았다.

둘째, 피고인들에게는 국헌 문란의 목적이 없다.

셋째, 피고인들에게는 내란죄의 실행 행위를 준비할 목적이 없다.

넷째, 피고인들의 발언 내용에는 폭동을 실행하기 위한 준비행위에 관한 명확한 인식이 없다.

다섯째, 피고인들의 행위는 내란을 실행하기 위한 모의로서 어떤 실질적 위험성도 없다.

여섯째, 내란 선동의 구체성과 위험성도 없다.

5월 10일과 12일의 강연회의 개최 배경과 동기, 실제 있었던 발언 내용과 그 취지를 모두 검토해 보아도, 내란 음모·선동의 구성요건에 해당하는 목적과 인식, 행위가 없었음이 명백하다. 나아가 5월 12일 이후에도 내란음모를 준비하거나 실행할 어떤 움직임도 없었다. 따라서 피고인들에 대한 내란음모·선동의 공소사실은 모두 무죄이다.

억울하다 미안하다 괜찮다

"
우리는 미사일은 잘 유도하지만
사람은 잘못 유도하는 세상에 살고 있다.
"

- 마틴 루터 킹 -

이상호가 문제 발언 많이 한 이유

이 사건으로 구속된 사람들 중 본인이 억울하다고 생각하지 않는 사람은 한 사람도 없을 것이다. 그러나 함께 재판을 받는 과정에서 느끼는 감정들은 다 조금씩 달랐으리라. 이상호는 억울하고 속상한 중에 동지들에게 미안함까지 느껴야 했다.

이상호는 5월 12일 강연장에서 남부권역 토론회의 사회를 보고 발표를 했다. 이성윤이 남부에 속해 있었기 때문에 권역별 토론회에서 유일하게 녹취가 된 것이 남부토론회의 내용이었다. 언론의 선정적인 보도로 많이 알려진 통신·철도·가스·유류시설 차단, 장난감총을 개조한다는 이야기, 인터넷에 폭탄제조법이 있다는 이야기 등이 남부권역토론회에서 나왔다.

이상호는 강연 도중 이석기가 언급한 예비검속[22]에 대해서 민감한 반응을 보이면서 다소 감정이 격앙된 상태에서 그와 같은 발언을 했다. 이상호는 왜 그렇게 예비검속을 두려워했을까? 수원에서 사회단체 활동과 정당 활동을 하면서 이상호와 오랜 친분을 쌓아온 김현철은 2014년 1월 2일, 제29회 공판에 증인으로 출석해 이런 의문을 풀어주었다. 김현철은 수원시의원을 세 차례 역임했고, 수원민주노동자회와 실업극복수원센터, 녹색환경연구소 등 시민사회단체에서 활동해 왔다.

김칠준 증인이 이상호 피고인을 처음 알게 된 시기는 언제이고 어떤 계기로 알게 되었나요?

김현철 1989년에 수원기독교노동자연맹에 회원으로 참여하게 되었고, 그 당시 같은 회원으로 활동하던 이상호 대표를 알게 되었습니다.

---

22 6·25전쟁 초기에 진안 지역에서 이루어진 예비 검속에 의해 발생한 민간인 피해 사건. 이승만 정부는 과거 좌익 활동에 가담했던 사람들을 쉽게 통제·관리하기 위하여 1949년부터 국민보도연맹을 조직하여 이들을 모두 가입시켰다. 전쟁이 발발하자 이들은 북한군에 협조할 가능성이 있는 잠재적인 적으로 간주되어, 전쟁 초기 군경이 후퇴하는 과정에서 무차별 검속과 처형이 이루어졌다. 민간인 살해는 1950년 7월 7일부터 23일까지 17일 동안 군경의 후퇴 경로를 따라 진행됐다. 경기도, 전라도, 경상도 지역이 주요 피해 지역이었다. 전라북도 지역에서는 당시 전주 형무소에 수감되어 있던 좌익 혐의자를 비롯해서 군산과 김제 등에서 대량학살이 있었다고 기록되어 있다. 전주형무소 수감자 1천 명을 포함한 1,121명이 전주 형무소 뒷산 공동묘지와 황방산 등에서 학살되었음이 밝혀졌다. 진안 지역에서는 경찰이 약 30명의 예비 검속자를 구금하고 있다가 후퇴하기 직전인 7월 20일에 백운면 신암리에서 처형했다는 기록이 있다. 예비검속에 대해서 2000년대 이후 진상 규명 작업이 시작되었으나, 일부 지역을 제외하고는 여전히 확실한 진상이 확인되지 않았다. 현재는 정부가 진상 규명 작업을 전면 중단한 상황이다.

254

김현철은 이상호가 자신의 후임으로 수원지역 실업극복대책위원회 대표를 역임했고, 수원지역에서 방과 후 무료공부방인 '열린교실'을 직접 운영하고 지원했으며, '1318청소년공부방'도 만들어 이상호의 부인이 운영하고 있다는 것을 확인해 주었다. 이상호는 수원시 사회적경제지원센터장으로 근무할 당시 자신의 급여에서 80만 원 내지 백만 원 정도를 떼어 매달 고용복지 경기센터에 후원하기도 했다. 김현철은 이상호에게 친환경급식센터의 센터장 공채에 응모할 사람을 추천해 보라고 했고, 이상호가 이성윤에게 공채 응모를 권해서 그 자리에 취업하도록 해주었다고 증언했다. 이상호가 공안기관의 감찰에 대해서 피해의식을 갖게 된 첫 계기는 이른바 '수기노 사건'이었다.

김칠준　증인은 1990년 초경 수기노(수원기독노동자연맹) 회원 이상국이 경기도 경찰청 보안수사대에 연행되어 약 4~5일경에 걸쳐서 폭행과 협박을 받고 프락치 활동을 강요받은 사실을 알고 있지요?

김현철　네, 알고 있습니다.

김칠준　당시 이상국은 프락치 활동을 강요받고 불안과 공포에 떨다가 이런 사실들을 지인들에게 알리는 일종의 양심선언을 함으로써 프락치 강요의 전모가 드러난 것이지요?

김현철　네.

김칠준　위와 같이 양심선언을 한 지 한 달 후쯤 이상국은 다시 보안수사대로 끌려가 며칠간 조사를 받고 석방된 사실이 있지요?

김현철　네, 있습니다.

김칠준　그 이후 이상국은 사무실 집기를 부수는 등 폭력적 성향으로 바뀌었고, 그러한 이상 증세가 약 1년간 지속하다가 수기노를 탈퇴하였지요?

김현철　네, 그랬었습니다.

김칠준　위 사건 전후로 수기노 사무실이 누군가에 의해서 털린 흔적이 자주 확인되었나요?

김현철　네, 그렇습니다.

김칠준　또한 수기노 사무실 앞에 회사 관리자들이 일상적으로 상주하면서 수기노에 상담하러 온 노동자들을 감시, 미행하는 일이 빈번하였지요?

김현철　네.

김칠준　그래서 수기노 회원들은 이러한 일상적인 감시, 미행, 사무실 수색 등에 대비해서 생활 속의 보안을 일상적으로 했고, 가명도 사용했지요?

김현철　네, 그렇습니다.

김칠준　생활 속의 보안은 무엇을 말하는 것인가요?

김현철　일상적으로 항상 주변을 의식하면서 행동거지를 하고, 약속을 해도 사전에 주변에 들키지 않도록 돌아가면서 사람을 만나게 되는 경우들이 있었고, 사진 같은 경우도 서로 찍지 않고 서로 증거를 남기지 않는 이런 행동들을 상시적으로 하는 생활 속의 보안과 규칙들을 내부에서 자연스럽게

256

만들어서 진행하게 되었습니다.

이어서 김현철은 1995년에 전노협과 민노총 등 노동단체들이 삼성전자에 민주노조를 만들 거라는 발언을 하고 난 이후의 상황에 대해서 증언했다. 당시 이상호는 김현철에게 수원민주노동자회 사무실 건너편에 자가용 두 대가 상시 대기하고 있으니 알아봐 달라는 부탁을 했다. 수원시의원이었던 김현철은 언론사 기자를 통해서 차량번호를 확인한 결과 삼성코닝, 삼성전기 소유의 차량임을 확인하고 이상호에게 알려 주었다. 이후 이상호는 삼성전자 인사과장을 만나 전국노동자단체에서 삼성전자에 노동조합을 만들 것이라는 언급이 있자 이상호를 상시적으로 감시, 주시하게 되었다는 말을 들었다고 했다.

당시 삼성전자 해고자 유재현을 누군가가 도청하고 그의 하숙집에 도청장치를 설치했다가 드러난 사건 등 그와 유사한 사건이 여러 차례 일어났다. 그 후로 이상호는 노동단체 사무실에 대한 일상적인 감시와 자신에 대한 감시, 미행 등을 겪어 왔기에 보안의식이 남달랐고, 누군가의 감시 등에 대해 예민하고 격앙된 반응을 자주 보여 왔다.

2013년 1월, 미행하던 국정원 직원을 잡은 이상호

2013년 1월 5일경에 이상호는 김현철에게 자신이 다니는 수영장에서 최근 며칠간 누군가로부터 촬영을 당하고 미행을 당하고 있다고 말했다. 김현철은 요즘 같은 때 특별한 사유가 없는데 그렇게 감시하고 사찰할 이유가 있을까 하는 생각이 들어서 이상호에게 과민반응을 보이고 있지 않느냐고 말했다. 그러다가 2013년 1월 9일, 이상호는 자신을 미행하던 한 남자를 잡아서 파출소로 데려갔다. 당시 그 남자는 자신은 수사관이 아니라면서 끝내 자신의 신분을 밝히지 않은 채 석방되었다. 하지만 2013년 1월 11일에 국정원에서 그 남자가 자신들의 직원이고 법원의 영장에 의해 공무 수행 중이었음을 공식적으로 발표했다. 이후에도 이상호의 자택에 차량이 상시적으로 대기하고 있었고, 가족 나들이에도 미행하여 촬영하는 등 사찰이 지속적으로 이루어져 이상호와 그의 가족들은 불안감에 시달리게 되었다.

더구나 수원시에서는 이상호에 대한 국정원의 사찰이 알려지자 수원시에 부담이 될 수 있으니 수원시 사회적경제지원센터장으로 재직하던 이상호에게 사직을 권유하라고 김현철에게 요구했다. 국정원의 사찰과 수원시의 사직 압력에 내몰린 이상호는 국가권력에 대한 강한 불신을 가짐과 동시에 유사시에는 예비검속이 이루어질 수 있다는 불안한 심경을 김현철에게 자주 토로했다. 김현철은 이상호의 불안감이 이유가 있다는 생각에 걱정이 됐지만 시에서 이상호에 대한 사퇴 압력을 그에게 가하는 바람에 난처한 입장에 처해 있었다.

김칠준 (이상호 피고인은) 불면증과 악몽의 고통을 잊기 위해 매일 취침 전에 술을 마시고 잠자리에 들고 있다는 말을 한 적도 있지요?

김현철　네.

　　이상호는 5월 12일 강연에 참석하던 무렵 심각한 정신적 고통에 시달리고 있었다. 이상호는 1심재판의 최후진술에서 그런 심정을 토로했다.

김정운　다음은 이상호 피고인이 최종의견 진술을 하겠습니다.

이상호　감옥이라는 환경의 특수성 속에서 최후진술을 준비하면서 저의 지난 인생을 다시 돌아보게 됩니다. (…) 우연히 알게 된 시각장애인들의 사연과 나눔교회 목사님의 삶은 제 인생의 나침반이 되어 27년간 저를 실업과 빈곤을 해결하는 사회복지활동가로, 노동운동가로 살아가게 했습니다. (…) 이와 같이 실업과 빈곤 문제를 해결하기 위한 사회적 경제 사업에 매진하던 중 2013년 1월, 저를 미행하던 미상남을 잡아 경찰에 인계한 사건이 있었습니다.

이 사건을 계기로 국정원이 저를 미행, 사찰하였다는 것을 알게 되었지만 왜 미행했는지는 알 수가 없었습니다. 다만 국정원의 미행이 폭로되었고 저를 계속 미행해야 할 이유가 없었기에 더 이상의 미행은 없을 거라고 믿었습니다. 그러나 저의 예상은 빗나갔고, 그 후에도 국정원의 미행과 사찰은 지속되었습니다. 국내 공안기관을 대표하는 국정원이 저에게 관심을 가졌다는 것만으로도 숨 막히고 그 중압감이 적지 않은데, 계속된 사찰뿐만 아니라 이 사건을 이유로 수원시에서의 사퇴 압력이 제기되면서 몸과 마음이 급속히 쇠약해졌습니다. (…)

그러다 지금 내가 겪고 있는 일련의 사건이 전쟁위기와 무관하지 않다는 생각을 하게 되었습니다. 지역 언론운동을 하던 지인이 전쟁위기에 따른 예비검속 차원의 미행일 거라는 조언도 있었지만 그것 외에 국정원이 저를 미행해야 할 다른 이유는 찾을 수 없었기 때문이었습니다. 이미 2년 전부터 진보단체에서의 역할과 활동을 중단했고, 당시 수원시 산하 단체의 기관장으로 사회적 경제 사업에 매진하던 때라 공안기관이 저에게 관심을 갖고 주목해야 할 만한 특별한 이유가 없었기 때문입니다.

그러던 중 5월 12일 경기도당 강연회에 참석하게 되었고, 남부권역 토론 사회를 맡게 되면서 저의 부적절한 발언이 파장을 일으키게 되었고, 동시에 남부권역 책임자가 되어 지금 제가 법정에 서게 된 이유가 되고 있는 것 같습니다. 그러나 강연의 녹취록을 통해서도 확인되었듯이 그날의 토론 주제를 제가 임의로 변경할 만큼 예비검속에 대한 피해의식이 있었고, 그에 따른 흥분 때문에 충동적으로 나온 저의 부적절한 발언을 제외하고 나면 다른 참가자들이 저의 과격한 발언에 이견을 갖거나 다른 의견으로 토론 방향을 제시하고 있음을 알 수 있습니다. 또 남부권역의 책임자라는 주장도 얼마나 무모하고 설득력 없는 주장인지도 잘 드러나 있습니다. 특히 제가 국정원의 미행을 알게 된 것은 2013년 1월이었지만 국정원은 이미 그 2년 전부터 저에 대한 미행과 도청 등 일거수일투족을 사찰하였기에 저의 결백과 무혐의를 가장 잘 알 수 있는 위치에 있습니다.

3년 전부터 이성윤에 의해 경기남부지역의 책임자로 저를 찍고 밀착 감시하였지만 이성윤의 주장 말고는 어떤 증거도 혐의도 입증하지 못했습니다. 그것은 당연한 결과입니다. 없는 것을 있다 하는 것은 조작과 거짓밖에 없기 때문이며, RO는 국정원의 공안적 필요와 매수자의 과잉충성이 결합되어 국정원이 조작해낸 조직에 불과합니다.

이런 날조와 조작에 의해 제가 희생될 것이라고는 상상도 못하다가 8월 28일에 국정원에 연행되어 내란음모라는 죄명의 조사를 받으면서 너무 놀랐고 기가 막혔지만 그 혼란은 오래 가지 않고 곧 정리할 수 있었습니다. 국정원과 검찰이 수사 중에 책임을 서로 미루면서 짜깁기된 녹취록을 고의로 유출했고, 마녀사냥식의 여론재판이 해일처럼 정국을 덮치면서 민주주의의 근간을 흔들었던 국정원의 대선 개입이라는 엄청난 부정선거를 단숨에 덮을 수 있었고, 커져가던 촛불도 한순간에 꺼지게 했기 때문입니다.

끝으로 언행에 신중하고 사회에 빛과 소금이 되는 삶을 살도록 하겠습니다. 감사합니다.

국정원의 불법사찰은 심각한 인권탄압

이상호가 그랬던 것처럼 2014년 2월 3일 제45회 공판에서 최후진술을 했던 피고인들은 하나같이 재판부가 재판을 공정하게 이끌어 준데 대해 고마운 마음을 표시했다.

홍순석과 한동근은 '3인모임'의 녹취록 자체가 검찰이 내세우는 유죄의 증거이지만 거꾸로 자신들의 무죄를 입증하는 유일한 근거라고 말했다. 그리고 동지라고 믿었던 이성윤이 자신들을 무고한 것에 대해서 참담한 심경을 토로하기도 했다.

한동근 존경하는 재판장님. 이번 재판과정에서 저는 27년 지기 친구였던 소위 국정원 협조자라 칭했던 이성윤을 사건 이후 처음으로 차양막 너머 음성으로나마 만날 수 있었습니다. 지난 시절 함께 울고 웃던 친구가 온갖 거짓과 음모로 덧씌워진 주장을 아무 거리낌 없이 각본대로 되풀이하는 모습을 보면서 가슴이 무너져 내리는 심정을 경험하기도 했습니다. 지난 3년간 국정원은 이성윤을 이용하여 저를 비롯한 수많은 사람들의 일거수일투족을 감시하게 했습니다. 점심을 먹으면서 격의 없이 사적으로 나누었던 대화부터 진보당의 공식행사, 선거 대책 행사 등 가리지 않고 국정원에서 제공한 녹음기로 녹음하게 했습니다. 제출된 녹음파일만 3년간 무려 70시간이 넘는 분량이었습니다. 제가 일하고 있던 협동조합 직원 이야기, 부모님과 아이들 이야기, 심지어는 부부

싸움 이야기 등 지극히 개인적인 생활에 대한 대화까지도 서슴지 않고 녹음하여 국정원에 제출했습니다. (…)

40대 말에서 50대로 접어드는 중년의 선후배들이 모여 격의 없이 나누었던 대화가 하루아침에 지하혁명조직의 세포 모임으로 왜곡되어 재판정에서 녹음된 음성 모두가 공개되면서 개인의 인권이 국정원에 의해 발가벗겨지는 심정을 느끼기도 했습니다.

CNP전략그룹에서 경영하는 4개의 회사 중 사회동향연구소 대표를 맡고 있었던 조양원은 국정원의 불법 사찰과 감시로 자신과 가족들이 당했던 고통을 호소하면서 이는 심각한 인권 탄압이라고 토로했다.

조양원　저는 지난 2012년 6월, 회사의 압수수색 이후 줄곧 국정원에 의해 사찰을 당해왔습니다. 2012년 10월부터 국정원의 사찰이 합법적으로 이루어진 것을 구속 이후에 알게 되었지만 그 이전부터 사찰당하고 있었다는 것을 곳곳에서 알 수 있었습니다. 어느 날 직원들과 식당에 가는데 누군가 미행을 해서 우리 직원이 영상으로 촬영하면서 쫓아갔습니다. 당황해서인지 항의도 하지 못하고, 수백 미터를 달아나서 택시를 타고 도망간 경우도 있었습니다.

개인이 거대조직인 국정원이라는 국가기관에 감시당한다고 생각하면 어떤 생각이 들겠습니까. 모든 신경이 곤두서고 생활에서 모든 것을 의심하게 되고 어딘가로 피하고 싶은 생각만 듭니다. 압박감 때문에 잠 못 이룰 때가 한두 번이 아닙니다. 이상호 센터장의 진술에 100% 공감했습니다. 국정원의 사찰이 영장 발부 이전부터 있었고, 통신 제한 조치 영장을 발부한 지 10개월 동안 저를 사찰했지만, 영장에서 제시한 근거를 하나도 밝히지 못했습니다. 국정원의 사찰로 개인의 생활은 황폐해지고 불안 속에서 1년 가까이 생활해 왔습니다. 사찰은 저 개인만의 문제가 아니었습니다. 제 가족의 생활조차 비정상적으로 만들었습니다. 제 처는 차에 블랙박스를 달았습니다. 사고를 방지하기 위해서가 아니라 누군가 사찰하고 있다는 불안 때문에 단 것입니다. 집 안에 CCTV를 설치하자고 주장하기도 했습니다. 집 주변을 돌아보는 습관이 생겼다고 호소했습니다.

이것이 어찌 정상적인 가정의 모습이겠습니까. 10개월 넘게 사찰당하면서 저의 가정생활과 회사생활은 정상이 될 수 없었습니다. 불안하고 피하고 싶은 것이 현실입니다.

지난번에 판사님께서 물어보실 때, 보안프로그램을 이중삼중으로 사용한 이유에 대해서 답변을 제대로 못했습니다만, 이런 상황에서 이중 삼중이 아니라 십중이라도 할 수 있으면 했을 거라고 생각합니다. 국정원은 저에 대한 사찰과 당에 대한 사찰을 오랫동안 자행해 왔습니다. 이는 개인과 정당에 대한 탄압이고 민주주의에 대한 심각한 도전입니다. 민주사회에 더 이상 있어서는 안 될 일이라고 생각하고, 이번 기회에 단죄되어야 할 것이라고 생각합니다.

1심 공판은 2013년 11월 12일, 1차 공판을 시작해서 2014년 2월 3일 제45회 공판에서 검찰의 구형과 변호인단의 변론, 피고인들의 최종진술로 끝맺었다. 검찰은 이석기에게 징역 20년에 자격정지 10년, 나머지 5명의 피고인에게 징역 10~15년, 자격정지 10년이라는 중형을 구형했다.

4개월이 채 안 되는 기간 동안 45회의 공판을 진행했다는 것은 1심재판이 너무 짧은 시간에 무리하게 빨리 진행된 것으로 보인다. 재판부는 평균 1주일에 3~4회, 이틀에 한 번꼴로 재판을 강행했다. 피고인들은 방어권을 내세워 재판을 그렇게 빨리 진행하는 것을 거부할 수도 있었다. 변호인단과 피고인들이 재판 일정에 동의한 것은 재판부가 비교적 공정을 기하려고 하는 것처럼 보였기 때문이다.

검사의 유도신문에 이의를 제기하는 변호인의 말을 받아들이는 일도 많았고, 변호인 측 증인에 대한 검찰 측의 반대신문에서 주신문과 연관성이 없는 신문에 대해서 제동을 걸기도 했다. 재판장은 재판 분위기를 부드럽게 하려는 듯 농담도 자주 했다.

5월 12일 강연에 대한 녹취록을 확인하면서 "김홍열 씨, 사회 잘 보시죠? 오늘의 일등은 누가 했을까요?"라고 농담을 던졌을 때는 피고인들이나 방청석의 가족들이 웃음을 터뜨리기도 했다. 피고인들은 1심에서 무죄를 선고받으면 검찰에서 항소하더라도 구치소에서 나올 수 있기 때문에 재판을 빨리 받으면 그만큼 빨리 자유의 몸이 될 거라는 기대도 했다. 변호인들도 무죄를 입증할 자신이 있었다. 증거의 양은 방대했지만 증거능력을 인정받기 어려운 증거가 대부분이고 검찰의 공소요지를 입증하기에 불충분하다고 생각했다.

검찰의 의견 100% 반영한 판결문

그러나 막상 판결을 받아든 피고인들과 변호인들, 그리고 피고인의 가족들은 기가 막혔다. 2014년 2월 17일 월요일 오후 2시에 수원지 방법원에서 선고공판이 열렸다. 재판부는 내란음모와 내란선동 혐의 전체와 국가보안법 위반 혐의 대부분을 유죄로 인정했다. 이석기에게 징역 12년과 자격정지 10년을 선고했다. 이상호, 조양원, 김홍열, 김근래에게는 각각 징역 7년과 자격정지 7년을 선고했고, 홍순석은 징역 6년에 자격정지 6년, 한동근은 징역 4년에 자격정지 4년을 선고했다.

판결문은 모두 473페이지에 달했다. 오후 2시에 시작한 선고공판은 판결 요지를 읽은 후 최종 주문을 선고하기까지 약 2시간 20분이 걸렸다.

1심 재판부는 그동안 치열하게 다투어 온 제보자의 신빙성, RO의 존재와 이석기의 총책으로서의 지위, 2013년 5월 12일 강연에서의 무장폭동 모의 여부, 현존하는 위험성 등에 대한 검찰과 국정원의 주장을 인정할 수 있다고 판단했다.

재판부는 "피고인들은 내란 모의를 통해 대한민국의 존립과 자유민주주의 질서에 실질적이고 명백한 위험을 초래하였는 바, 그 죄책이 몹시 무겁다고 할 것이므로 피고인들을 엄히 처벌하지 않을 수 없다."고 밝혔다.

재판부는 또한 판결문에서 "피고인들은 혁명의 결정적 시기를 준비하면서 정당, 대중조직, 나아가 국회에까지 침투하여, 가진 것 없는 민중들을 주체사상과 대남혁명론으로 유혹해 어둠 속에서 자신들의 세력을 확장해 왔으며, 혁명의 완수라는 미명 하에 조직원들로 하여금 상부의 지시를 철저히 관철하도록 교육해 왔다."고 말했다.

재판부는 "이 사건에 제출된 여러 증거를 면밀히 살펴보아도 이 사건이 조작되었다는 의심을 일으키는 사정은 전혀 발견할 수 없음에도 불구하고, 피고인들은 별다른 근거 없이 이 사건이 국가정보원에 의해 조작된 사건이라고 주장해 왔다."면서 "이는 피고인들에게 보장된 방어권 행사의 범위를 넘어 진실의 발견을 적극적으로 숨기거나 법원을 오도하려는 시도에 기인한 행위이자 적극적으로 사회의 분열과 혼란을 조장하는 행태라고 봄이 상당하여 가중적 양형요소로 참작할 수밖에 없다."고 밝혔다.

재판장이 판결요지를 읽는 동안 이석기는 굳은 표정으로 정면을 바라보며 미동도 하지 않고 앉아있었다. 나머지 피고인들도 하나같이 침울한 얼굴이 되었다. 최종 선고가 내려지자 가족들은 의자에 쓰러져 울음을 터뜨렸다. 피고인의 부인들은 허탈함과 분노에 할 말을 잃고 재판부를 노려보았다. 부인들은 하나같이 재판장 앞으로 편지를 써서 남편들에게 선처를 해달라고 호소했었다. 부인들은 그 편지를 도로 빼앗아서 찢어버리고 싶을 만큼 화가 났다. 재판장 김정운에게 우롱당한 것 같은 느낌이었다. 방청석에서는 "정치 판사, 물러가라!"는 외침도 터져 나왔다.

당황하기는 변호인들도 마찬가지였다. 김칠준 변호사는 기자들과 만나 "참담하고 안타까운 심정을 금할 수 없다."면서 안타까운 마음을 토로했다.

"(이번 판결은) 정해진 결론에 일사분란하게 꿰어 맞춘 느낌을 지울 수가 없다. 검찰의 공소사실 요지와 구형 의견이 거의 100% 반영됐다고 생각한다. 재판과정에서 많은 논란이 있었고 객관적 평가가 필요한 팩트들에 대해서 언급조차 하지 않았다. 결의문 하나 없고 이에 대한 구체적 실행계획들이 없는데 어떻게 내란음모가 될 수 있는가? 부림 사건은 33년에 걸쳐 진실이 밝혀졌고, 강기훈 유서대필 사건은 바로잡는데 23년이 걸렸다. 나는 이 사건만큼은 이 시대의 법정에서 진실이 밝혀지는데 6개월이면 충분하다고 생각했는데 좀 더 많은 시간이 필요할 것 같다. 물론 항소할 것이고 항소심에서 최선을 다해 꼭 무죄를 밝힐 것이다."

'RO'는
국정원과 이성윤의 합작품

"

우리는 전투에는 졌지만 전쟁에는 아직 지지 않았다.

"

- 샤를 드골 -

징역 12년은 지나치게 낮은 형량이라는 검사

2014년 4월 29일 오후 2시, 서울고등법원에서 항소심 재판의 첫 공판이 열렸다.

재판장 이민걸, 판사 진상훈과 김동현.

피고인 이석기, 홍순석, 한동근, 이상호, 조양원, 김홍열, 김근래.

검사 최현기, 최태원, 정재욱, 강수산나, 김훈영, 최두헌, 최재훈, 홍승표.

변호인 심재환, 김유정, 황정화, 김칠준, 조지훈, 천낙붕, 오영중, 최병모, 윤영태, 설창일, 이보람, 채희준, 박치현.

변호인단은 1심선고의 충격과 허탈감을 털어내고 항소심에서 이기기 위해 전열을 가다듬고 재판에 임했다. 먼저 검찰 측의 항소이유 진술이 있었다.

검찰은 이 사건을 "북한의 주체사상과 대남혁명론을 추종하는 지하혁명조직의 조직원들이 북한과의 전쟁 상황이 임박했다는 정세 인식 하에 전쟁 상황이 오면 대한민국의 자유민주 체제를 폭력적으로 전복하려고 결의했다가 발각된 사건"이라고 규정했다. 다음은 원심판결의 개요 및 검찰의 항소 요지이다.

정재욱 원심법원은 제반 증거를 종합할 때 주체사상을 지도이념으로 철저한 보안수칙과 지휘통솔체계에 의거하여 비밀리에 활동하고 있는 지하혁명조직 RO의 실체가 인정되고 피고인들을 비롯한 5월 12일 마리스타 회합 참석자 130여 명은 모두 RO의 구성원이며, 이들이 내란선동, 내란음모 및 국가보안법상 이적 동조 등의 범행을 한 점 등이 인정된다고 판시하면서 공소 사실 대부분에 대하여 유죄를 선고했습니다.

피고인 이석기에게 징역 12년을, 피고인 이상호, 조양원, 김홍열, 김근래에게 각 징역 7년을, 피고인 홍순석에게 징역 6년을, 피고인 한동근에게 징역 4년을 선고하였습니다. 먼저 원심의 양형을 살펴보면 대한민국을 적으로 규정하는 혁명 세력의 위험성, 불특정 다수 국민의 생명과 재산을 송두리째 파괴할 수 있는 내란음모 범행의 중대성, 지하혁명조직의 특성상 내란음모 적발이 극히 어려운 점, 자유민주주의 체제 위협 세력에 대한 엄중한 경고의 필요성, 피고인들에게 개전의 정이 없어 재범 위험성이 매우 높은 점 등을 감안할 때 지나치게 낮은 형을 선고했다는 것이 검찰의 의견입니다. 검사의 구형에 상응하는 적절한 형의 선고가 필요합니다.

다음 원심은 일부 국가보안법 위반의 점에 대하여는 증거 불충분 등을 이유로 무죄를 선고하였는데, 피고인 한동근을 제외한 피고인들의 2012년 8월 10일의 〈적기가〉 제창, 피고인 조양원의 2013년 5월 1일 자 이석기 강연 청취 및 총화 실시, 피고인 조양원의 2013년 5월 초순경 총화보고서 작성, 피고인 김홍열의 2012년 5월 3일 자민통 노선에 따라 투쟁을 선동하는 내용의 시 발표, 피고인 김근래의 북한 소설《벗》파일 소지 등과 관련된 국가보안법 위반의 점은 증거 판단에 대한 사실오인, 녹음된 대화 내용의 증거 능력과 이적성에 관한 법리 오해 등에서 비롯된 것이므로 유죄판결이 선고되어야 마땅합니다.

폭동이 아닌 말과 사상에 관한 재판

한 시간 반에 걸친 검찰 측의 항소 이유 진술이 끝나고 10분간 휴정했다가 변호인의 항소 이유 진술이 시작됐다.

김칠준 내란음모, 내란선동죄 항소 이유의 요지는 첫째, 이른바 지하혁명조직 RO는 존재하지 않는다는 것입니다. 이석기 의원은 지하혁명조직 RO의 총책이 아니고, 5월 12일 정세강연의 참석자 130명은 RO의 조직원이 아니며, 내란음모의 주체도 아니라는 것이 첫 번째 항소 이유입니다.

5월 12일 당일 강연 및 토론은 '한반도 위기 상황의 본질'과 '항구적 평화체제'와 관련된 것이지 '내란죄의 결과를 초래할 목적'인 국헌문란의 목적은 없었습니다. 또한 폭동 준비 행위라는 인식도 없었고, 폭동 준비 행위에 대한 통모나 합의도 전혀 없었습니다. 그리고 5월 12일 강연에서 일부 거론된 내용이 직접 실현한다는 것도 아니고, 위험성이나 실현 가능성도 없었습니다.

김칠준 변호사는 계속해서 "원심은 증거 능력 및 증명력 판단의 문제에 관한 녹음파일과 압수물 등에 대해서 위법수집증거 배제법칙, 전문법칙을 해석, 적용하는 데 있어서 심각한 법리 오해를 했다."는 점과 "국정원 협조자 이성윤의 진술에 대해서도 과도한 신빙성을 부여하여 잘못된 판단을 하였다."는 것을 지적했다.

이와 함께 김 변호사는 "원심은 증거에 의한 것이 아니라 추정과 논리적 비약으로 범죄사실을 인정한 문제점이 있으며, 원심은 내란죄의 주체, 목적, 행위, 음모, 선동에 관한 구성 요건 해석, 적용에 있어서 법리 오해의 위법이 있었다."는 점을 주요한 항소 이유로 거론했다.

김칠준은 이 재판이 본질적으로 무력을 사용해서 폭동을 음모했는지에 대한 재판이 아니라 '말과 사상'에 대한 재판이라는 점이 가장 큰 문제라고 지적했다. 그리고 헌법재판소는 표현의 자유의 보호 범위와 관련하여 "대립되는 다양한 의견과 사상의 경쟁 메커니즘에 의하더라도 그 표현의 해악이 처음부터 해소될 수 없는 성질의 것이거나 또는 다른 사상이나 표현을 기다려 해소되기에는 너무나 심대한 해악을 지닌 표현"을 제외하고는 모두 보호된다고 판시하고 있다는 점을 강조했다.

이 사건에서 원심판결이 대표적으로 문제 삼는 표현인 '미 제국주의', '자주·민주·통일'이라는 말은 다양한 정치적 견해를 표현하는 언급 중의 하나일 뿐이고 이와 동일하거나 유사한 맥락의 연구도 현재 활발하게 진행되고 있는 상황이다. 이런 말들은 사상의 경쟁 시장에서 충분히 토론 가능한 이야기이며 실지로 우리 사회에서 다양한 형태로 이미 토론되고 있는 주제이다.

참모총장 앞에서 쿠데타 선동해도 무혐의였는데

김칠준은 2004년에 내란선동으로 고발된 김용서 교수 사건을 예로 들어 이석기 의원 등의 무혐의를 주장했다.

김칠준 내란과 관련된 사안을 찾던 중에 최근에 내란 선동 혐의를 적용한 사례를 찾아볼 수 있었습니다. (…) 이화여대 전 교수인 김용서가 2004년 3월경 전직 해군참모총장들이 대거 이사로 있는 한국해양전략연구소 조찬 모임에서 '지금은 혁명

상황'이고, '정당한 절차를 밟아서 성립된 좌익 정권을 타도하고 자유민주주의체제를 복원하는 방법에는 군부쿠데타 이외에는 방법이 없다.'면서 '전략전술'을 논하는 강연을 한 적이 있었습니다. 이에 대해 시민단체가 내란선동으로 김용서 씨를 고발했습니다.

검찰은 이 사건에 대하여 최종적으로 무혐의 처분을 했다. 그 이유는 "군사 쿠데타 사례 또는 저항권에 대해서 언급한 것을 폭동이나 국가 변란을 선동하는 행위로 보기 어렵고 이들이 내란을 선동할 범의가 있었다고도 볼 수 없고" "이들이 당시 정치상황에서 자신의 생각을 표현한 정도가 지나친 측면은 있으나 형법상 내란선동죄가 성립하려면 폭동 등을 선동한 행위가 있어야 하는데, 강연과 인터넷 사이트를 통해 행한 이들의 발언을 폭동 선동행위로 보기는 어렵다."는 것이었다.

군을 움직일 수 있는 군부 쿠데타 이외에 다른 방법이 없다고 한 발언조차 내란 선동은 아니라고 했던 것이 검찰의 입장이었다. 김칠준은 이와 같이 정치적 의사 표현에 대해서 나름대로 폭넓게 허용했던 그러한 잣대가 왜 이 사건에는 전혀 적용되지 않는 것인지, 그것에 대해서 문제를 제기했다.

김 변호사는 "피고인들의 발언은 합리적 근거가 있고, 우리 사회에서 통용되고 토론 가능한 것이므로 표현의 자유의 보호 영역에 해당하는 것이 당연"하다고 항소이유를 밝혔다. 그렇다면 피고인들의 발언이 명백 현존하는 위험의 법리에 비추어 위험하다고 판단할 수 있을 것인지의 문제가 남는다. 김 변호사는 그 판단에 있어 홈즈 대법관이 든 예가 가장 적절하다고 보았다. 홈즈 대법관은 사람들이 가득 찬 극장에서 "불이야"하고 소리를 지르는 행위는 위험성이 있다고 보았는데, 그 소리를 들은 직후 사람들이 바로 뛰쳐나갈 것이라는 점이 명백하게 예측되기 때문이라는 이유에서다.

그런데 이 사건에서 피고인들은 2013년 5월 12일 강연 참석자들은 강연이 끝난 후 어떤 행동에 나선 것이 아니라 모두 집으로 돌아갔다. 그 이후에도 계획된 여행을 가거나 자신의 일상생활을 그대로 영위했다. 검찰이나 국정원의 수사과정에서 미행과 도청을 계속했지만 어디 하나 위험성이 드러나는 어떠한 행동도 드러낸 적이 없었다. 그렇다면 해악 발생의 명백한 개연성이 없는 것으로 보아야 하고, 따라서 피고인들이 특정 성향의 말을 한 것을 들어 그것을 정치적, 사회적 토론의 대상으로 삼아 논쟁을 벌일지언정, 이 법정을 통해, 재판을 통해서 이렇게 유죄를 선고해야 할 사안은 아니라고 봐야 한다.

통신비밀보호법 위반과 집행위탁의 위법성

천낙붕 변호사는 이 사건에서 제출된 녹음파일이 디지털 저장매체가 증거능력을 부여받을 수 있는 기본적인 절차를 모두 무시한 것으로서 당연히 배척되어야 한다고 진술했다. 이어서 원전 보전의 원칙, 보관 연속성의 원칙, 신뢰성 보장의 원칙이 하나도 지켜지지 않앉음을 하나하나 적시했다.

압수수색 과정에서의 위법성에 대해서도 설파했다. 압수 문건들 중 다수가 수집 과정이 위법하여 증거능력이 없다는 점을 조목조목 밝혔다. 피고인 이석기의 주소지와 마포의 오피스텔, 국회 안의 의원실 등에서 실시한 압수수색 과정에서 국정원 수사관들은 압수수색영장을 제시하지 않거나, 당사자가 없는 곳에 미리 통지하지 않고 문을 부수고 들어갔다.

피고인 이상호의 사무실에서는 피고인의 소유물인지 확인되지 않고 혐의와 무관한 컴퓨터 원본을 통째로 압수했다. 피고인 김근래의 하남평생교육원에 대해서도 참여권이나 영장제시 규정을 지키지 않았다. 영장 제시, 참여권 보장을 위한 절차를 지키지 않은 것은 전체 압수수색의 중대한 위법 사유이다. 천낙붕 변호사는 이어서 통신비밀보호법 위반과 집행위탁의 위법성에 대해서 설파했다.

천낙붕 이 사건에 증거로 제출된 녹음파일은 통신비밀보호법을 위반해서 취득한 위법 수집증거로서 증거능력이 없습니다. 집행위탁의 위법성에 대해서 검토하겠습니다. 우선 이 사건에 증거로 제출된 녹음파일은 사인인 국정원 협조자에게 위탁하여 녹음한 것입니다. 그러나 통신비밀보호법에는 대화 녹음을 사인에게 위탁할 수 있는 근거 규정이 없습니다. 통신비밀보호법 제14조 제2항은 대화 녹음에 대해서 통신기관 등에 대한 집행위탁에 관한 제9조 제1항 후단을 준용하고 있지 않습니다. 이는 사생활의 비밀 등 기본권 침해의 중대성과 그 집행 방법의 비윤리성 들을 고려해서 수사기관이 아닌 자로 하여금 권한을 남용하지 못하도록 한 것이 그 취지라고 생각합니다. 이상과 같이 통신비밀보호법이 대화 녹음에 대하여 집행 위탁 규정을 준용하고 있지 않음이 명백합니다. 그래서 국정원 협조자에 의한 대화 녹음은 통신비밀보호법이 허용하고 있지 않은 집행 방법으로 위법한 것입니다.

어떤 예비 행위도 없었던 강연 참석자들

천낙붕 변호사는 이어서 RO의 허구성과 5월 12일 강연 이후 강연자들의 행동을 예로 들면서 원심판결의 부당함에 대해서 설파했다. 강연 참석자들은 절반이 여성이고 권총 한 자루 없는 민간인들이며 그들은 강연 이후에 평범한 일상으로 돌아갔고, 누구도 무장 폭동을 위한 준비를 하지 않았다는 것을 지적했다. '3인모임'도 강연 이후 한 달이 지난 6월 5일에 다시 모였고, 그 자리에서 주로 백두산 관광과 면세점 쇼핑 이야기를 나누었을 뿐이었다.

조직의 존폐가 걸린 문제라 할 수 있는 무장 폭동 방침과 그 취소 방침을 조직의 공식 지침 없이 유야무야 넘어가도 되는 조직이라면, 원심은 'RO는 지침 하달과 관철을 별로 중요시하지 않는 지하혁명조직'이라고 그 성격 규정을 했어야 했다. 원심은 2013년 5월 10일 및 5월 12일 강연 참석자들은 모두 RO의 조직원이라고 판시했지만, 정작 원심은 130명에 대한 특정도, 신문도, 증거 조사도 하지 않았다. 천 변호사는 "원심의 판단은 논리와 경험칙상 도저히 양립 불가능한 반대사실들 때문에라도 더 이상 유지될 수 없다."라고 진술했다.

천낙붕   5월 10일, 5월 12일의 강연 참석자들이 모두 내란의 주체로서 RO의 조직원이라는 사실은 그 자체로서 엄격한 증명에 의해 밝혀야 합니다. 그 진술을 믿을 수 없는 국정원 협조자 이성윤의 일방적 주장이나, 한참 관련이 먼 '3인모임'만을 가지고 판단할 수 없는 문제이고, 특히 강연에 참석했기 때문에 RO 조직원이라는 판단은 전형적인 순환논법에 다름이 아닙니다. 결국 지하혁명조직 RO는 이성윤과 국정원이 만들어낸 합작품이라는 것이 결론입니다.

이때 방청석에서는 박수가 터져 나왔다. 피고인들의 가족과 당원, 특히 5월 10일과 5월 12일의 강연에 참석했던 사람들 사이에서 자연스럽게 터져 나온 박수 소리가 법정에 울려 퍼졌다. 재판부에서 듣기에는 매우 거슬리는 박수 소리였던 모양이다.

이민걸   다시 한 번 말씀드립니다. 한 번 더 이런 일이 생기면 바로 퇴정시키겠습니다. 결코 변론에 도움이 안 됩니다.

우리 시대에 우리나라에서 이런 재판이 있었다

천낙붕 변호사의 논리 정연한 변론을 듣고 박수를 친 사람들은 매회 빠지지 않고 방청하러 나오는 단골 방청객들이었다. 피고인의 가족을 제외하고도 20~30명의 사람이 매번 재판을 보러 나왔다. 대부분 당원이었으나 이 사건에 관심이 있어서 오게 되었다는 사람들도 있었다. 1심재판 때는 보수단체 사람들이 단체로 방청하러 와서 피고인들의 발언을 방해하면서 소란을 피우기도 했으나 항소심 때는 그들의 모습이 별로 보이지 않았다. 재판 때마다 거의 빠짐없이 방청하러 왔다는 청년들을 만나서 왜 재판을 보러 나오는지 물어보았다.

"우리가 잊지 않고 있다는 걸 보여드리기 위해서 나와요. 힘내시라고요. 근데 오히려 여기 와서 제가 힘을 얻고 갈 때가 많아요. 변호사님들이 지치지 않고 싸우시는 모습도 그렇고, 이석기 의원님이나 다른 분들이 의연하게 재판에 임하는 모습을 보면서 우리도 밖에서 통일운동이나 평화를 지키기 위한 활동을 계속해야겠다고 힘을 얻고 가지요."

"수원에서 1심 재판할 때는 뭐랄까 분위기가 되게 살벌하고, 의원님이나 다른 사람들 들어올 때 우리가 손 흔들고 안녕하시냐고 인사하면 경찰관들이 조용히 하라고 소리치고 그랬거든요. 근데 항소심 재판 때는 분위기가 부드러웠어요. 출산한 지 얼마 안 된 분이 왔는데 산후조리 잘하고 있느냐고 물어보기도 하고, 오전 재판 끝나면 앞으로 나가서 악수도 하고, 길게는 못해도 이야기도 한마디씩 나누고 그래요. 재판 끝나고 호송 버스가 법정을 나갈 때도 우리가 막 따라가면서 힘내시라고 하면 버스가 바로 출발하지 않고 천천히 가기도 하고요. 그런 것들이 아무것도 아닌 것 같아도 안에 계신 분들한테는 좀 위로가 될 것 같아요. 그래서 재판 때마다 웬만하면 빼놓지 않고 오게 돼요."

"어떤 때는 좀 미안해하시는 것 같아요. 바쁠 텐데, 할 일 많은데 이제 오지 말라고 할 때도 있고요. 근데 우리는 그럴 수 없어요. 얼마나 힘들고 억울할 텐데 아무것도 아니지만 이렇게 와서 보기라도 해야죠. 그리고 우리 시대에 우리가 사는 나라에서 이런 재판이 있었다는 것을 꼭 기억하고 싶기도 하고요."

마지막 청년의 말이 가슴에 얹혔다. 우리 시대에 우리나라에서 이런 재판이 있었다는 걸 기억하고 싶다는 말. 내가 이 책을 쓰는 이유는 그것을 기록하기 위해서가 아닌가?

15
—
학자의 양심

"

그러나 나는 믿지 않는다 아메리카여
세기말 최후의 밤까지
노예무역으로 톡톡히 재미를 본 자유의 나라
인류 최초로 인간의 머리 위에
원폭의 세례를 내린 평화의 나라
그리고 엊그제까지만 해도
리비아에서 파나마에서 그라나다에서
수천의 인명을 살해한 인권의 나라
아메리카여 아메리카여 아메리카여
이 밤의 텔레비전 앞에서 나는 믿지 않는다
그대가 치켜든 자유의 깃발과
하늘 높이 날리는 평화의 비둘기를
나는 믿지 않는다 나는 믿을 수가 없다

"

– 김남주 시 〈아메리카여 아메리카여 아메리카여〉 중에서 –

북한의 핵무기 개발 배경

2014년 6월 23일 제8회 공판에 정치학자 이재봉[23]이 전문가 증인으로 나왔다. 이재봉은 분단의 과정을 올바로 이해하고 통일을 평화적 수단으로 이루어나가자는 주장을 일관되게 펴 왔다. 그는 국가보안법 관련 재판에서 자주 전문가 증인으로 나섰다. 이재봉은 내란음모 사건 재판에서도 평소처럼 우리 사회에서 금기시되어온 북한의 핵무기 개발에 대한 생각, 분단 상황에서의 미국의 역할, 반미주의의 배경, 통일운동의 역사와 방법 등의 민감한 주제들에 대해서 학문적

---

[23] 동국대학교 정치외교학과 졸업, 미국 텍사스대학교 정치학 석사, 하와이대학교 정치학 박사. 현재 원광대학교 사회과학대 학장, 정치외교학과 교수, 평화연구소 소장, 한중정치외교연구소 소장으로 재직하고 있다. 미국의 대외정책과 한미관계를 주제로 석사 및 박사학위 취득. 저서로 《21세기 남북한 정치》(2000), 《전환기 한미관계의 새 판 짜기2》(2007), 《두 눈으로 보는 북한》(2008) 등이 있다. 〈북한붕괴론과 전쟁 도발설에 관하여〉, 〈미국의 대북한정책의 변화와 남한 통일외교의 과제〉, 〈북한의 핵무기 개발과 미국의 대북정책〉, 〈남한의 핵무기 배치와 북한의 핵무기 개발〉, 〈한반도 통일과 사회민주주의〉 등 다수의 논문이 있다.

연구를 근거로 자신의 생각을 거침없이 쏟아놓았다.

김유정   미국의 대북전략 및 북핵문제 관련해서 묻겠습니다. 북한이
         핵무기를 개발하게 된 데에는 군사적, 지리적, 경제적, 전략
         적, 정치적 배경 등 다양한 이유가 있지요?

이재봉   네.

김유정   군사적 배경으로는 1951년 말부터 미국이 북한에 대해서 핵
         무기로 공격할 수 있다고 위협하고, 1958년 1월경부터 남한
         에 다량의 핵무기를 배치하기 시작했기 때문이지요?

이재봉   제가 가진 자료에 의하면 늦어도 1958년 1월이기 때문에 그
         렇게 말해도 되겠습니다.

김유정   지리적으로도 북한을 둘러싼 4대강국(중국, 러시아, 미국, 일
         본)이 1960년대에 이미 자체적으로 핵무기를 개발하였거나
         미국의 핵무기를 배치해 놓고 있었기 때문이었지요?

이재봉   네, 맞습니다.

김유정   경제적 배경으로 핵무기 개발이 최소의 비용으로 최대의 안
         보효과를 가져오기 때문이지요?

이재봉   네.

김유정   즉, 대량파괴무기를 갖게 되면 안보에 대한 걱정 없이 재래
         식 무기 유지 및 증강 등에 들어갈 비용을 경제 개발에 쓸
         수 있기 때문인 것이지요?

이재봉   네.

김유정   북한은 우방인 러시아와 중국으로부터 지원이 끊어지거나

줄어드는 상황에서 전략적으로 미국을 협상테이블로 끌어 들이기 위한 수단으로 핵무기와 미사일 개발 카드를 사용하 기도 하였지요?

이재봉   그렇습니다.

김유정   위와 같이 북미 간의 합의 또는 6자회담 결과 '북의 핵무기 및 핵시설 폐기, 불가침조약이나 평화협정 체결' 등 한반도 평화와 동북아 안정을 위한 방향이 정해지고 여러 차례 확 인되었지만, 그 이행에 있어 어느 것을 우선으로 할 것이냐 하는 문제와 관련해서 북미 간 대립이 계속되고 있는 것이 지요?

이재봉   그렇습니다.

북의 협상 제의 거부하는 오바마의 전략적 인내 정책

김유정   오바마 행정부 들어 진행된 전략적 인내 정책에 대하여 북 은 어떤 반응을 보여 왔는가요?

이재봉   빨리 협상을 하자는 식이지요. 그래서 호전적인 발언도 내 놓고, 흔히 우리가 말하는 도발도 해 보고, 그래서 북한의 궁극적인 목표는 미국과 평화협정을 체결하자는 것이기 때 문에 평화협정이 체결될 때까지는 소위 우리가 말하는 북한 의 도발이 계속 이어지리라고 생각합니다.

김유정   교수님은 지금까지 작년 3월에서 5월경에 있었던 긴장과 완화 국면은 늘상 있어 왔던 북미 간의 대결 국면의 하나였지, 특별히 다를 건 없었다, 이 말씀이신가요?

이재봉 전쟁 발발 시기, 전쟁 발발이 예상되는 시기는 전혀 아니라고 생각합니다.

김유정 전쟁이 전혀 문제 되지 않는, 그냥 계속되어 왔던 긴장 국면이 됐던 그런 시기 중 하나다, 그렇게 보시나요?

이재봉 미국을 협상테이블로 끌어들이기 위한 거친 언행이 지속되었다고 보면 되지, 그게 무슨 전쟁 위기냐 이렇게 생각합니다.

김유정 조선노동당 규약에는 '우리 민족끼리 힘을 합쳐 자주, 평화통일, 민족대단결 원칙에서 조국을 통일하고, 나라와 민족의 통일적 발전을 이룩하기 위하여 투쟁한다.'라고 기재되어 있는데 그 의미가 무엇인가요?

이재봉 이것은 뭐 남쪽에서나 북쪽에서나 당연한 것 아니겠어요? 1972년 남북공동선언에 나온 내용이고요. 서로 자주적으로 민주적으로 민족끼리 평화적으로 통일하자는 건데, 남쪽에서나 북쪽에서나 반드시 받아들여야 할 내용이겠지요. 그런데 '자주'에 대한 해석 때문에 남쪽에서는 좀 죄송한 말이지만, 꺼려합니다만, 그렇다 하더라도 '자주'를 반대할 사람이 어디 있습니까. 또 '평화'를 반대할 사람이 어디 있겠고요. 또 한 민족으로서 민족대단결 하자는 데 반대할 만한 사람, 명분이 어디 있겠습니까.

김유정 2010년 천안함 사건 및 연평도 포격사건은 정치학적으로 어떤 의미를 가진 사건인가요?

이재봉 정치학적이 아니라, 그냥 실제로 너무나 안타깝게 생각합니다. 흔히 우리 사회에서는 무슨 사건이 터지면 '어떻게'에 초점을 맞춥니다. 어떻게 그런 일이 전개됐는가, 발생했는가, 저는 공부하는 사람으로서 이러한 끔찍한 일을 들었을 때 가장 먼저 생각해야 할 게 '왜 이런 참사가 벌어졌는가, 그 원인을, 배경을 제대로 짚어봐야 하지 않겠느냐.' 이렇게 생각합니다. 여기에서 제가 어떠한 반응을 얻을지 모르겠습니다만, 천안함 사건이나 연평도 사건이나 이것은 우리 남쪽에서 자극했기 때문에 일어난 일 아니냐, 그러나 우리 사회에서는 이런 식으로 얘기하면 당장 친북이다, 종북이다, 매도를 당하기 때문에 제대로 말하는 지식인조차 찾아보기 어렵습니다만, 저는 분명히 그렇게 믿습니다. 우리 남쪽의 자극에 의해서 북쪽이 행한 것이라고요. (…)

우리는 이런 결과만 가지고 북한이 도발했다고 하는데, 그런 도발이 일어나도록 한 배경이 어디에 있느냐, 저는 이것부터 철저하게 좀 따져봐야 한다고 생각합니다. 그런데 우리 사회에서는 이런 원인 규명, 왜 이런 일이 일어났는가, 그것을 따지는 일조차도 불가능합니다. 이런 것을 학술적으로라도 학자들끼리라도 얘기하면 바로 종북 논란에 휩싸이기 때문에.

북한 핵은 미국 위협에 대한 대응

김유정   북한이 세 차례 핵실험을 했는데, 이것은 어떤 의미를 가지
                고 있는가요?

이재봉   제가 정치학자라서 그런지 연평도 포격 사건도 정치학적으
                로, 핵실험도 정치학적으로 분석한다고 하지만, 굳이 정치
                학이라는 수사를 붙일 필요도 없이 북한의 핵실험은 자기
                네 체제를 지키겠다는 것이지요. 미국의 위협에 맞서 가지
                고. (…) 우리 지상에서는 1991년에 핵무기가 철수됐습니다
                만 우리의 영해에는 미국의 핵무기가 엄청나게 많이 있습
                니다. 핵무기를 사용하는 것은 가장 흔한 게 잠수함에서 쏘
                는 것입니다. 과거 1945년 미국이 일본에 터뜨린 것처럼 전
                폭기에 싣고 가 핵무기를 떨어뜨리는 것은 너무나 재래식
                이고요. 아까 B52, 핵폭격기 이야기가 나왔습니다만, 그리
                고 미사일에 싣는 것이지요. 가장 많은 핵무기가 잠수함에
                실려 있습니다. 지금도 미국의 잠수함이 우리의 영해를 왔
                다 갔다 하리라고 생각합니다. 그렇기 때문에 우리는 이미
                북한에 대해서 핵무기를 많이 가지고 있는 셈입니다. 50년
                대 후반부터 지금까지.
                저는 북한 핵무기를 옹호하려는 게 아닙니다. 이런 상태에
                서 북한이 핵무기를 가졌다면 왜 갖게 됐는가, 그걸 따져보
                자는 거죠. 저는 항상 학자로서 '왜'에 초점을 맞춥니다. 북
                한이 어떻게 핵무기를 가졌는가가 아니라, 북한이 언제부

터, 왜 핵무기를 가져왔고, 지금도 이렇게 끊임없이 개발하고 있는가, 저는 미국 때문이라는 겁니다.

김유정 연평도 포격 사건 및 북한의 세 차례 핵실험만 두고 북한이 적화통일노선이나 대남혁명전략을 포기하지 않았다고 볼 수는 없는 것이지요?

이재봉 미국의 위협에 대한 대응이지 남쪽을 적화하겠다는 거라고 는 전혀 생각하지 않습니다.

미국이 평화협정 거부하는 이유

김유정 주한미군의 성격 변화 등과 관련해서 주한미군이 북미 관계나 한반도 평화 문제에 대해서 가지는 의미는 무엇이라고 볼 수 있나요?

이재봉 한반도 평화에서 가장 큰 걸림돌이라고 생각합니다. 지금 이 자리에서 그야말로 반미, 종북주의자로 매도당할지 모 르겠습니다만, 주한미군은 북한과의 평화협정을 절대 원할 수가 없습니다. 북한은 줄기차게 60년대부터 '남쪽이나 미 국하고 불가침조약 맺자, 평화협정 맺자' 라고 하고 있는데, 우리 남한이나 미국은 아직까지 정전협정을 고수해야 한다 고 주장하고 있습니다.

세계에서 가장 호전적이라고 하는 북한은 수십 년 동안 평 화를 외치고 있고, 세계 평화를 지킨다는 미국은 정전협정을 고수하는 이러한 아이러니가 왜 일어나겠습니까? 바로 주한미군 때문이지요. 만약에 미국과 북한 사이에 불가침 조약이나 평화협정이 맺어진다면 주한미군이 계속 여기 유지해야 할 법적인 명분이 약하거나 사라져 버립니다. 만에 하나 주한미군이 철수하게 된다면, 냉전 시대 이후, 냉전 종식 이후, 미국의 가장 큰 대외정책 목표라고 할 수 있는 중국을 견제하고 봉쇄하는데 구멍이 뚫리게 됩니다. 그래서 중국을 견제하고 봉쇄하기 위해서는 주한미군이 계속 여기에 있어야 하죠. 물론 미국의 국방정책에는 이것을 명시하지는 않았습니다. 미국 국방정책에는 뭐라고 하느냐 하면, 남북한이 통일되더라도 주한미군은 계속 유지돼야 한다, 그렇게 밝히고 있습니다. 만약에 주한미군의 가장 큰 역할이 북한의 남침을 저지하는데 있다면 왜 남북이 통일된 이후에도 유지돼야 한다고 주장하겠습니까? 그게 아니지요.

실질적으로는 중국을 견제하고자 하는데, 중국을 견제하거나 봉쇄하기 위해서는 주한미군을 유지해야 하고, 주한미군을 유지하기 위해서는 북한을 깡패로 만들어야 합니다. 절대 협상을 할 수가 없지요. 그래서 저는 주한미군이 남아 있는 한 한반도 평화는 절대로 오지 않는다고 생각합니다.

김유정 남한의 통일운동세력이 내걸었던 '자주·민주·통일'이라는 구호는 그 연원이 어디에 있습니까?

이재봉 1972년 남북공동성명, 여기에서 나온 것이라고 봐야지요. 그리고 구호 자체는 거기에서 나왔다고 생각합니다만 이러한 정신이야 오래전부터 있어 오지 않았겠어요?

김유정 이러한 '자주·민주·통일' 구호가 북한의 대남혁명노선과 관련이 있습니까?

이재봉 글쎄요. 주한미군 철수라든지 자주, 이런 것을 전부 다 북한과 연결시키려고 하는데, 당연히 북한에서 이걸 주장하고 우리도 이걸 주장하는데 이러한 가치는 북한이 주장을 했든 하지 않았든 우리가 반드시 받아들여야 되지 않겠습니까? 우리가 먼저 할 수도 있고, 북한이 먼저 할 수도 있고, 그런데 우리는 우리 남쪽의 진보운동가들이 북쪽을 추종해서 자주·민주·통일을 이룰 것이라고는 전혀 생각하지 않습니다. 우리 남쪽의 진보운동가들을 너무나 무시하는 것이지요. 세상에 어느 나라 사람들이 자주·민주·통일을 거부할 사람들이 누가 있습니까? 거부한다는 게 이상한 것이지요.

2013년은 전쟁위기 상황 아니었다

이어진 검사 정재욱, 김훈영과의 반대신문에서도 이재봉은 자신의 견해를 분명하고도 거침없이 밝혔다.

정재욱 2013년과 1994년 상황을 비교하면 94년은 전쟁위기 상황이었고, 2013년은 전쟁위기 상황이 아니었다, 이런 말씀인가요?

이재봉   93년, 94년에는 북한의 도발이 아니라, 미국이 폭격하려고
        했다니까요. 그리고 우리 남쪽에서도 전쟁 준비한다고 방
        송 사고가 난 적이 있습니다. (…) 그런데 2013년에는 그 무
        렵에 우리 남쪽의 장성들이 전방에서 골프를 쳤다는 보도
        까지 나왔어요. 3~4월에 북한이 전쟁을 실시할 만한 그런
        징후가 보였다면 아무리 정신 나간 군인들이라고 하더라도
        지휘관들이 골프를 칠 수 있었겠어요? 그러니까 군부에서
        는 북한의 위협적인 발언을 그냥 상투적인 표현이라고 생각
        한 거죠. 그걸 어떻게 전쟁 위기라고 할 수 있습니까?

정재욱   증인이 북한이 평화협정 체결 전에는 군사적인 도발을 계속
        할 것이다, 이런 취지의 말씀을 하셨는데.

이재봉   군사적 도발이 아니라, 우리가 흔히 말하는 도발이라는 건
        데, 미국하고 우리는 엄청난 대규모 군사훈련을 일 년에 몇
        차례씩 합니다. 그것도 아주 민감한 지역에서요. 우리는 그
        냥 당연한 거예요. 북한이 소련, 지금의 러시아나 중국을 불
        러들여서 군사훈련한다는 소식 들어본 적 있습니까? 그런
        데 우리는 군사훈련 하면 당연시 되는 것이고, 북한이 미사
        일 발사하면 도발이 되는 거예요. 이것도 저는 균형 있는 시
        각이 아니라고 생각합니다.

정재욱   천안함 사건이나 연평도 포격이 남쪽에서 자극했기 때문이
        고, 한미합동군사훈련 때문이다, 이렇게 분석을 하셨는데.

이재봉   저는 확실하게 그렇게 믿습니다.

정재욱   정전협정 이후에 북한이 수백 회에 걸쳐서 정전협정을 위반

하는 행위를 하고, 그 과정에서 많은 군사도발과 사건이 있었고, 다수의 인명이 살상되는 그런 일들이 있었는데요. 이와 같은 현상은 북한의 대남전략이나 대남정책과는 무관한 것인가요?

이재봉 관련이 있겠지요. 그런데 정전협정을 수백 번 어겼다고 하셨는데, 우리는 정전협정을 어기는 건 북한, 간첩 보내는 건 북한, 이렇게만 생각하고 있어요. 남한이나 미국에서는 간첩 안 보냅니까? 정전협정은 미국이 더 먼저, 더 크게 위반했습니다. 핵무기를 도입하기 위해서 중립국 감시위원회를 무력화시키고 핵무기 도입했어요. 그것처럼 큰 정전협정 위반이 없습니다.

북의 핵과 장거리미사일은 미국 겨냥한 무기

김훈영 2013년 3월부터 시작해서 5월까지도 전쟁 상황은 아니었다는 것이었고요.

이재봉 네, 위기상황이 아니었다고.

김훈영 그렇다면 2012년 12월에 있었던 광명성 3호 발사, 2013년 2월에 있었던 3차 핵실험 등도 전쟁 위기 상황과는 관계가 없다, 이런 의견이십니까?

이재봉 남쪽을 침략하기 위해서 미사일 개발하고 핵무기 실험 하겠습니까? 우리 남한을 쏘는데 장거리 미사일 필요 없습니다.

백두산에서 한라산까지 거리 얼마나 됩니까? 그런데 북한이 개발한 것은 소위 ICBM으로, 장거리 미사일로 만들 수 있는 거예요. 인공위성. 그것은 미국을 겨냥한 것이지, 그것이 어떻게 우리 남쪽을 겨냥한 것이겠어요.

김훈영 북한과 미국의 전쟁에 관련된 이야기일 뿐, 북한과 남한의 전쟁에 관련된 이야기는 아니다, 이런 말씀이신가요?

이재봉 네, 제가 강조하듯이 미국의 위협에 맞서서 자위수단으로 한 것이지, 우리 남한을 공격하려면 장사정포면 충분한데, 단거리 미사일로도 충분하고. 우리 남쪽에 중거리 미사일도 필요 없지요. 서울까지 얼마나 됩니까. 100Km밖에 더 되겠어요? 휴전선에서 무슨 장거리미사일이 필요합니까.

김훈영 체제 유지를 위한 자위적인 수단에 불과하고 전쟁 위기와는 관계가 없다고 본다, 이런 말씀이지요'?

이재봉 네.

2013년 5월 12일 강연을 전후한 무렵이 전쟁위기 상황이었는지의 여부를 검사들이 재차 묻는 이유는 검찰 측의 공소요지나 1심판결문에서 "당시 피고인들이 북한이 전쟁을 일으켰을 때 북한에 동조하는 폭동을 일으키려고 했다."고 주장하고 있기 때문이다. 그러나 이재봉은 당시의 상황은 미국의 위협에 대한 북한의 거친 대응 정도로 분석할 수 있다고 설명했다.

또한 한반도의 평화를 위협하는 것은 미국이라는 견해를 분명히 밝혔다. 북한은 공식적으로는 주한미군 없는 평화협정을 내세우고 있지만, 실질적으로 협상하는 데 따라 달라질 수 있다고 하면서 남한과 미국은 하루빨리 평화협정을 체결하기 위한 협상에 나서야 한다고 주장했다.

지난 수십 년 동안 북한은 평화협정을 원했고 이를 거부한 것은 미국과 남한 정부인만큼 이제는 전향적인 자세로 바꿔야 한다는 것이다.

16

'말'로 하는 내란
한국에만 있다

> "
>
> '김일성만세'
> 한국의 언론자유의 출발은 이것을
> 인정하는 데 있는데
> 이것만 인정하면 되는데
> 이것을 인정하지 않는 것이 한국
> 언론의 자유라고 조지훈이란
> 시인이 우겨대니
> 나는 잠이 올 수밖에
>
> "

– 김수영 시 〈김일성만세〉 중에서 –

표현의 자유에 해당하는 녹취록 내용

제8회 공판에는 또 한 사람의 중요한 증인이 출석했다. 한국의 대표적인 인권운동가 박래군[24]이 나온 것이다.

김칠준 (사건 당시 언론에 공개된 녹취록을 읽고) 증인은 당시 녹취록의 내용을 어떻게 이해했었습니까?

박래군 당시 남북 간의 관계가 굉장히 긴박해지는 상황이었고, 이

---

24 연세대학교 국어국문학과 졸업. 대학시절에 학생운동과 노동운동을 하다가 1988년 동생 박래전이 노태우 정부에 항의하며 분신해 숨진 뒤 본격적으로 인권운동가의 길로 들어섰다. 동생 박래전은 1988년 6월 4일 숭실대학교 학생회관 옥상에서 분신해서 자살한 숭실대학교 국문학과 재학생이었고, 분신 당시 "광주는 살아 있다" "군사 파쇼 타도하자" "청년학도여 역사가 부른다"라는 구호를 외쳤다. 양심수 석방, 고문 추방, 의문사 진상 규명 활동부터 주거권, 최저임금, 비정규직 문제까지 인권의 지평을 넓혀온 한국의 대표적인 인권운동가이다. 평택 대추리 미군기지 반대운동과 용산 철거민 참사 범국민대책위원회 활동 과정에서 세 차례 구속된 바 있다. 또한 국가보안법폐지국민연대 집행위원장을 맡아 활동하고 있다. 세월호 참사 진상 규명을 요구하는 '4월 16일의 약속 국민연대'(4·16연대) 상임운영위원으로 활동하다가 세월호 추모행사에서 집회 및 시위에 관한 법률 위반 및 특수공무집행방해 등으로 2015년 7월 구속, 수감되었다가 그해 11월 보석으로 풀려났다.

런 속에서 정세강연회와 토론회를 진행한 것으로 이해하고 있습니다. 그래서 한국에서 전쟁이 일어나게 되면 미국에 의해서 전쟁이 일어나는 것이고, 그런 전쟁을 막기 위해서 어떤 것을 중장기적으로 준비할 것이냐, 이런 것을 이석기 의원이 강연을 통해서 제기하고 분임토론을 하게 되었던 것이고, 분임토론은 다른 토론에서와 마찬가지로 별의별 얘기가 다 나올 수 있는 것이지요. 그래서 그런 얘기들이 많이 나왔지만 가장 중요한 부분들이 아직 준비 역량이 부족하니 거기에 대해서 준비하자, 이런 정도로 얘기한 것이어서 이걸 내란음모로 본다는 것은 말이 안 되는 것이고, 표현의 자유의 영역에 해당하는 것으로 저는 생각하고 있습니다.

김칠준 표현의 자유 영역에 속한다고 이해했다는 것이 증인이 그 자리에서 나왔던 발언에 동의한다든가, 같은 생각을 가지고 있다는 것을 의미하지는 않지요?

박래군 그렇지요. 표현의 자유라고 하는 것에서 가장 핵심적인 부분은 그 사회에서 동의하지 않거나 혐오하는 그런 소수의 사상이나 의견조차도 관용하는 것이고, 그것을 어떤 두려움도 없이 표현할 수 있는 것이거든요. 그것도 옹호하는 것이 당연히 민주주의, 자유민주주의의 기본이라고 생각한다면 그때 강연회나 분임토론에서 얘기했던 것은 저의 생각과 다를 수는 있지만 자유롭게 이야기할 수 있는 부분이라고 할 수 있습니다.

김칠준 증인은 이 사건 내란음모라는 공소사실은 결국은 2013년 5

월 12일 정세강연회에서의 말, 즉 발언을 근거로 하는 것이기 때문에 내란음모로 기소된 것은 '표현의 자유'라는 인권을 제약하는 것이라고 생각했던 것이지요?

박래군 그렇습니다. 내란이라고 그러면 총이라도 들고 싸우는 이런 내전 상황을 염두에 두는 것인데, 그래서 외국에서는, 앰네스티(국제사면위원회, Amnesty International)라는 단체에서는 이것을 번역하기가 굉장히 어렵다고 그러더라고요. 외국에서는 내란 하면 총 들고 싸우는 내전, 이런 부분들인데 과연 그것을 준비한 것이냐, 그러면 이석기 의원을 비롯한 거기에 참가한 사람들이 그런 것을 구체적으로 준비한 것이 있느냐, 이런 것이거든요. 그런 것들 없이 말로만 했던 이런 부분을 가지고 내란음모 사건이라고 처벌한다고 하니까 외국 상황에서는 이해가 안 되는 거라고 할 수 있습니다.

김칠준 앰네스티 같은 곳에서는 내란음모 경위를 영어로 번역하는 데도 어려움을 겪고 있다는 뜻인가요?

박래군 네.

김칠준 증인에게 국제인권법상의 표현의 자유에 한정해서 몇 가지 더 묻겠습니다. 증인은 우리나라도 조약 당사자국인 시민적, 정치적 권리에 관한 국제규약(이하 '자유권 규약') 제19조가 표현의 자유에 관해서 규정하고 있는 사실은 알고 있지요?

박래군 네, 잘 알고 있습니다.

김칠준 19조 표현의 자유의 구체적인 내용에 대해서 알고 있습니까?

박래군 19조는 3개 항으로 이루어졌는데 먼저 1항은 의견을 가질 권리에 대해서 규정하고 있고, 2항은 표현의 자유와 관련해서 국경에 상관없이 어떤 수단과 방법을 통해서 취득한 의견이라고 하더라도 자유롭고 평화롭게 표현할 수 있다고 하는 것이고요. 3항은 ….

김칠준 3항에 대해서는 제가 묻겠습니다. 증인은 제19조 3항에서 법률에 의해서 규정된 경우에 한해서 타인의 권리 또는 신용의 존중, 국가안보 또는 공공질서 또는 공중보건 또는 도덕의 보호를 위해서 필요한 경우에만 일정한 제한을 받을 수 있다고 규정한 사실을 알고 있지요?

박래군 네.

비상사태에도 보호돼야 할 사상의 자유, 의견의 자유

김칠준 증인은 유엔자유권위원회가 2011년 7월 제102차 회기에서 자유권 규약 제19조의 해석과 관련해서 자유권 규약 일반논평(이하 '일반논평')을 의결해서 발표한 사실을 알고 있습니까?

박래군 네, 알고 있습니다.

김칠준 한 마디로 일반논평은 인권에 관한 규약을 해석, 적용하는 기관인 조약기구가 내놓은 그 규약의 구체적인 내용에 대한 해석기준이기 때문에 사실상 규약과 동일한 효력을 갖고 있다고 볼 수 있는 것이지요?

박래군 네, 그렇습니다.

김칠준 그렇다면 자유권규약 일반논평34의 경우에도 자유권규약 19조의 표현의 자유와 그에 대한 제한에 관한 내용이 너무 추상적이기 때문에 남용될 위험이 있어서 이것을 보다 명확하게 할 목적으로 유엔자유권위원회가 의결한 해석 지침이지요?

박래군 네, 그렇게 알고 있습니다.

김칠준 자유권규약 제4조에서는 '국민의 생존권을 위협하는 공공의 비상사태의 경우에 있어서 규약 당사국은 당해 사태의 긴급성에 의하여 엄격하게 요구되는 한도 내에서 이 규약상의 의무를 위반하는 조치를 취할 수 있다'고 하면서 제18조 사상, 양심, 종교의 자유 등 인권의 핵심적인 사항에 대해서는 비상사태의 경우라고 하더라도 제한할 수 없도록 규정하고 있지요?

박래군 네, 그렇습니다.

김칠준 그런데 위 자유권규약 제4조에서 제한할 수 없는 경우로서 18조 사상, 양심, 종교의 자유에 대해서는 열거하고 있지만 19조의 '의견의 자유'를 열거하고 있지 않았었지요?

박래군 네, 국제인권법에서는 이런 사상의 자유나 의견을 가질 권리 같은 경우는 절대적 권리로 보호하는 것이지요. 비상사태를 포함해서 어떤 경우에도 이 부분은 침해되면 안 된다고 되어 있는데, 우리나라 같은 경우는 국가보안법이 있어서 이런 사상, 의견 자체를 처벌하는, 국제인권법의 당사자국임에도 불구하고 이것을 위반하는 법이 계속 존속되고 있어서, 이걸로 처벌하고 있는 상황이지요.

김칠준 자유권규약 제4조에는 명시적으로 19조의 의견의 자유는 열거하지 않았지만, 해석지침인 일반논평34에서 이 의견의 자유도 국가의 비상사태 등의 경우에도 유예되어서는 안 될 권리로 해석하고 있는 것이지요?

박래군 네, 그렇습니다.

김칠준 또한 의견의 자유와 관련해서는 '모든 형태의 의견이 보호되며, 여기에는 정치적, 과학적, 역사적, 도덕적, 종교적 성격을 가진 의견이 포함된다. 의견을 가졌다는 것을 범죄화하는 것은 제19조 제1항에 부합되지 않는다. 개인이 가지는 의견을 이유로 체포, 구금, 재판, 수감하는 등 개인을 괴롭히고 협박하고 낙인화하는 것은 제19조 제1항에 위배된다'라고 정하고 있지요?

박래군 네, 인권의 원칙에 위배된다고 하고 있고, 인권을 떠나서 국제사회의 어떤 관행으로 보더라도 의견 자체를 가지고 처벌하는 것은 민주사회라고 볼 수 없다는 것이 일반적인 평가가 아닐까 생각합니다.

국가안보와 표현의 자유 및 정보접근에 관한
요하네스버그 원칙

김칠준   요하네스버그 원칙에 대해서 묻습니다. 증인은 소위 요하네스버그 원칙에 대해서 알고 있습니까?

박래군   네.

김칠준   어떤 것입니까?

박래군   1995년에 '아티클19'라고 하는 국제인권단체가 소집한 회의이고, 1995년 10월경에 남아프리카공화국의 요하네스버그에서 회의가 소집되어 논의를 했습니다. 유엔을 비롯해서 유럽과 미주, 세계 각국의 전문가들이 다 모였습니다. 지구상에서 국가 안보를 이유로 표현의 자유를 굉장히 많이 침해하니까 전문가들이 명확하게 기준을 만들어서 국가가 침해할 수 있는 표현의 자유의 범위가 어디까지냐, 이런 것들을 규정한 것으로 볼 수 있습니다. 이것은 이후에 국제인권기구들을 비롯해서 유엔에서 받아들여서 표현의 자유와 관련된 관습법으로서 인정되고 있습니다.

김칠준   그래서 요하네스버그 원칙의 정확한 명칭은 '국가안보와 표현의 자유 및 정보접근에 관한 요하네스버그 원칙'이지요?

박래군   네.

김칠준   요하네스버그 원칙 '7'은 표현의 자유에 대한 권리의 평화적인 행사는 국가 안보에 대한 위협으로 간주되어서는 안 된다고 규정하고 있는데, 맞습니까?

박래군   네.

김칠준   특히 위 요하네스버그 원칙 '7'의 2호에서 국가, 국가의 상징, 국민, 정부, 정부기관 내지 공무원 또는 외국, 외국의 상징, 국민, 정부, 정부기관 내지 공무원에 대한 비판과 모욕적 표현은 국가안보에 대한 위협이 되지 않는 표현의 예로 명확하게 규정하고 있습니까?

박래군   네, 그렇습니다. 미국의 예를 자꾸 들어서 죄송한데, 미국에서 성조기를 태우는 것 때문에 기소된 적이 있었는데, 연방대법원에서 표현의 자유는 옹호되어야 한다고 해서 무죄선고를 한 것으로 알고 있습니다.

김칠준   위 원칙에 의하면 미국을 '미 제국주의'라고 표현하거나, 이에 맞선 싸움을 '반미대결전'이라고 표현하는 것을 국가안보에 위협이 되는 표현이라고 볼 수는 없다고 보십니까?

박래군   네. 미 제국주의로 쓰든 뭐라고 하든 그 표현 하나하나를 가지고 사법적인 잣대를 들이대는 것 자체가 인권과는 거리가 먼 것이지요. 인권 원칙에 위배되는 것이라고 봐야 할 것입니다. 요하네스버그 원칙에 어긋나는 것이고, 우리가 가입하고 있는 자유권규약 19조에 위배되는 것으로 볼 수 있죠. 표현은 자유롭게 할 수 있고 토론을 통해서 검증하면 되지 국가보안법으로 처벌하는 것은 국제인권법에서는 비상식적인 것으로 보고 있습니다.

김칠준   위 요하네스버그 원칙에 의하면 '정부를 바꾸자는 표현, 국가나 국기를 모욕하는 표현, 징병반대, 전쟁반대' 등의 표현도 일반적으로 '국가안보에 위협이 되지 아니하는 표현'이라고 보고 있지요?

박래군   네.

김칠준   요하네스버그 원칙은 단지 이상적인 차원에서가 아니라 이미 많은 국가에서 '현실'의 법적 원칙으로 자리 잡은 기준입니까?

박래군   네, 그렇게 봐야 할 것 같습니다.

김칠준   한국의 국가보안법과 관련해서 몇 차례 보고서가 발표되었는데, 보고서들은 공히 '공공연히 통용되는 자료를 소유하기만 했다는 이유로, 그들의 행동이 적을 이롭게 할 것이라는 점을 알고 있었다는 가정하에 유죄판결을 받았던' 것에 대하여 심각하게 우려를 표했었지요?

표현의 자유 원천봉쇄하는 국가보안법은 미국 정부도 비판

박래군   네, 유엔만이 아니라 우리가 우방이라고 하는 미국 정부가 매년 내놓은 인권 관련 연례 보고서에서 매년 지적하는 사항이기도 합니다. 국가보안법은 표현의 자유를 원천적으로 제약하는 악법이기 때문에 폐지되어야 한다, 라고 명확하게 거듭해서 밝히고 있습니다.

김칠준   특히 1999년 11월 1일 자유권위원회는 최종 견해를 발표하면서 '단지 사상의 표현이 적성단체의 주장과 일치하거나 그 실체에 대해서 동조하는 것으로 여겨진다는 이유만으로 사상의 자유를 제약하는 것은 허용하지 않는다.'라고 하여, 국가보안법의 단계적 폐지를 1992년에 이어 다시 권고한 바도 있었습니까?

박래군　네, 그렇습니다. 그리고 개별 사건이 제소되어서 조사하는 사건마다 항상 그와 비슷한 견해들을 밝히고 있는 것이지요. 예를 들어 신학철 선생의 모내기 그림 같은 경우는 북한 체제를 찬양했다고 해서 처벌을 받았는데, 유엔에서는 그것이 무죄라는 것을 분명히 했었고요. 그밖에 여러 건 우리가 국가보안법과 관련된 개별 사건과 관련해서 제소했을 때마다 비슷한 견해를 밝혔고, 한국 정부에 거듭해서 국가보안법을 단계적으로 폐지하라고 요구하고 있습니다.

김칠준　증인 역시 북한에 우호적이거나 이적 동조로 여겨진다는 이유로 이를 북한과의 이념적 연계성의 근거로 삼고, 폭동을 실현할 의도가 있었다고까지 추단하는 것은 바로 이런 국제 규약에 어긋난다고 보고 있습니까?

박래군　네, 그렇습니다.

김칠준　결국 이 사건 내란음모의 대상이라는 것이 2013년 마리스타 수도회 강연과 토론 발언을 통해서 나왔던 내용들이고, 따라서 그런 것들은 원칙적으로 표현의 자유로서 보장되어야 하고, 엄격하게 보장되는 표현의 자유의 한계를 벗어나는 것이냐 이런 관점에서 바라봐야 된다는 것인가요?

박래군　네, 그렇습니다.

검찰 측 반대신문에서 검사 최재훈은 박래군에게 국제 인권단체의 영어 약자를 정확히 아는지 물었다. 인권운동가로서의 전문성을 검증한다면서 그런 질문을 던졌는데 방청석에서 야유가 터져 나오고 재판장마저 부적절한 질문이라고 지적했다.

최재훈 그 약자가 HRC인데요. 혹시 'Human Right Committee' 라고 들어보신 적 있습니까?

박래군 네, 인권이사회라고 번역합니다.

최재훈 인권이사회는 'Human Right Council'이고요. 'Human Right Committee'는 다른데 혹시 모르십니까?

박래군 바뀌었잖아요. 몇 년 전에 바뀐 것 아시지요? 인권이사회로 번역하고요.

최재훈 죄송한데 바뀐 것도 인권이사회는 'Human Right Council'이 그전에 'Commissioner Human Right'라는 데서 바뀐 거예요. 지금 말씀하시는 'Human Right Committee'가 ….

박래군 저한테 가르치려고 그러십니까?

최재훈 아니, 증인이 전문성이 있다고 해서 질문하려고 하는 것입니다.

검사의 뻔뻔스러운 신문 태도에 방청석에서 야유와 고함이 터져 나왔다.

이민걸 뒤에 조용히 하세요. 지금 소리 지른 사람 일어나세요. 바로 퇴정하시기 바랍니다. 자꾸 전문가 증인, 전문가 증인, 이렇게 얘기하시는데, 전문가 증인이라는 것은 사실관계 증인과 구분해서, 경험이나 지식으로 사건에 대해서 증언하는 사람을 통칭해서 전문가 증인이라고 부르는 겁니다. 그런데 그 부분을 그렇게까지 신문을 해서 전문성을 검증해서 할 것은 아닌 것 같습니다.

김칠준 의견을 말씀드리겠습니다. 이 부분은 전문성을 검사한다는 것보다는 영어 약자를 알아야 전문성을 갖고 있다는 편견에 기초해서 이야기하고 있는 모욕적인 질문입니다.

최재훈 그런 취지가 아니고요.

이민걸 제가 듣기에도 그것은 굉장히 모욕적인 질문입니다. 철자 아냐 모르냐, 이렇게 얘기를 하지 마시고, 틀린 얘기를 했으면 틀린 얘기를 지적하시기 바랍니다. (…) 변호인, 가만히 계세요. 최 검사님 취지는 제가 충분히 알겠는데 그렇게 질문하시면 별로 바람직하지 않습니다.

이날 검찰 측은 이 사건의 1심판결과 공소 취지가 세계인권단체의 규정에 어긋난다는 주장은 반박하지 못하고, 전문가 증인의 전문성에 흠집을 내보려는 치졸한 행태를 보여서 빈축을 샀다.

17

내란의 추억

> 새 도끼자루를 만들 때는
> 헌 도끼자루를 보고 그것을 본으로 삼으며,
> 뒤에 가는 수레는 앞 수레의 바퀴 자국을 거울삼아
> 조심한다고 저희들은 들었습니다.
> 이미 흘러간 국가의 흥망성쇠 역사야말로
> 미래 사람들이 감계로 삼아야 할 것이기에
> 이에 한 편의 서사를 편찬해
> 주상전하께 감히 바치는 것입니다.

— 진고려사전(進高麗史箋)* 중에서 —

* 《고려사》를 올리는 전문.
조선 시대인 1451년 정인지 등이 《고려사》를 편찬해서 문종에게 올리면서 붙인 전문.

한국현대사의 내란음모 사건들

2014년 6월 30일 항소심 제9회 공판에서는 역사학자 한홍구[25]가 전문가 증언을 하기 위해 나왔다. 한홍구는 한국현대사에서 벌어졌던 내란음모 사건의 역사에 대해서 자세히 진술했다.

김유정   5·16쿠데타 이후, 쿠데타 주역들의 권력투쟁 과정에서 박정희는 주도권을 잡기 위해 정적들에게 내란혐의를 씌워서 이들을 제거해 나갔었지요?

한홍구   네. 대표적인 사람은 당시 육군참모총장이었고 국가재건최

---

25 서울대학교 국사학과 졸업. 서울대학교 대학원 석사, 미국 워싱턴대학교 박사 학위 취득. '국가정보원 과거 사건 진실 규명을 통한 발전위원회' 위원 역임. 현재 성공회대학교 교양학부 교수, 평화박물관 이사로 재직 중이다. 〈한겨레〉와 〈프레시안〉 등의 매체에 현대사를 주제로 한 칼럼 연재. 《대한민국사 1, 2, 3, 4권. 한홍구의 현대사 다시 읽기》, 《특강 한홍구의 현대사 이야기》, 《1%의 대한민국》, 《유신 오직 한 사람을 위한 시대》 등의 저작물이 있다.

고회의 의장을 지냈던 장도영 장군도 내란혐의로 걸려들었고, 혁명검찰부에서 검찰부장으로 막강한 세력을 떨치던 박창암 장군도 내란혐의로 걸려들었는데, 실제로 병력을 동원하는 그런 모의가 이루어진 사건은 최고회의 공보실장으로 박정희의 입이라고 불렀던 원충연 대령이 1965년에 일으킨 사건 하나뿐인 것으로 알고 있습니다.

김유정 당시 권력으로부터 제거의 대상이 되었던 장도영, 김동하, 최주종 등은 내란죄로 재판정에서 사형이나 무기징역 등이 선고되었지만 실제로는 형 면제나 감형이 되어서 나중에는 마사회 회장을 하거나 주택공사 사장이 되는 등 혜택을 받기도 했지요?

한홍구 네, 그렇습니다.

한홍구는 박정희가 1964년에 한일회담 추진을 반대하던 서울대생 김중태를 비롯한 대학생들을 내란죄로 구속기소했다가 증거가 없으니까 기소하지 못하고 소요와 집회 및 시위에 관한 법률 위반 혐의를 적용한 사례와 같은 해 고려대학교의 '구국투쟁위원회' 집행부 중 한 명인 이명박을 내란혐의로 기소한 사건 등에 대해서 진술했다. 이어서 김유정 변호사는 인혁당 사건에 관한 증인신문을 이어나갔다.

김유정 1964년 8월에 발생한 1차 인민혁명당 사건, 이하 인혁당이라고 하겠습니다. 박정희 정권이 각종 학생 시위의 배후에 불순세력이 있다는 것을 주장하기 위해서 조작한 것이었지요?

한홍구 네, 그렇습니다.

김유정 위 인혁당 사건이 발표된 시기와 배경에 대하여 설명해 줄 수 있습니까?

한홍구 그때는 1964년 8월인데 1963년 12월에 민정 이양을 하고 대통령이 되어 정부가 출범했습니다. 군복에서 양복으로 갈아입고 6개월 만에 6·3사태가 일어난 것인데요. 학생들 입장에서는 4·19처럼 대규모 학생 봉기에 시민이 가세하는 형태로 박정희 정권의 퇴진을 꿈꾸었던 것 같고, 정권 차원의 위기감을 느낀 박정희 정권이 이 사건을 날조했습니다. 이 사건은 서울지검 공안부, 지금 검사석에 나와 계신 분들의 대선배일 거라고 생각하는데요. 그 당시 공안부 검사가 전부 넷인데 네 명 다 사표를 내기로 했다가 최대현 검사 한 사람만 중앙정보부 편으로 돌아서고, 나머지 세 분인 이용훈, 김병리, 장원찬, 이 검사들이 사표를 냈습니다. 사표를 낸 이유는 이 사건이 너무나 터무니없이 조작되었고, 고문으로 자백을 받았기 때문이고, 반국가단체라고 하면 강령이 있거나 규약이 있거나 명확하게 결성됐다는 증거가 있어야 하는데 그런 게 전혀 없지 않느냐, 그래서 이 사건에 대해서는 못하겠다고 한 거죠. 당시 검찰총장 신직수가 중앙정보부 차장을 하다가 온 지 얼마 안 된 사람이었습니다. 그래서 그때 검찰에서는 사건 수사를 하지도 않은 당직 검사가 서명을 해서 우격다짐으로 기소했던 아주 유명한 사건입니다. 제가 이 사건에 관해서는 국정원 과거사위에서 민간위원으로서 담당해서 조사했기 때문에 어떻게 조작되었는지 잘 알 수 있고요. 가장 핵심적인 조작은 이 사건에서 간첩이 내려와서 인혁당을 조직하고 북으로 복귀했다는 부분이었는데, 제가 중앙정보부 내부 문서에서 찾은 자료에 의하면 그 간첩이라는 게 북에서 보낸 남파간첩이 북으로 복귀한 것이 아니고, 미군 첩보부대에서 북으로 침투시킨 북파간첩이었습니다.

그래서 그 점에 대해서는 유가족들이 재심을 청구해서 무죄판결을 받았고, 국가 배상까지 끝난 사건으로, 동아대 교수였던 김상한이라 분이 북파간첩이었음에도 불구하고 남파간첩이라고 조작했던 게 이 사건의 핵심입니다. 10년 뒤인 1975년도에 (제2차) 인혁당 사건으로 8명을 사형시킬 때도 박정희 대통령이 '인혁당은 간첩이 조직한 것이야!'라고 하면서 사형시키라고 했다는 유명한 얘기가 전해집니다.

화염병 100개로 내란음모 도모?

한홍구는 계속해서 1965년 8월에 한일국교정상화가 막바지 단계에 들어섰을 때 박정희 정권이 학원에 대한 초강경 대응 방침을 세우고, 데모의 주도자급에게 반공법과 내란선동죄를 적용하라고 경찰에 지시한 사건에 대해서 증언했다. 또 그해에 예비역 장성들이 애국시민들에게 총부리를 겨누지 말라는 호소문을 신문지상에 발표했는데 데모가 거세지자 그들 중 4명을 내란죄로 기소하기도 했다.

1965년에는 육군참모총장 출신의 현역의원인 김형일이 원충연 대령 사건에 연루되어 내란죄로 구속되기도 했다. 1965년 11월경에는 김두한 한독당 의원이 내란음모 사건에 연루되어 구속되었다. 현역 의원이 구속되었던 내란음모 사건에 대해서 한홍구는 다음과 같이 말했다.

한홍구   그때 50년 전에는 김형일 의원과 김두한 의원, 두 국회의원이 따로따로 구속됐었는데, 그때 국회는 지금 국회와 달라서 사건이 명백하게 조작되었다고 판단하고 석방동의안을 가결시켜서 두 분 다 석방되었습니다.

한홍구의 증언을 들어보면 50년 전에는 검사들이나 국회의원들이 지금보다 훨씬 양심이 살아있었다는 것을 알 수 있다. 한홍구도 그런 취지로 당시의 역사를 되돌아보고 있었다.

김유정   3선 개헌 등을 거친 이후 박정희 정권하에서 1971년 11월 13일 중앙정보부는 서울대생 내란음모 사건을 발표했지요?
한홍구   네, 그렇습니다.
김유정   위 서울대생 내란음모 사건이 발표될 당시 사회적 배경은 어떠했습니까?

한홍구 1970년 전태일의 분신을 시작으로 해서 1971년에 대통령선거가 있었던 해입니다. 그때를 전후해서 수련의들이 집단행동을 하고 71년에는 사법파동이 있었습니다. 법관들도 집단행동을 하고, 학원에서는 교련 반대 데모가 있었고, 한시도 바람 잘 날 없는 그런 시기였습니다. 대통령 선거에서는 박정희가 당시로서는 신인에 가까웠던 김대중에게 대단히 고전했고, 국회의원 선거에서는 사실상 정치적으로 야당이 승리를 거두는 그런 상황이었기 때문에, 박정희가 코너에 몰린 상태에서 뭔가 큰 사건이 필요했기 때문에 내란음모 사건을 조작했다고 보고 있습니다. 이 사건을 갖고도 수습이 안 됐기 때문에, 내란음모 사건을 발표하고 한 달쯤 지나서 비상사태를 선포했고, 비상사태 선포해도 수습이 안 되니까, 다음해 가을에 탱크를 몰고 나와서 계엄령을 선포하고 유신을 하게 된 것입니다.

김유정 당시에 장기표, 이신범, 심재권, 조영래 등 서울대 학생운동 진영의 핵심인물 4명이 구속되었고, 이들은 고문을 당한 끝에 '4·17대선에서 박정희가 다시 당선되자 합법적인 정권교체가 불가능한 만큼 폭력으로 정부를 타도, 전복하는 길밖에 없다고 판단하고 내란을 음모했다.'고 거짓자백을 하게 되었던 것이지요?

한홍구 네, 그렇습니다. 그때 이 사건 때 구속된 분은 네 명이지만 수배된 분이 한 분 있는데 바로 작고하신 김근태 전 의원이었죠. 내란죄로 걸리게 된 이유는 당시 스물세 살, 스물

네 살 먹은 젊은 서울대생이었던 이분들이 자기들끼리 모여서 막걸리 잔을 나누면서 '박정희 몰아내야 한다.'고 했던 거죠. 술김에 농담으로 '박정희 정권이 퇴진하고 나면 너는 법무부장관하고, 너는 문교부장관 해라.' '싫어, 나 중앙정보부장 할 거야.' 이렇게 낄낄거리면서 술을 마셨는데 그게 내란음모죄가 됐다는 웃지 못할 얘기가 있고요. 이 재판을 할 때, 얼마 전까지 경기도 교육감으로 계셨던 김상곤 교수가 당시 군인 신분이었음에도 법정에 나와서 진실된 증언을 해서 용기를 보여줬지만 또 그것 때문에 곤욕을 치렀다는 얘기를 들었습니다.

김유정　공소장에 따르면 당시 '서울대생 내란음모의 피고인들은 1971년 6월 초순경 서울 시내 약 9만 명의 대학생 중 3만 명 내지 5만 명을 동원해서 격렬한 반정부시위를 일제히 전개하여 맥주병과 휘발유 등 화공약품을 사용하여 대형 자동차 한 대를 능히 파괴할 수 있는 화염병 100여 개를 제조, 준비해서 서울 시내 치안과 정부 주요 기관의 기능을 마비시키고 이와 같은 상황을 이용하여 박정희 대통령을 강제로 하야시킨 뒤 김대중을 수반으로 하여 혁명위원회를 구성하여 입법, 사법, 행정 등 3권을 통괄하여 집권한다는 계획을 세웠다.'는 것이지요?

한홍구　네, 공소장에 그런 내용이 들어 있습니다.

김유정　당시에 '화염병 한 개를 만드는데 100원이 드는데, 그렇다면 단돈 만 원으로 내란을 음모했다는 것이냐' 라며 공소장 자체가 허구적이라고 해서 세간의 비웃음의 대상이 되었지요?

한홍구 네, 그렇습니다.

유신시대 최대의 내란 사건, 민청학련 사건

유신시대 최대의 내란 사건은 '전국민주청년학생총연맹 사건', 이른바 민청학련 사건이다.

김유정 위 민청학련 사건이 발표된 배경은 무엇인가요?

한홍구 유신을 선포하고 난 다음 1년 가까이 반정부 데모가 없었는데, 김대중 납치 사건이 있고 난 다음에 1973년 10월 2일 서울대에서 데모가 일어나면서 그것이 일파만파로 퍼져나갔고, 장준하 선생과 백기완 선생 등이 주동이 돼서 유신헌법을 개정하자는 개헌청원운동이 일어났습니다. 개헌청원이라는 것은 유신헌법에서는 그런 절차가 없었지만 그 이전의 3공화국헌법에서는 50만 명 이상의 국민이 발의하면 개헌안을 제출할 수 있는 그런 제도가 있었죠. 국민들은 그것을 다 기억하고 있는 상태이기 때문에 장준하 선생 등이 개헌청원운동을 시작한 거죠. 지금처럼 인터넷이 있는 것도 아니고, SNS가 발달한 것도 아니었음에도 불구하고 불과 며칠 만에 수십만 명이 서명을 하게 되니까 그런 상황에

서 위기감을 느껴서 긴급조치 1호를 발표하고 장준하, 백기
완 등을 구속시켰어요. 그러나 학생 데모가 수그러들지 않
고 1974년 3월, 봄이 되면서 학생 데모가 전국적으로 확산
되려는 조짐을 보이자 중앙정보부에서 선제 타격을 가한 것
이 민청학련 사건입니다.

김유정 당시에 천여 명이 넘는 학생들이 조사받고 230여 명이 구속
되었지요?

한홍구 네, 그렇습니다.

김유정 민청학련의 배후로 지목된 인혁당재건위 관계자들 21명도
구속되었고, 1975년 4월 9일 그중 8명이[26] 사형을 당하기도
했지요?

한홍구 네. 조금만 보충을 드리면, 이 사건에서 아주 방대한 인원
이 조사를 받으니까 전국에서 대공경찰, 정보경찰 등을 다
차출해서 조사했습니다.

한홍구의 이야기를 요약하면 다음과 같다. 사건이 끝나고 나서
당시 중앙정보부장이었던 신직수는 박정희에게 중앙정보부 수사국
인원을 증원하겠다고 요청했다. 그가 내세운 이유는 수사관들이 대
학생들에 비해서 자질이 떨어지다 보니 고문 시비가 많이 일어나니

---

26 인혁당재건위 사건 사형수 : 서도원(52, 무직, 전 대구매일신문 기자), 도예종(51, 삼화토건 회장), 하
재완(43, 양조장 경영), 이수병(37, 삼락일어학원 강사), 김용원(39, 경기여고 교사), 우홍선(45, 한국
골든스템프사 상무), 송상진(46, 양봉업), 여정남(31, 무직, 전 경북대 학생회장)

까 앞으로 이런 대형 사건이 일어날 것에 대비한다는 것이었다. 그때 대공수사국 인원 7백 명을 증원했는데, 북한에서는 70년대 이후에 비용은 많이 들고 효율은 떨어진다는 이유로 남파간첩을 잘 내려보내지 않았다. 중앙정보부는 기구는 엄청나게 늘려놓았는데 간첩은 안 내려오고 대형 사건도 일어나지 않으니까 사건을 조작하기 시작했다. 그렇게 해서 1970년대에 간첩조작 사건이 엄청나게 많이 일어났고, 과거사조사위원회가 만들어져서 그 사건들이 수면 위로 떠오르면서 재심 청구가 이어져 사법부의 판결을 기다리게 되었다. 그중 대다수가 무죄판결을 받고 있다.

그렇게 비대하고 방만해진 조직은 국가안전기획부(안기부) 시절을 거쳐 현재의 국가정보원(국정원)으로 그대로 이어졌다. 그리고 할 일이 없는 국정원은 대선에 개입하는 등 국내 정치에 관여하면서 간첩을 조작하는 전통을 이어가고 있다. '이석기 내란음모 사건'은 정보기관의 정치 개입에 대한 반발을 무마하는 동시에 진보정당을 공중 분해시키는 일석이조의 효과를 노린 것이다. 국정원으로서는 중앙정보부 시절부터 내려온 조작의 전통을 오늘에 이어받아 정보기관 유지의 역사적 사명을 다하고 있다고 볼 수 있다.

실제 내란 사건은 12·12, 5·16, 여순 사건

김유정   1980년 김대중 내란음모 사건의 경우에 계엄사령부가 민주세력의 지지를 받는 김대중을 제거하기 위해서 발표한 대표적인 내란음모 조작 사건이지요?

한홍구 네, 그렇습니다.

김유정 앞서 본 내란 사건들은 시간이 지나 그 진실이 밝혀지고, 재심 등을 통해서 관련자들이 무죄를 선고받기도 했지요?

한홍구 네, 그렇습니다. 한국 현대사에서 내란 사건이 굉장히 빈번히 일어났는데요. 실제 내란이라고 할 수 있는 것은 여순 사건이 있었고요. 그 다음에 박정희 대통령이 일으킨 5·16군사반란하고 10·17유신, 이건 친위 쿠데타지요. 그게 내란이었죠. 그 다음에 12·12에서 5·17로 이어지는 그 과정이 내란이었습니다. 실제 병력이 동원된 수준의 내란이라고 하는 것은 그 네 건입니다.

그 나머지 대부분은 정권을 쥔 사람들, 한국사에서는 정권을 쥔 사람들은 아주 불법적인 과정을 통해서 정권을 쥐었었는데, 일종의 내란을 통해서 집권한 자들이 자기의 권력을 유지하기 위해서 무고한 시민들, 또 민주화운동을 하는 사람들을 내란죄로 거는 역사가 끊임없이 반복되어 왔었습니다.

김유정 2013년 8월, 이석기 의원에 대한 내란음모 사건이 발표되었습니다. 발표 당시 사회적 상황은 어땠습니까?

한홍구 그 당시에 국정원이 대단히 위기에 몰렸던 상황 아닙니까. 아마 국정원 댓글 사건의 선거 개입 문제까지 겹치면서 그런 상황이었고, 그때가 8월 4일인가 5일에 김기춘 비서실장이 임명됐습니다. 제가 김기춘 비서실장의 내력에 대해서는 잘 알고 있었기 때문에 작년 연말에 〈한겨레〉에 길게 쓴 바가 있습니다만, (김기춘이 임명되었던 그 무렵에) 〈오마이뉴스〉와 인터뷰를 하면서 그런 얘기를 했어요. 김기춘과 남재준이 투톱이 되어서 아마도 민중에 대한 대탄압이 있을 것이다, 뭐가 발생할지는 몰랐지만 이렇게 얘기했는데요. 그래도 대한민국의 제3당을 겨냥해서 정당해산 심판 청구까지 하고 또 현직 국회의원을 내란음모죄로 잡아넣는 그런 대규모 사건이 터지리라고는, 저도 민중 탄압이 있을 거라고 얘기했지만, 제가 생각했던 것보다 훨씬 큰 대형 사건이 만들어진 것을 보고 저도 대단히 놀랐습니다.

제헌헌법에 담긴 진보적 민주주의

김유정 한국 현대사에서 벌어진 일련의 내란음모 사건들이 던지는 역사적 의미는 무엇이라고 생각하시나요?

한홍구 저는 김대중 내란음모 사건이 우리 사회에서 마지막 내란음모 사건이 될 줄 알았습니다. 왜냐하면, 사형수였던 김대중이 대통령까지 됐기 때문에요. 사형수가 대통령이 되는데 걸린 시간 17년, 그분이 대통령 되고 나서 16년입니다. 그만큼의 시간이 흐른 다음에 또다시 이런 함량 미달의 내란음모 사건이 나온 것을 보고 대한민국의 민주주의가 이렇게 퇴행했구나 하고 아주 슬프게 생각합니다.

이어서 한홍구는 '진보적 민주주의'에 대한 원심법원의 판결이
잘못되었음을 지적했다.

김유정 증인의 말에 따르면 이 사건 원심 법원이, 김일성이 1945년
10월 3일 평양로동정치학교 학생들 앞에서 한 강의나 같은
해 도당 책임일꾼들 앞에서 한 연설에서 '진보적 민주주의'
라는 말을 썼고, 그 내용이 공산당 강화 및 공산당 집결 사
업 등과 연관되어 있어서 자유민주적 기본질서를 위협할 수
있는 내용이라고 판단한 것 자체가 잘못되었다 이 말씀이지
요?

한홍구 난센스라고 생각합니다. 백번을 양보해도 우리가 확인할 수
있는 것은 김일성이 그날 평양로동정치학교에 가서 연설을
했다, 그 연설에 진보적 민주주의와 비슷한 단어를 썼을 수
있다, 그 정도까지가 우리가 인정할 수 있는 최대치라고 생
각합니다.

한홍구는 김일성 연구로 박사학위를 받은 사람으로서 김일성이
'진보적 민주주의'라는 말을 처음 쓴 것이 아님을 강조하면서, 건국
준비위원회 선언문과 임시정부 창립기념일인 1945년 4월 11일에 임
시정부 속기록에 나와 있는 내용을 소개했다. 김규관 의원은 임시정
부 헌법에 대해서 언급하면서 "(임시정부가) 우수한 진보적 민주주의
사상의 기초 위에서 수립됐다."라고 발언했다는 것이다.

김유정 정리를 하면 '진보적 민주주의'라는 단어는 이미 임시정부 시절에서부터 계속 써왔던 말이고, 이것을 사용한다고 해서 민주주의에 반한다거나 아니면 공산주의를 추종한다든가, 사회주의의 입장에 있다든가 이런 취지와는 전혀 무관하다는 것이지요?

한홍구 쓰인 정도가 아니라 임시정부의 헌법과 정부, 그리고 의회가 진보적 민주주의의 사상에 기초해 있다고 임시정부의 문건에 분명하게 규정되어 있습니다. 그리고 대한민국은 임시정부의 법통을 계승했습니다. 그런데 진보적 민주주의를 위헌이라고 하면 우리가 우리 헌법을 짓밟는 게 되는 것이지요.

한홍구는 자신의 외조부이기도 한 초대 법제처장 유진오 박사가 쓴 제헌헌법 해설서인 《헌법해의》의 내용을 가지고 제헌헌법에 반영된 '진보적 민주주의'의 정신에 대해서 설명했다.

한홍구 우리나라는 경제 문제에 있어서 개인주의적 자본주의 국가 체제를 폐기하고, 사회주의적 균등의 원리를 채택했다, (…) 어떻게 부연설명 했냐 하면 우리가 사회주의를 하자는 것은 아닙니다. 그리고 자본주의 국가의 체제를 경제적인 면에서는 폐기하지만 개인주의적 자본주의의 장점은 각인의 자유와 평등 및 창의의 가치를 존중한다, 정치적 민주주의와 경제적 사회적 민주주의는 일견 대립되는 듯하지만 두 주의가 한층 높은 단계에서 조화되고 융합되는 새로운 국가 형태를 실현하는 것을 목표로 삼는다. 이렇게 말씀하셨습니다. 정치적 민주주의는 바로 자유민주주의이고, 사회적 경제적 민주주의는 경제민주화이고, 그 당시에 진보적인 사람들이 봤을 때 이게 바로 진보적 민주주의인 것이지요. (…) 바로 대한민국의 건국정신이 진보적 민주주의인데 그걸 부인하는 것은 친일파들이나 할 얘기이지요.

친일파만이 진보적 민주주의 부정

김유정 당시 제헌헌법에 나타나 있는 진보적 민주주의는 현재 논의되고 있는 통합진보당의 진보적 민주주의보다 그 내용이 훨씬 더 급진적이었던 것이지요?

한홍구 네, 그렇습니다. 여기 계신 판사님들과 검사님들, 변호사님들이야 헌법 공부를 많이 하셨겠지만, 일반인들은 지식인들조차 제헌헌법의 내용을 잘 모르는데, 그 내용이 현재의 기준으로 볼 때 너무나 파격적입니다. 사실은 이게 우리나라의 진정한 우파, 민족적 양심을 가진 우파들이 취했던 태도입니다. 문제는 이 좋은 제헌헌법이 그 이후에 정치적인 격난을 거치면서 휴지조각이 되어 버리고 친일파들이… (득세했다는 거죠). 제헌헌법을 만들었던 분들이 사실은 다 우파거든요. 좌파가 아닙니다. 좌파는 대한민국 정부수립에 참여하지 않았고, 중간파라고 불리는 사람들도 백범 선생 따라서 남북협상을 하러 갔기 때문에 참여하지 않았기 때문에 제헌헌법은 오로지 우파들만 모여서 만들었어요.

이 민족적 양심을 가진 우파들이 친일파들에게 제거당한 거예요. 그게 바로 국회프락치 사건[27]입니다. 국회의원이 중심이 된 내란음모 사건, 그게 이번에 다시 일어났지만 저는 참 비감을 느끼는 게, 1949년에 일어났던 국회프락치 사건의 의미가 뭐냐 하면, 이 사건 터지고 바로 반민특위가 습격을 당하거든요. 바로 반민특위를 깨기 위해서, 국회에서 반민특위 만드는데 앞장섰던 의원들을 남로당 프락치로 몰아서 잡아들였고, 그 다음에 반민특위 습격하고 백범 선생을 암살합니다. 이 세 건이 한 달 반 사이에 일어나고요.

백범 선생 암살하고 나서 그게 끝이 아니라 시작입니다. 딱 1년 후에 한국전쟁이 터지고 누가 숙청당했느냐 하면 최능진 선생을 비롯해서 임시정부 제헌헌법을 만드는데 앞장섰던 세력들이 부역죄 처벌이라는 이름하에 다 숙청당하는 거예요. 한강다리 끊고 도망갔던 친일파들, 김창룡과 노덕술

---

27 이승만 정부가 반민특위의 활동을 훼방 놓은 일련의 움직임. 1949년 3월 제헌국회 의원 중 진보 정치인들이 외국 군대 철수안, 남북통일 협상안 등을 골자로 한 '평화통일방안 7원칙'을 제시하였다. 북진통일만을 강조하던 이승만 대통령은 이들이 남로당과 접촉하였다는 명분으로 당시 국회 부의장 김약수 등 13명을 1949년 4월 말에서 8월 중순까지 3차례에 걸쳐 검거하였다. 이들 상당수는 반민족행위자특별조사위원회(반민특위) 활동에 앞장선 국회의원들로 이른바 1949년 5월 국회프락치 사건으로 구속되는가 하면, 1949년 6월 4일 무장경찰들이 반민특위를 습격하여 특위 활동을 봉쇄하였다. (《시사상식사전》, 박문각)

그런 사람들이 중심이 되어 부역죄 처벌을 합니다. 그게 바로 한국에서 정상적인 민족주의와 민주주의가 침탈당하고 친일파들이 (권력을) 잡게 되고, 제헌헌법이 가지고 있던 기본 정신이 배신당하게 되는 계기였다고 생각합니다.

진보도 6월 항쟁 이후에는 선거혁명만 추구

한홍구는 우리나라는 한국전쟁과 4·19혁명의 기억 때문에 권력자건 진보진영이건 광주항쟁 이후에는 무력 사용을 자제해 왔다는 점을 지적했다. 독재 권력조차 민중을 상대로 총을 쐈다가는 거대한 저항에 부딪힌다는 생각 때문에 87년 6월항쟁 이후에는 선거를 통한 집권만 생각했고, 진보 진영 역시 마찬가지였다고 설명한다.

한홍구 1945년 무렵, 해방의 전환 시기에 나왔던 진보적 민주주의라는 역사적인 기억을 되살려서 오늘날 삼권분립과 선거제도에 입각한 사회의 변혁과 재구성으로 새로운 사회를 꿈꾸었던 분들이 모여서 통합진보당도 만들고 여러 가지 다양한 시도들을 해 왔던 게 아닌가 생각합니다.

한홍구는 한국의 진보진영이 자주·민주·통일을 중요시하게 된 것은 북한의 지령을 받아서가 아니라 식민지에서 해방된 나라, 봉건의 질곡에서 벗어나려는 나라, 둘로 쪼개진 나라에서는 너무나 당연한 노선이라고 말했다.

김유정 한국의 진보운동은 북한의 지령을 받거나 그에 추종해서 자주·민주·통일이라는 과제를 수용하거나 노선으로 정립한 것이 아니라 자신들의 활동을 스스로 평가하고 분석하는 이론적 노력을 통해서 그 활동 방향과 노선을 정립해 왔던 것이지요?

한홍구 네, 그렇습니다.

한홍구는 한국 현대사에서 '내란 사건'이라는 것이 어떤 식으로 조작되고 정치적으로 이용되어 왔는지 실례를 들어가며 조목조목 설명했다. 그는 한국사에서 5·16쿠데타나 광주항쟁 무력진압과 12·12군사반란 같은 불법적인 과정, 일종의 내란을 통해서 정권을 쥔 자들이 자기의 권력을 유지하기 위해서 무고한 시민들, 특히 민주화운동을 하는 사람들을 내란죄로 거는 역사가 끊임없이 반복되어 왔음을 지적했다. 한홍구는 '이석기 내란음모 사건' 역시 그와 같은 맥락에서 봐야 한다고 증언했다.

330

18

—

유대인

정체 모를 공포에 시달리는 가족들

이 사건에는 수만 명의 보이지 않는 피해자들이 있다. 경선 부정 사태를 계기로 시작된 대대적인 종북 마녀사냥과 표적 수사로 만신창이가 된 통합진보당 당원들이 그들이다. 그들은 '종북'이라는 낙인이 찍혀 오랜 지인과 이웃들, 심지어는 가족들로부터 배척당하고 소외당하는 괴로움을 겪었다. 그보다 더 견디기 힘든 것은 두려움이다. 국가기관으로부터 의심받고 감시당한다는 불안감이 그들을 옥죄고 있다. 감옥에 들어가지 않은 사람들도 대부분 마음의 감옥에 갇혀서 살아가고 있다. 그중에서도 가장 큰 피해자는 내란음모 사건으로 구속된 사람들의 가족이다.

미영(가명)[28]은 가슴이 두근거렸다. 그날 이후 걸핏하면 그런 증세

---

28   취재에 응한 구속자 가족들 중 한 사람이다. 본인의 요청에 따라 가명으로 표시했다.

가 나타난다. 안갯속을 걸어가는 것처럼 시야가 부옇게 흐려지고, 눈을 뜨고 꿈을 꾸는 것처럼 세상이 비현실적으로 보이기도 했다. 낯선 사람의 그림자를 보고 깜짝깜짝 놀라고, 누군가 자신을 감시한다는 생각에서 벗어나지 못했다.

엊그제 오랜만에 구속자 가족들끼리 만나서 이야기를 나누다 보니 다들 비슷한 증세를 겪고 있는 것 같았다. 그날 이후 하나같이 울렁증에서 헤어나지 못하고 있다고 했다. 하룻밤도 편하게 잠들지 못했고, 정체 모를 공포에 시달려야 했다. 항상 집 주변을 둘러보고 낯선 사람이 없는지 살피게 됐다. 자다가 부스럭거리는 소리만 나도 깨어나서 다시는 잠들지 못했다. 남들은 못 보는 것을 보고, 남들은 못 듣는 소리를 듣는 일이 반복되면서 이러다 미치는 게 아닐까 걱정하기도 했다.

잊지 못할 그날, 2013년 8월 28일에 남편은 늦게까지 일하다가 새벽 두 시가 넘어서 귀가했다. 날씨가 더워서 미영은 거실에서 잠을 청했고 남편은 안방 침대에서 자고 있었다. 새벽 여섯 시 반쯤 됐을 때 초인종이 울렸다. 인터폰을 들고 밖을 살펴보니 평범한 차림을 한 삼십대 중반의 여성과 정복을 입은 파출소 순경 두 사람이 서 있었다. "무슨 일이죠?" 미영이 묻자 "접촉사고를 내고 뺑소니친 차량이 있다는 신고가 들어왔습니다. 차주가 이 집 주인인 것 같아서 확인하러 왔어요. 문 좀 열어 주시죠."

미영은 어젯밤에 밤늦게 돌아와서 아파트 앞에 주차할 데가 없어서 자신의 소형차를 상가에 주차해 놓았다. 상가 주차장은 비어 있어서 안전하게 주차했고 자신의 차 옆자리는 비어 있었다. 직장 동료들과 만난 곳도 그리 멀지 않았고 차량도 별로 없어서 어디서든지 뺑소니 사고가 날 만한 가능성이 전혀 없었다.

"저는 뺑소니를 한 적이 없어요."

미영이 자신 있게 말했으나 경찰관은 물러서지 않았다. 옆에 서 있는 여자를 가리키며 "이 분이 신고를 하셨는데 이 댁 차가 맞는다고 하거든요. 들어가서 말씀드릴 테니 일단 문 여세요."하고 문 열기를 재촉했다.

미영은 기분이 나빴지만 경찰관이 하도 고집하는 바람에 안방에다 대고 "여보, 접촉사고 신고가 들어왔다면서 자꾸 문 열어 달라는데? 난 그런 적 없는데."라고 남편에게 의견을 물었다. 남편은 잠이 덜 깬 목소리로 "그냥 열어서 확인해 줘."라고 말했다.

미영이 현관문을 여는 순간, 밖에서 억센 힘으로 문을 확 잡아채면서 십여 명의 건장한 남자들이 미영을 밀치고 거실로 들어섰다. 미영이 막아보려고 했으나 역부족이었다. "여보! 여보!" 미영이 소리치자 남편은 본능적으로 안방 문을 잠근 모양이었다. 신을 신은 채 거실로 몰려 올라온 남자들 중 두어 명이 발을 들어 안방 문을 걷어찼다. 문이 부서지고 남자들은 팬티 바람으로 자고 있던 남편을 거실로 끌고 나와 강제로 꿇어 앉혔다.

미영이 나중에 생각해 보니 국정원 수사관들이 이날 했던 모든 행동이 다 불법이었다. 압수수색 영장을 들고 집행하러 왔으면서 뺑소니사고 조사하러 왔다고 속인 것 하며, 문을 부순 것, 그리고 압수수색 대상이 아닌 물건까지 다 쓸어 담아서 가져간 것 등, 어느 것 하나 불법 아닌 것이 없었다. 미영은 처음 겪는 일이어서 그 순간에는 변호사를 불러야 한다든가 적법한 절차를 요구해야 한다는 생각이 떠오르지 않았다. 그저 가슴이 두방망이질 치고 식은땀이 나고 손발이 벌벌 떨릴 뿐이었다. 뺑소니사고 신고자라고 했던 여자는 국정원 직원이었다.

그들은 방마다 다 뒤졌다. 옷장 속의 옷까지 금속 탐지기를 들이대서 조사했다. 아들 방에 놓여있는 컴퓨터는 기숙사에 들어가 있는 고등학생 아들의 것인데 그것도 뜯어서 가져갔다. 수사관 하나가 아들 방을 뒤지면서 성적표를 꺼내 들고는 "아들이 ○○고등학교 다니네요. 공부 잘해요?" 하고 물을 때는 욕지기가 나오려고 했다. 아들이 집에 없는 게 얼마나 다행인지 몰랐다.

다른 수사관이 미영의 가방을 들고 안에 있는 것들을 다 끄집어냈다. 미영이 소리를 지르면서 다가가서 가방을 낚아채려고 하자 수사관은 가방을 붙들고 능글맞은 얼굴로 미영에게 말했다.

"왜요? 미영 씨, 뭐 켕기는 거라도 있어요?"

"이건 제 거예요. 왜 제 물건을 뒤져요?"

미영이 부들부들 떨면서 소리쳤다. 저 재수 없는 인간이 내 이름까지 알고 있구나 하는 생각이 들었다. "압수수색영장이 있더라도 남편 것만 가져가면 되지 왜 내 것까지 가져가는데요?" 라며 미영이 소리를 짜내어 항의하자 수사관은 짐짓 여유 있는 미소를 지으면서 말했다.

"압수수색해야 할 물건인지 아닌지는 우리가 판단하는 거예요. 남편분이 지역에서 아주 평판이 좋던데 수사에 협조를 해야지. 안 그래요?"

심근경색 응급약 니트로글리셀린으로 폭파실험

미영이 가장 기가 막혔던 것은 식구들이 다 같이 쓰는 컴퓨터에 남편이 저장해 놓은 건강정보 폴더를 가지고 국정원이 만들어낸 시나리오였다. 9월 6일 자 〈동아일보〉에 '아르오 조직원의 집에서 사제폭탄 매뉴얼이 발견됐다'는 기사가 나왔는데 그 조직원의 집이라는 게 미영의 집을 말하는 것이다. 남편이 인터넷 카페에서 다운받은 '건강230'이라는 의학정보를 저장해놓은 폴더가 있었는데 저장만 해 두고 열어보지도 않은 그 폴더 안에 니트로글리셀린에 대한 몇 줄짜리 설명이 끼어들어 있었다. 심근경색의 초기 증상에 대한 응급처치용으로 니트로글리셀린 한 알을 혀 밑에 넣어 녹이라는 내용이었다.

국정원은 특수부대원에게 괴상한 방호복까지 입혀서 아르오가 했던 실험이라면서 폭파 실험하는 동영상까지 만들어서 배포했다. 이석기의 집에서 압력밥솥 사용설명서가 나왔다면서 보스턴 압력밥솥 테러와 연관시켜서 보도한 것보다 더 어처구니없는 소설이었다. 심근경색 응급약 니트로글리셀린을 가지고도 폭파실험을 할 수 있는 국가기관이라니! 미영은 국정원과 언론이 합작한 대대적인 협잡사기극을 보면서 그들이 쳐 놓은 덫이 얼마나 크고 무서운 것인지 점점 실감이 났다.

남편이 구속되고 난 후 미영은 여성단체 활동과 지역 활동, 직장 생활에도 타격을 받았다. 남편의 옥바라지와 재판 준비 때문에 파트타임으로 일하던 직장은 어차피 그만둘 수밖에 없었지만 자기 때문에 피해가 갈까봐 알아서 활동을 접은 경우도 있었다. 미영이 관여했던 마을 기업이 RO의 자금줄이었다는 근거 없는 추측성 기사가 지역신문에 실리자 스스로 손을 떼게 됐다. 한국사회에서 연좌제가 시퍼렇게 살아있다는 것을 확인하는 순간이었다.

남편은 정당 활동을 하면서도 자동차 영업과 보험 영업을 하면서 생활비를 벌던 성실한 가장이었다. 남편과 미영은 민주노동당과 통합진보당 활동을 하면서 각자 생업을 가지고 열심히 살았기 때문에 가족이나 지인들로부터 칭찬을 들었고, 주변 사람들은 그들이 하는 일에 호의적이었고 지원을 아끼지 않았다. 내란음모 사건이 터지면서 소박하지만 단란하고 행복했던 그들의 일상은 하루아침에 무너져 내렸다. 그들을 잘 아는 가까운 사람들은 걱정해 주고 지지해 주었으나 그들을 멀리하고 피하는 사람들도 적지 않았다.

구속자 가족들과 만나 이야기해 보면 다들 비슷한 경험을 갖고 있었다. 핸드폰을 바꾸고, 컴퓨터를 바꾸고, 청소를 자주 하고, 늘 정리정돈을 하면서 불필요한 것들은 버리고 또 버리는 게 습관이 되었다고 한다. 그들은 되도록 아무것도 기록하지 않으려고 했다. 수첩에 적는 사소한 기록조차 문제가 될까봐 꺼리게 되고 컴퓨터를 아예 안 쓰게 된 사람도 있었다. 집에 낯선 사람이 들어오는 게 싫어서 배달음식을 시켜먹지 않게 된 것도 다들 마찬가지였다.

아파트 입주자 대표여서 온 동네 사람들과 다 알고 지냈던 한 구속자 부인은 동네 사람들이 자기와 얼굴을 마주치지 않으려고 피해 다니는 것을 보고 큰 충격을 받았다. 그녀는 정보과 형사가 직장으로 전화해서 자꾸만 아직도 출근하느냐고 물어보는 바람에 사장이

겁을 내자 직장을 그만둘 수밖에 없었다.

국정원은 압수수색을 나오면서 미영의 집에서 했던 것처럼 불필요한 거짓말을 일삼았다. 이삿짐 때문에 그러는데 차 좀 빼달라고 하면서 들어간 집도 있었고, 남편 직장에서 온 것처럼 가장해서 들어간 집도 있었다. 둘째 아들의 이름을 대면서 경찰서인데 그 아이에 대해서 뭐 좀 알아볼 게 있어서 왔다고 해서 온 가족들이 깜짝 놀라서 문을 열어 준 경우도 있었다. 그들은 왜 이런 거짓말을 해 가면서 그들을 괴롭혔을까? 그런 행위 자체가 심각한 인권 유린이다.

지숙(가명)은 국정원에서 압수수색을 나왔을 때의 상황을 떠올리면 지금도 몸이 떨린다. 지숙의 집에 들이닥친 국정원 직원들은 거짓말을 하는 대신 '빠루'를 들고 문을 부수며 들어왔다. 지숙이 인터폰을 들자 "국정원입니다. 지금 들어갑니다."라고 말하면서 이미 빠루로 문을 부수고 있었다. 지숙은 깜짝 놀라서 문을 열었고 열네 명이나 되는 국정원 수사관들이 우르르 집안으로 들어왔다.

당시 여섯 살이었던 지숙의 아들은 국정원 직원들이 거실에 놓인 자기 장난감을 한쪽으로 밀어붙이자 화가 나서 효자손을 들고 와서 국정원 직원들을 마구 때렸다.

지숙은 압수수색을 하는 직원들을 따라다니면서 그들이 무엇을 뒤지는지 다 기억해 두려고 애썼다. 그들을 따라온 젊은 여자 수사관 하나가 씩씩거리고 있는 지숙의 아들에게 가더니 옆에 쪼그리고 앉아서 다정한 목소리로 물었다. "너는 이름이 뭐야? 몇 살이야?" 지숙은 소름이 끼쳐서 얼른 쫓아가서 아들의 손을 잡고 그 여자로부터 떼어냈다.

자동차에 '간첩 차'라 낙서

가족들은 가장이 잡혀가고 나서 자신들이 항상 감시의 눈길 속에서 살아왔다는 사실을 알게 됐다. 남편이 국정원 수사를 받을 때 지숙은 수원에 사는 다른 구속자 가족과 함께 접견하러 다녔다. 그날도 지숙보다 조금 나이가 위인 선희(가명)와 선희의 딸인 윤아(가명)와 함께 가기 위해 선희의 집으로 갔다. 오전 10시경, 윤아와 둘이 먼저 주택가 골목에 세워진 자동차를 타러 갔는데 앞서가던 윤아가 비명을 지르며 주저앉았다. 지숙이 달려가 보니 선희네 소유의 자동차 두 대에 '간첩 차'라고 커다랗게 써 놓은 글자가 보였다. 방금 누가 쓰고 달아났는지 유성페인트가 채 마르지도 않은 상태였다. 너무 놀란 탓인지 윤아의 코에서 코피가 주르륵 흘러내렸다. 지숙은 윤아를 달래려고 일부러 웃으면서 "누가 이런 정신 나간 짓을 했지?"라고 말했다. 그저 장난이라는 듯이.

선희의 신고를 받고 경찰에서 현장조사를 하러 나왔다. 경찰은 이걸 왜 지웠느냐고 나무라면서 조서를 작성하고 갔다. 하지만 범인은 끝내 잡지 못했다. 선희는 "이 동네에서 십 년 넘게 살았어. 동네에 모르는 사람이 없는데 누가 이런 짓을 했을까? 대문도 다 열어놓고 살았는데. 우리 집 차 두 대를 아는 거 보면 동네 사람 짓인가?" 하고 중얼거렸다. 삼십 분 넘게 골목에서 소리를 내고 경찰까지 왔다 갔는데도 이상하게 내다보는 사람 하나 없었다. 세 사람은 한여름인데도 찬물을 뒤집어 쓴 것 같은 한기를 느끼면서 아무도 없는 주택가를 둘러보았다. 선희는 그날로 집 앞에 CCTV를 설치했다.

지숙은 어린 아들에게 아빠의 부재를 뭐라고 설명할 길이 없어서 그냥 "아빠는 일하러 갔다."고만 이야기했다. 남편은 나이 마흔에 본 아들을 끔찍하게 아꼈다. 너무 어려서 접견에 데려갈 수도 없고 상황을 이해시키기도 어려웠다.

"엄마, 근데 아빠는 왜 전화를 안 해?"

시간이 지날수록 아이는 아빠의 부재에 대한 궁금증이 늘어가기만 했을 것이다. 그 작은 머리로 아무리 애를 써도 사태를 이해하기 힘들었다.

"응, 거기는 전화가 잘 안 되는 곳이거든."

지숙은 애써 웃는 얼굴로 아이를 안심시키려고 했다. 한동안 말이 없던 아이가 어느 날 심각한 얼굴을 하고 말했다.

"엄마, 우리 아빠 하늘나라에 있지?"

지숙은 아이를 안고 울음을 터뜨렸다.

"아니야, 아니야! 아빠는 하늘나라에 있는 거 아니야. 일하러 가셨어. 곧 돌아오실 거야."

"엄마, 아빠 보고 싶어. 아빠랑 목욕탕 가고 싶어. 캠핑도 가고 싶어."

남편은 아이가 어렸을 때부터 아이를 데리고 캠핑을 자주 갔다. 어느 날 장에 갔다 오는데 아이가 주차장에 멈춰선 채 꼼짝도 하지 않았다. 아이는 아파트 단지에서 다른 가족들이 캠핑 가려고 짐을 싣는 모습을 물끄러미 바라보고 있었다.

지숙은 남편을 접견할 때마다 아이가 어떻게 커 가는지 자세히 이야기해 주었다. 그들은 남편에게서 아들과 함께해야 할 소중한 추억을 앗아갔다. 남편은 아이가 처음으로 이를 뽑을 때 같이 있어주지 못한 것을 가슴 아파했다. 사실 그건 아무것도 아니었다. 아들은 올 초에 아빠 없이 초등학교에 입학했다.

지숙은 남편이 끌려가게 된 게 이성윤 때문임을 알고 배신감도 배신감이지만 국가권력에 대한 오싹한 두려움을 느꼈다. 20년 이상 된 인간관계를 이용해서 친구를 고발하게 한다는 게 무서웠다. 남편의 친구였고, 지숙에게는 좋은 선배였던 이성윤은 같이 운동하고 정당 활동을 하면서 평생 함께 갈 사람이라고 믿었던 사람이다. 그런 사람이 남편을 무고했다. 지숙은 이제 누구를 믿어야 할지 알 수 없었다. 지숙은 주변 사람들에게 다 전화해서 물어보고 싶었다. "당신은 아니지? 당신은 믿어도 되는 거지?"라고.

"이성윤, 네가 사람이냐?"고 따졌어야

1심재판이 시작되자 가족들에게 또 다른 고통이 시작됐다. 미영은 남편의 재판을 보기 위해 수원지방법원에 갈 때마다 카메라 셔터를 눌러대는 소리가 가장 듣기 싫었다. 찰칵 찰칵 찰칵 찰칵…. 수없이 눌러대는 셔터 소리가 총소리처럼 귓전에 울리고 아리게 가슴에 와박혔다. 기자들은 호송차에서 내리는 이석기와 피고인들의 모습을 담으려고 경쟁을 벌였다. 그렇게 해서 언론에 실린 사진과 기사 중에 피고 입장에서 실린 것은 찾아보기 힘들었다.

공안당국은 탈북자단체를 동원해서 여론을 호도하는 일도 멈추지 않았다. 탈북자들은 호송차가 도착하면 달려들어서 버스를 에워싸고 흔들어대면서 "종북 세력 척결하라!"고 구호를 외쳤다. 구속자 가족들은 그들과 몸싸움을 하면서 또 한 번 피눈물을 흘렸다. 공안 당국은 비겁하게도 약자를 내세워 약자들과 싸우게 했다. 사실 그들은 서로 싸울 이유가 전혀 없는 사람들이었다. 미영은 아귀처럼 달려드는 탈북자들을 보면서 그들의 취약한 신분을 종북몰이에 이용하는 공안당국에 참을 수 없는 분노를 느꼈다.

가족들은 재판을 방청하러 법정에 갈 때마다 상처를 받았다. 들어갈 때부터 다른 재판과 달리 방청권과 신분증 검사를 엄격하게 했고, 공항 검색대를 통과할 때처럼 몸수색까지 철저히 했다. 법정 안에는 경찰 수십 명이 배치되어 있었다. 피고인들이 법정 안으로 들어올 때 가족들이 손이라도 한 번 잡아보려고 통로 쪽으로 가면 경찰들이 딱 가로막고 서서 가까이 가지 못하게 했다. 고등학생인 미영의 아들은 통로 쪽으로 바싹 다가가서 몸으로 경찰관을 밀어붙이면서 아빠의 손이라도 한 번 잡아보려고 안간힘을 썼다. 결국 아빠 손을 잡지 못하고 지나가자 아들은 화를 내면서 씩씩거렸다. 미영은 덜컥 겁이 났다. 그들이 아들까지 잡아가면 어떡하나 생각이 머릿속에 떠오르기도 했다.

지숙은 이성윤이 차폐막 뒤에 숨어서 증언하는 것을 들으면서 억장이 무너졌다. 자기 남편과 수십 년 같이 운동하고 정당 활동했던 동지들을 함부로 무고하는 진술을 거침없이 내뱉는 이성윤은 지숙이 알던 그 사람이 아니었다. 한 인간을 그렇게 딴 사람처럼 바꿔놓을 수 있는 국가권력에 대해서 다시 한 번 두려움을 느꼈다. 재판이 다 끝나고 난 뒤 지숙은 이성윤에게 마음껏 소리라도 질러주지 못한 게 두고두고 후회가 됐다. 법정에서 끌려 나가더라도 큰소리로 "네가 사람이냐? 어떻게 우리한테 이럴 수 있느냐?"고 따지지 못한 게 한이 됐다. 재판 결과에 좋지 않은 영향을 줄까봐 꾹꾹 눌러 참았는데 참거나 참지 않았거나 결과는 마찬가지였을 거라는 걸 판결을 보고 나서야 알았다.

"억울합니다. 5분 발언으로 5년을 감옥에서 살라니요."

미영은 대법원 선고가 있던 날, 방청석에서 외쳤다. "억울합니다. 5분 발언한 내용을 가지고 5년을 감옥에서 살라니요." 이석기를 빼놓고는 그의 남편이 가장 무거운 형량을 선고받았다. 물적 증거는 아무것도 없었다. 5.12강연회에서 사회를 봤다는 것이 미영의 남편이 5년의 징역형을 선고받은 유일한 이유였다.

내란음모 사건의 피고인들과 그 가족들의 시간은 아주 천천히 흘러갔다. 그러나 시간이 멈추지 않는 이상 계절은 바뀌고 상황은 달라졌다. 내란음모가 무죄였다는 고등법원과 대법원의 판결을 보고 나서 이 사건을 보는 사람들의 시선에도 변화가 생겼다. 음모가 없었는데 선동이 있었다는 논리에 의심을 품는 사람들이 많았고, 국정원과 검찰이 주장하던 지하혁명조직 RO의 실체가 없다는 것을 알고 나자 이 사건이 조작되었다고 생각하는 사람들이 늘어났다. 이석기와 김홍열을 제외한 나머지 피고인들은 국가보안법 위반에서만 유죄를 받았다는 것도 석연치 않았다.

그런데도 공안당국은 2015년 5월, 이 사건과 관련해서 우위영(전 통합진보당 대변인, 전 이석기 의원 보좌관), 이영춘(민주노총 고양·파주 지부장), 박민정(통합진보당 청년위원장)을 추가로 구속했다. 5.12강연에 참석해서 북한 체제에 동조하는 발언을 했다는 이유로 국가보안법상 이적·동조 혐의를 적용한 것이다. 'RO는 없다'는 대법원 판결이 나온 뒤인데도 몇몇 언론은 여전히 그들을 'RO회합 참석자'라고 보도했다. 한 번 찍힌 '종북'의 주홍글씨는 여전히 선명한 붉은 빛을 발하고 있었다.

국정원과 공안검찰은 전 통합진보당 최고위원들을 압수수색했고 예전 당직자들까지 모두 압수수색영장을 발부받아 먼지털이식 수사를 벌였다. 이석기에게 징역 9년을 선고하고 형량을 더 얹어주기 위해 CNC에 대한 사기·횡령 사건에 대한 재판을 진행하고, 통합진보당을 해산시키고 나서도 그들은 여전히 배가 고픈 것이다. 통합진보당에 대한 그들의 탄압은 이 정권 내내 계속될 것이다.

2015년 8월 31일 새벽 5시, 내란음모 사건의 피고인 중 한 사람인 한동근이 대전교도소의 문을 열고 세상으로 나왔다. 내란음모 사건으로 구속된 사람 중 가장 낮은 형인 징역 2년을 선고받은 그가 만기 출소한 것이다. 대전교도소 앞을 지키고 있던 가족과 지인들, 통합진보당 당원들은 큰 박수와 환호로 그를 환영했다. 어머니와 아내가 차례로 그의 품에 안겼다.

"동지들을 감옥에 두고 혼자 이렇게 나오게 되니 발걸음이 떨어지지 않고 마음이 무겁습니다."

환영회에 모인 사람들 앞에서 마이크를 잡은 한동근은 목이 메어 한동안 말을 잇지 못했다. 대전교도소 앞에서 그의 출소를 기다리던 2백여 명은 모두 같은 마음이었다. 아직 감옥에 있는 사람들을 생각하며 사람들은 눈물을 삼켰다.

"비록 오늘은 저 혼자 이렇게 나왔지만 모두 함께 감옥 문을 박차고 나오는, 진실과 정의가 승리하는 그 날은 곧 올 것이라고 확신합니다."

한동근은 많은 사람의 축하를 받으며 집으로 향했지만 심정은 복잡했다. 특히 감옥에 남아있는 동지들의 가족들을 보기가 너무나 미안했다. 먼저 나온 사람으로서 큰 과제는 남아있는 수감자들에 대한 명예 회복과 구명 운동이다. 한동근은 현재 진행되고 있는 '이석기 의원 내란음모 사건 피해자 한국구명위원회' 활동에 적극적으로 참여해서 남은 동지들이 빨리 석방될 수 있도록 할 수 있는 것은 다 하리라고 결심했다.

'함량 미달'의 조작 사건

한동근이 풀려나던 날, 구명위원회 공동대표 중 한 사람인 정진우 목사(한국기독교교회협의회 인권센터장)는 다음과 같이 말했다.

"한동근 동지의 석방은 매우 중요한 의미가 있습니다. 법원에서 거듭 확인했고 양심적인 세력들이 확인했듯이 내란음모는 조작이었다는 것이 오늘 석방으로 확인되는 순간입니다. 한동근은 그 첫길을 낸 사람입니다. 한동근과 함께 마지막 한 사람이 나오고 다시는 이런 썩은 역사가 되풀이 되지 않는 그날을 위해 전진해 나가야 하는 책임을 요구받고 있다고 생각합니다. 함께 갑시다. 한동근과 함께 다시 이런 비극이 생기지 않는 역사를 만들어가는 출발의 자리가 되기를 바랍니다."

정진우의 말대로 처음 이 사건을 언론에 터뜨렸을 때의 기세대로라면 관련자들은 모두 법정최고형을 받아야 마땅하다. 그들이 모두 북한과 연계되어 있고 북한의 지령을 받아 남한 정부를 전복시키려는 지하혁명조직이라고 떠들었으니까 말이다. 그런 무시무시한 혐의가 있는 종북세력이 2년 만에 감옥에서 나왔다는 것 자체가 말이 안 되는 일이다. 자기들 스스로 이 내란음모 사건이 한홍구의 말대로 '함량 미달의' 조작 사건임을 자백하고 있는 셈이다.

19

'내란선동'은
정치적 알리바이

> "
>
> 이 나라는 명령이 있어야 움직인다는 걸 기억하라
> 열정도 진정성도 없는 비열한 정부, 입신출세와
> 대박 챙길 일밖에 아무 관심도 없는 국가,
> 선장은 단순잡부 계약직, 장관은 단순노무 비정규직
> 그들이 내릴 줄 아는 명령은 단 한가지 뿐
> 가만있으라, 명령에 따르라
>
> "
>
> ─ 백무산 시 〈세월호 최후의 선장 박지영〉 중에서 ─

4대 종단 대표의 탄원서

항소심에서 변호인단은 전문가 증언을 통해서 이 사건의 허구성을 밝히기 위해 많은 노력을 기울였다. 국정원과 검찰의 증거수집 과정의 위법성을 들어 증거능력 없음을 증명하는 것에도 최선을 다했다. 변호인단과 피고인들은 그야말로 할 수 있는 것은 다 했다. 재판과정에서 드러난 사실만 가지고 보면 합리적 판결이 내려져야 마땅했다. 원심판결을 보고 나서 이 재판이 정치적 판단에 의해 좌우된다는 것을 경험한 터라 무죄 선고에 대한 기대는 그다지 높지 않았다. 1심재판 때와 마찬가지로 재판에서 이기고 판결에서 지는 결과가 나올까 봐 걱정했다.

항소심 재판이 끝나가던 2014년 7월 27일, 천주교 염수정 추기경, 조계종 자승 총무원장, 한국기독교교회협의회 김영주 총무 목사, 원불교 남궁성 교정원장 등 4대 종단 최고위 성직자들이 서울고등법원 형사9부(이민걸 부장판사)에 탄원서를 제출했다. 탄원서는 이석기 등 내란음모 사건의 피고인들을 선처해 달라는 내용이었다. 이처럼 각 종단을 대표하는 성직자들이 사회적 이슈에 한목소리를 낸 것은 보기 드문 일이다.

염수정 추기경은 구속 피고인들의 가족을 직접 만나 한 시간가량 면담한 뒤 선처를 호소하기로 결정했다. 염 추기경은 탄원서에서 "예수님께서는 (죄지은 자를) 일곱 번이 아니라 일흔일곱 번까지라도 용서해야 한다고 말씀하셨다. 가톨릭이 오랜 역사를 통해서 감옥에 갇힌 이들을 위하여 기도하고 도움을 주었던 것은 이런 예수님의 가르침에 근거한다."고 말했다. 또 "재판부가 법의 원칙에 따라 바르고 공정한 재판을 해 주시기를 기도하며, 동시에 그들이 우리 사회의 일원으로 화해와 통합, 평화와 사랑을 실천할 기회를 주시기를 청한다."고 했다.

염수정 추기경은 이 같은 내용의 탄원서를 자필로 작성해서 재판부에 제출했다.

자승 총무원장은 탄원서에서 "전염병이 두려워 나병 환자들에게 아무도 가까이 가지 않을 때 그들에게 손을 내미는 것이 종교인의 사명이다. 누가 어떤 죄를 범했든 도움을 요청하면 그 죄를 묻지 않고 구원을 위해 기도해 주는 것이 종교인의 마음과 자세"라고 말했다.

이어서 "더 이상 우리 사회가 어리석은 갈등으로 국력을 소진하기보다 서로 간의 이해와 포용이 허용되는 사회로 나아가기를 희망한다. 소위 '이석기 의원 내란음모 사건'으로 구속된 7명의 피고인에게도 우리 사회의 화해와 통합을 위해 기여할 기회를 주실 것을 요청 드린다."고 호소했다.

　김영주 총무목사, 남궁성 교정원장 등도 자승 총무원장과 같은
내용의 탄원서에 서명했다.

항소심 재판부 - RO 실체 없고, 내란음모 혐의 무죄

2014년 7월 28일, 항소심 결심공판이 열렸다. 검찰은 1심 때와 마
찬가지로 최고 형량을 구형했다. 이석기는 징역 20년에 자격정지
10년, 이상호·홍순석·조양원·김홍열·김근래 피고인에게는 징역 15
년, 한동근 피고인에게는 징역 10년이 각각 구형됐다. 이석기는 항
소심 최후진술을 통해서 자신의 심경을 다음과 같이 말했다.

　"우리는 분단된 조국에서 태어났습니다. 대부분의 나라에서 진
보와 보수의 갈등이 있고, 또 많은 나라에서 군사독재와 민주화세력
간의 투쟁이 있습니다. 그러나 우리 민족에게 분단이 없었더라면 오
늘과 같은 법정은 없었을 것입니다. 하지만 저는 이 땅에 태어난 것
을 한 번도 원망해본 적이 없습니다. 풀 한 포기, 돌멩이 하나라도
너무나 귀하고 사랑하였습니다. 이 땅을 오히려 자랑스럽게 생각합
니다. 그것은 우리 민중의 역동성을 믿기 때문입니다. 도도히 흐르
는 역사의 흐름을 그 누구도 막을 수 없다는 것을 잘 알고 있기 때문
입니다. 분단은 일시적일 뿐 결코 영원할 수 없습니다. 정권도 이념
도 한때입니다. 결코 무너질 것 같지 않은 강대국들도 결국은 역사
의 뒤안길로 사라집니다. 그러나 민족은 영원합니다.

저는 온 힘을 다해 분단의 시대를 끝내고 민족화해의 시대, 통일의 시대를 열고자 분투해왔습니다. 그러나 유감스럽게도 아직 저는 분단시대의 법정에 서 있습니다. 분단시대의 법정에 선 피고인은 제가 마지막이 되길 저는 간절히 바라고 소망합니다. 고맙습니다."

항소심 재판부는 2014년 8월 11일 선고 공판을 열고 이석기에게 징역 9년과 자격정지 7년을 선고했다. 내란음모 혐의에 대해서 무죄를, 내란선동과 국가보안법 위반 혐의는 대부분 유죄로 인정한 것이다.

재판부는 김홍열에게 징역 5년과 자격정지 5년, 이상호는 징역 4년과 자격정지 4년, 조양원·홍순석·김근래는 징역 3년과 자격정지 3년, 한동근은 징역 2년과 자격정지 2년을 각각 선고했다.

재판부는 "내란선동죄가 성립되려면 반드시 선동 목적인 내란 행위의 시기나 대상이 구체적으로 특정될 필요는 없다. 선동 상대방이 가까운 장래에 내란 범죄를 결의, 실행할 개연성이 있다면 충분히 내란선동죄를 인정할 수 있다."고 밝혔다.

그러나 내란음모죄에 대해서는 회합 참석자들이 내란 범죄의 구체적 준비 방안에 대한 어떤 합의에 이르렀다고 보기에는 증거가 부족하다며 무죄로 판단했다. 재판부는 또 지하혁명조직인 RO에 대해서는 합리적 의심을 배제할 수 있을 정도로 그 존재가 엄격하게 증명됐다고 볼 수 없다면서 실체를 인정하지 않았다.

다만 피고인들을 비롯한 130여 명이 특정 집단에 속하고, 이 의원을 정점으로 하는 위계질서가 존재한다는 부분까지는 부정할 수 없다고 밝혔다. 재판부는 이어 "지난해 5월 회합 당시 피고인들의 발언을 보면 국가기간시설 파괴를 논하는 자리였음이 명백하고, 특히 이 의원이 주도적 역할을 담당해 죄질이 가장 무겁다."고 설명했다.

재판부는 "헌법과 국회법에 따라야 할 국회의원의 주도 아래 국가 지원을 받는 공적인 정당의 모임에서 국가의 존립과 안전을 해할 수 있는 내란선동죄를 저지른 것은 결코 용납될 수 없다."고 지적했다.

항소심 재판부는 어떤 법리에 따라 이석기 등에게 내란음모 무죄, 내란선동 유죄라는 판단을 내렸을까? 항소심 재판부는 216페이지에 달하는 장문의 판결문에서 1심과는 다른 논리를 전개한다. 항소심 재판부가 원심과 가장 다른 부분은 사실관계에 대한 판단이다.[29]

항소심 재판부는 RO의 존재를 인정하기에는 증거가 부족하다고 판단했다. 이번 사건의 핵심 증인인 국정원 프락치 이성윤의 진술이 신빙성이 있다고 본 점은 원심과 같다. 그러나 항소심 재판부는 이성윤의 진술에 따르더라도 조직의 성격이나 구성원, 조직체계, 그리고 5.12강연의 참석자들이 모두 RO의 구성원이라는 것은 이성윤의 '추측'에 불과하다고 봤다.

내란음모의 성립 여부에 대해서 항소심은 원심과 다른 판단을 내렸다. 항소심 재판부는 내란음모가 성립하려면 피고인들이 5.12강연에 참석한 사람들과 함께 내란범죄의 실행에 합의했다는 점과 이

---

29 〈민중의소리〉 2014. 8. 12. 판결문 분석 기사(최지현 기자) 참조

합의가 내란의 준비행위라는 것이 명백하게 인식되고, 이 합의에 실질적인 위험성이 있어야 한다고 보았다. 재판부는 사전 준비행위의 증거가 없고, 강연 중 '네'라고 대답하는 것만으로 내란의 합의에 이르렀다고 보기 어렵다고 판단했다. 또 5.12강연이 끝나고 난 후에 참석자들이 내란을 위한 추가 논의나 준비를 했다고 볼 증거가 없다고 판시했다. 내란에 이를만한 대체적인 윤곽도 특정되지 않았기 때문에 객관적 명백성이나 실질적 위험성도 없다고 보았다.

1심의 경우에는 이석기가 RO의 총책이라는 판단을 전제로, 5.12 강연과 간부의 토론 주도 및 발표, 총책의 집단적인 결의 재확인으로 이어지는 과정을 내란실행을 위한 모의라고 충분히 인정할 수 있다고 판시했다.

강연자, 사회자를 내란선동으로 추가 기소한 검찰의 의도

항소심 판결이 있기 전까지는 이석기와 김홍열에 대한 내란선동 혐의는 거의 주목을 받지 않았다. 국정원이 피고인들을 구속할 당시에는 내란음모 혐의만 있었고 내란선동 혐의는 없었다. 검찰은 기소 단계에서 강연을 한 이석기와 사회를 본 김홍열에게 내란선동 혐의를 추가하여 기소하였다. 이를 두고 변호인단은 내란음모가 무죄로 판단될 경우를 대비한 것이 아닌가 걱정하기도 했다. 항소심 재판부가 내란음모는 무죄, 내란선동은 유죄라고 판시한 것을 보면 이런 우려가 맞아떨어진 셈이다.

선동은 범죄의 실행이 아니라 이를 고무하는 것이므로 형법상 처벌 대상이 되지 않는 경우가 대부분이다. 선동은 '말'이나 '글'로 이루어지는데, 언어의 추상성과 다의성을 감안하면 선동죄가 결국 표현의 자유를 위축시킬 우려가 크기 때문이다. 현행 형법에서는 내란과 외환, 폭발물을 사용한 범죄의 경우에만 선동죄를 규정하고 있는데, 형법 제정 시부터 이 조항에 대해서는 반대가 많았다. 남용될 우려가 있기 때문이다.

항소심 재판부는 이런 비판을 의식한 듯 선동죄의 성립은 선동행위를 하는 것만으로는 부족하고 선동의 상대방이 선동에 호응하여 범죄행위를 실행할 '개연성'까지 인정되어야 한다고 판시했다. 재판부는 음모죄와는 달리 선동죄가 성립하기 위해서 객관적 명백성이나 실질적 위험성이 충족되어야 하는 것은 아니라고 덧붙였다. 선동의 상대방이 되는 5.12강연의 참석자들이 추가적인 논의를 통하여 가까운 장래에 구체적인 내란행위의 실행을 결의하고, 나아가서 이를 실행할 개연성이 충분하다는 것이다. 아무데서나 무작위의 군중을 상대로 내란을 선동하는 경우는 죄가 성립되지 않지만 평소에 일정한 관계를 갖고 활동해 온 사람들의 경우에는 선동죄가 성립된다는 논리이다.

1심재판부는 내란선동죄와 관련해서는 별다른 법리를 내세우지 않고 "국헌 문란을 목적으로 하는 폭동에 대하여 고무적인 자극을 주는 일체의 행위"라는 대법원 판례를 인용하여 내란선동 혐의에 대해 유죄판결을 내렸었다.

1심과 2심 모두 치열한 논란이 벌어진 것은 '내란' 그 자체다.

내란음모가 내란이라는 목적과 음모라는 행위로 구성되고, 내란선동 역시 내란이라는 목적과 선동이라는 행위가 결합되기 때문이다.

항소심 재판부는 내란음모를 무죄로 보았기 때문에 7명의 피고인 중 이석기와 김홍열만 '내란'이라는 목적을 갖고 있다고 판결했다. 이석기는 강연자, 김홍열은 사회자였다.

재판부는 이석기와 김홍열이 한반도 전쟁 발발 시에 130여 명이 조직적으로 전기, 통신 시설 등 주요 기간시설을 파괴할 것을 선동하였는데, 이는 다수인이 결합하여 폭행, 협박하는 것으로서 한 지방의 평온을 해할 정도의 폭동에 해당한다고 보았다. 또 두 사람이 대한민국의 체제를 전복하고 자주적 민주정부를 수립함으로써 통일혁명을 완수하기 위하여 폭동을 선동한다고 보았다.

이런 논리는 1심과는 다르다. 1심은 이석기를 총책으로 하는 RO가 존재하며, RO는 북한의 대남혁명노선을 추종하는 비밀혁명조직이라고 전제했다. RO의 존재 자체가 '국헌 문란'의 근거가 된 셈이다.

그러나 항소심 재판부는 RO를 인정하지 않았기 때문에 내란선동죄가 적용된 이석기 등의 '말'을 근거로 내란이라는 목적을 설명할 수밖에 없게 되었다. 항소심 재판부는 이석기 등의 발언과 경력, 지위, 해당 발언을 하게 된 경위 등을 종합적으로 고려하여 판단했다고 밝혔다. 결국 이석기 등의 '발언 취지'가 주요 기간 시설의 파괴에 있었다고 해석함으로써 내란이라는 목적을 추론한 셈이다.

그동안 변호인단은 대법원의 판례 등을 인용해 내란죄가 성립하려면 폭동의 대상이 헌법에 열거된 국가의 기본조직이어야 한다고 주장해 왔다. 검찰의 주장대로 기간 시설 타격을 논의했더라도 이는 내란죄의 대상이 될 수 없다는 논리다. 또 변호인단은 북한의 남침이라는 상황을 매개로 벌어지는 폭동은 내란죄가 아닌 여적죄의 검토 대상일 뿐이라고 주장해왔다.

특이한 점은 항소심 재판부가 인정한 국헌문란이 형법 제91조 제1호 "헌법 또는 법률에 정한 절차에 의하지 아니하고 헌법 또는 법률의 기능을 소멸시키는 것"이라는 것이다. 전두환의 5·18내란 등 기존의 내란 사건에서 인정된 국헌문란은 형법 제91조 제2호인 "헌법에 의하여 설치된 국가기관을 강압에 의해 전복 또는 그 권능행사를 불가능하게 하는 것"이었던 점과 대비된다.

항소심 재판부는 이석기와 김홍열이 주요 기간시설의 파괴를 통해 정부의 전쟁 수행 능력을 마비시켜 대한민국 체제의 전복을 기도했다고 보았다. 그러나 정부의 전쟁 수행 능력이 마비되는 것과 헌법과 법률의 기능을 소멸시키는 것이 어떻게 연관되는지 항소심 재판부는 설명하지 않았다.

"내란음모가 무죄면 내란선동도 논리적으로 당연히 무죄"

변호인단은 항소심의 판결에 대해서 법리적으로 인정하지 못한다면서 상고의 뜻을 밝혔다. 김칠준 변호인단장은 항소심 선고가 내려진 후 취재진을 만나서 "내란음모가 무죄면 내란선동도 논리적으로 당연히 무죄"라고 주장했다. 김칠준은 항소심 판결에 대해서 다음과 같이 말했다.

"내란음모와 내란선동은 모두 4개의 기둥에 의해 유지될 수 있었다. 4개의 기둥은 첫째 RO라는 지하혁명조직, 둘째 사전 준비회의, 셋째 전쟁이 임박한 시기이거나 혁명의 결정적 시기, 넷째 제안과 수락이라는 합의이다. 그러나 재판부는 이 네 가지를 모두 부정했다. RO라는 지하혁명조직이 존재했다는 증거가 없다, 사전 준비 행위가 있다고 볼 수 없다, 혁명의 결정적 시기나 전쟁이 당장 임박한 시기였다는 것은 인정하지 않는다는 취지의 판결은 내란음모와 내란선동을 떠받치고 있던 4개의 기둥을 다 부정한 것이다. 그럼에도 내란 선동을 유지한 이유에 대해 우리는 법리적으로 인정하지 못하고 있다. 다만 현 시기에 재판부가 느꼈을 정치적 중압감의 표현이라고 이해한다."

며칠 뒤 김칠준은 한 언론과의 인터뷰에서 "이번 판결은 이석기 의원을 볼모로 한 일종의 정치적 알리바이"라며 다음과 같이 이야기했다.

"완전히 무죄로 선고하기엔 박근혜 정권 아래 정치적인 부담감이 너무 컸기 때문에 정치적 외압에서 빠져나갈 구멍을 만든 것이다. 국가보안법의 이적표현물 소지 등의 혐의가 인정되더라도 법원의 최근 추세는 집행유예 선고가 대부분이다. 스스로 제시한 논리에도 맞지 않고 유죄로 보는 근거도 빈약한 상태로 내란선동 유죄와 중형을 선고한 것은 납득하기 어려운 판결이다. 이번 판결은 이석기 의원을 볼모로 한 일종의 정치적 알리바이다. 항소심 재판부는 내란음모에 무죄를 선고하면서 합의하거나 논의한 바가 없다고 인정했다. 그러면서도 '어찌 이런 발칙한 생각을 하느냐'고 생각하는 것 같다. 편견에 의한 사고와 생각에 대한 엄중한 비난이었다. 사고와 생각에 대한 비난은 민주 국가에서 토론의 주제가 되는 것이지 죄로 처단할 문제가 아니다. 이번 사건이 정치적 사건이라면 대법원의 상고심에 가서도 '상식 밖의' 판결이 나올 가능성을 배제할 수 없다. 항소심처럼 내란선동을 유죄로 하면서 법원이 눈치 보기를 하느냐, 아니면 대법원이 대법원답게 철저히 법리에 따라서 진실 편에 설 것이냐 둘 중 하나일 것이다. 나는 아직도 후자의 가능성이 훨씬 높다고 생각한다."

김칠준 변호사는 끝까지 대한민국 사법부, 특히 대법원에 대한 기대를 버리지 않고 애써 낙관적인 전망을 하고 있었다.

2014년 8월 11일, 내란음모 사건 항소심에서 법원이 내란음모에 대해서 무죄로 판결하면서도 내란선동과 국가보안법 위반 혐의 등에 대해서 유죄를 인정해 중형을 선고하자 1년 동안 재판을 지켜보면서 애를 태우던 구속자의 가족들은 큰 충격을 받았다.

재판이 끝난 후 서울고등법원에서 구속자들을 태운 호송차가 빠져나가려 하자 구속자의 부인들이 호송차를 가로막고 주저앉았다.

"내란음모가 아니라면 죄가 없는 것이다. 내 남편 내놔라. 나를 죽이고 가라."

부인들은 버스 앞에 몸을 던지고 이렇게 울부짖었다. 몇몇 사람들은 호송차의 창문을 두드리며 발을 굴렀다. 재판을 보러왔던 지인들이 달려와 부인들을 달랬다. 남편들은 철망으로 가려진 호송차 안에서 가족들과 함께 피눈물을 흘렸다.

이석기는 항소심 재판부의 판결을 보면서 '생각'과 '말'을 처벌하는 나라에서 더 이상 민주주의라는 말을 할 수 있을지 의구심을 느꼈다. 표현의 자유와 토론의 자유를 철저하게 말살하는 이와 같은 판결은 민주주의의 법정에서 절대로 있어서는 안 되는 것이다. 이석기는 이 사건과 하나로 묶여 있는 통합진보당 해산 심판에 먹구름이 끼었음을 직감했다. 징역 9년이라는 자신의 형량보다 더 걱정스러운 것은 당의 운명이었다.

20

적반하장의 역사

> "
>
> 이 사람들은 영원히 동종교배를 되풀이하면서
> 국왕, 정치가, 설교자, 장군으로서의 역할을 지극히 우아하게,
> 그러나 아무런 목적도 없이 연기해 보이고 있을 뿐이다.
> 그들은 모두 현실을 잊고, 프랑스를 잊고,
> 자기 자신, 자신의 입신출세, 자신의 만족만을 생각한다.
>
> "

— 슈테판 츠바이크, 《마리 앙투아네트》 중에서 —

박근혜 당선 2주년 맞춰 통합진보당 해산 결정 선고

통합진보당에 대한 정당해산 청구안이 국무회의를 통과한 것은 2013년 11월 4일이었다. 다음 날인 11월 5일 대한민국 정부는 헌법 재판소에 15년 동안 합법적인 정당으로 활동해 온 통합진보당 해산 심판을 청구했다. 이석기가 내란음모 혐의로 구속된 지 두 달 만이 었다.

18대 대통령 선거에 출마해서 TV토론을 통해서 "박근혜 후보를 떨어뜨리려고 나왔다."고 공격한 이정희 통합진보당 대표에 대한 박근혜의 '보복'이 있을 거라는 소문이 끈질기게 나돌았다. 그러나 많은 사람이 '설마' 정당 해산까지 시키겠느냐고 생각했다. 그러나 '설마'가 사람을 잡는 정도가 아니라 정당을 잡았다. 2013년 8월 말에 '이석기 내란음모 사건'이 터졌고, 그 뒤를 이어 통합진보당에 대한 해산 심판이 청구됐다.

이정희는 민주사회를 위한 변호사 모임(민변)의 김선수 변호사에게 사건을 맡아달라고 부탁했다. 김선수는 민변 회원들에게 공지해서 자발적으로 신청한 변호사들을 중심으로 통합진보당 소송 대리인단을 꾸렸다. 이재화 변호사가 제일 먼저 참여 의사를 밝혔다. 김선수를 단장으로 이재화, 전영식, 김진, 이광철, 이한본, 이재정, 고윤덕, 윤영태, 신윤경, 최용근, 김종보, 천낙붕, 심재환, 하주희, 조지훈, 김유정 등 17명의 변호사가 소송대리인단에 참여했다. 그들은 일 년이 넘는 기간 동안 통합진보당을 대신해서 정부 측과 싸웠다. 이재화 변호사는 목적팀을 책임짐과 동시에 대변인 역할을 담당했다.

통합진보당 해산 심판과 관련된 아래 내용은 이재화 변호사가 쓴《기획된 해산 의도된 오판》의 내용을 인용하고 참조해서 작성했다. 이재화는 이 책을 쓴 이유에 대해서 '머리말'을 통해서 다음과 같이 밝혔다.

사상 초유의 정당해산 심판은 최악의 재판이었다. 재판진행 측면에서나 결과 측면에서나 누구도 재판을 이처럼 해서는 안 된다는 최악의 선례가 될 것이다. 누군가가 재판과정에 있었던 재판관들의 민주화 운동에 대한 몰역사적 태도, 반공주의에 기초한 사상적 편향성, 편견에 기초한 저급한 발언, 양심 유지의 자유를 침해하는 반헌법적 사고, 편파적 재판진행 등에 대해서 기록하지 않으면 아무도 재판관들의 역사적 과오에 대해 알지 못할 것이다. 재판관들의 잘못은 사소한 실수가 아니라 의도적인 것이었다. 나는 재판관들의 이러한 행태를 역사에 고발하기로 결심했다. 재판관들이 이 사건 재판을 하면서 과연 어떤 잘못을 저질렀는지 생생하게 있었던 그대로 기록하기로 했다.

이재화는 이 사건을 대하는 헌법재판관들의 전체주의적 사고에 대해서 다음과 같이 지적했다.

참새를 잡기 위해 대포를 쏘다[30]

정당해산은 예외적으로 최후의 수단으로서만 발동되도록 고안된 제도이다. 빈대를 잡기 위해서 초가삼간을 태워서는 안 되고 참새를 잡기 위해서 대포를 쏘아서는 안 된다는 원칙이 있다. 국가권력의 행사는 목적 달성에 필요한 최소한도에 그쳐야 하고 국가권력의 행사로 인해 침해되는 이익보다 달성되는 이익이 클 때만 허용된다는 것이다. 이를 비례성의 원칙이라고 한다. 헌법 제37조 제2항에는 모든 공권력 행사에는 이 원칙을 준수하도록 규정하고 있다. 그런데 정부는 당장 폭력혁명이 일어날 것도 아닌데 다른 노력도 하지 않고 이 사건 심판을 청구했다.

정부는 통합진보당의 전신인 민주노동당이 2000년 창당된 때부터 위헌정당이라고 주장하면서도 15년 동안 정당해산청구를 하지 않다가 검찰이 이석기 의원 등에 대한 내란음모 사건을 기소하자마자 이 사건 청구를 했다. 관련자들이 내란의 구체적인 계획을 세우거나 내란을 실질적으로 준비한 흔적이 전혀 없었다. 내란은 말로 하는 것이 아니다. 국정원과 검찰의 압수수색 결과 탱크와 총기는커녕 죽창 하나 발견되지 않았다.

2013년 5월 12일 서울 마포구 합정동 마리스타 교육수사회에서 이석기 의원 등이 발언한 녹취록이 사실상 증거의 전부였다. 그 발언이 국가보안법에 저촉된

---

30 이재화, 《기획된 해산 의도된 오판》 36~38쪽

다면 관련자들을 형사재판에 회부하여 그에 상응하는 형사 처벌을 받게 하면 될 것이고, 그러한 형사 처벌로 민주적 기본 질서는 충분히 지켜낼 수 있었다. 민주적 기본질서를 파괴할 현실적 위험이 있다는 아무런 증거가 없는데도 정부는 이 사건 심판을 청구했다.

헌법과 베니스위원회 기준에 반하는 해산심판권의 남용이다. 그럼에도 불구하고 헌법재판소는 정당해산 심판권의 남용 여부에 대해 아무런 판단조차 하지 않았다.

안창호, 조용호 재판관은 다수의견에 대한 보충의견을 통해 "아주 작은 싹을 보고도 사태의 흐름을 알고, 사태의 실마리를 보고 그 결과를 알아야 한다."는 옛 성현들의 가르침을 원용하면서 통합진보당 해산 결정의 필요성을 역설했다. 초가삼간을 태워서라도 빈대를 잡아야 하고, 대포를 쏘아서라도 참새를 잡아야 한다는 것이다. 수십 년 동안 형성되어 온 근대 입헌주의와 법치주의, 비례성의 원칙을 외면하려는 헌법재판관들의 전체주의적 사고가 적나라하게 드러나는 대목이다.

헌법재판소는 2014년 12월 19일 재판관 8명(박한철, 이정미, 이진성, 김창종, 안창호, 강일원, 서기석, 조용호)의 찬성으로 "통합진보당을 해산한다. 통합진보당 소속 국회의원 김미희, 김재연, 오병윤, 이상규, 이석기는 의원직을 상실한다."라고 결정했다. 김이수 재판관만 위헌 결정에 반대하는 소수의견을 냈다.

헌법재판소가 통합진보당 해산 결정을 선고한 날은 박근혜 당선 2주년이 되는 날이었다. 이를 두고 '기가 막힌 당선 선물을 준비했다.'고 꼬집는 사람들도 있었다. 그런데 헌법재판소가 이렇게 날짜에 맞춰 허둥지둥 판결을 서두른 데는 보다 더 중요한 이유가 있었다. 통합진보당 해산 심판에 중요한 빌미를 제공한 '이석기 내란음모 사건'의 대법원 판결이 나오기 전에 해산을 선고하기 위해서 서둘렀던 것이다.

대법원, '지하혁명조직 RO는 존재하지 않는다'

대법원은 헌법재판소의 해산 선고가 내려진 지 34일이 지난 2015년 1월 22일에 선고를 내렸다. 대법원은 이석기 등에 대해서 내란음모는 무죄, 내란 선동 및 국가보안법 위반은 유죄로 각각 판결한 서울고등법원의 원심을 확정했다.

　대법원은 '지하혁명조직 RO는 존재하지 않는다.'고 판단했다. 반면 헌법재판소는 '주도세력'이라는 모호한 개념을 내세워 5.12회합에 참석한 130여 명을 지하혁명조직원이라고 판단하고, 이 주도세력이 통합진보당을 장악해서 북한식 사회주의를 추구했다고 주장했다. 헌법재판소는 대법원 판결과 어긋나는 사실을 내세워 위헌 결정을 내리기 어렵다고 판단하고 대법원 판결 선고가 나기 전에 서둘러 해산 결정을 해버린 것이다.

　혼자서 통합진보당 해산에 반대하는 소수의견을 낸 김이수 재판관의 용기와 균형 잡힌 시각은 그나마 한 가닥의 위안을 준다. 김이수는 증인 자격도 없는 김영환 등을 증인으로 세워놓고 사상검증과 심증만으로 과거의 전력을 문제 삼아 정체불명의 '주도세력'을 만드는 헌법재판소의 행태에 대해서 소수의견을 통해서 다음과 같이 비판했다.

우리 헌법질서가 예정하는 인간상은 고립된 개인이 아니라 공동체와의 끊임없는 상호연관성 속에서 균형을 잡고 스스로의 생활을 결정하고 형성해 나가는 성숙한 인격체이다. 그런데 과거의 전력이 현재의 사상을 재단하는 직접적인 기준이 될 수 있다고 보는 것은 이러한 인간상을 부인하는 것일 뿐만 아니라 과거의 행위에 대한 법적 책임과는 별개로 특정인에 대한 우리 사회의 차별과 배제를 적극적으로 용인하는 결과를 초래할 수 있다는 점에서 받아들이기 어려운 것이다.

'이석기 내란음모 사건'은 애초에 대법원 1부에 배당되었는데, 주심인 김소영 대법관이 사안의 중대성을 고려하여 전원합의체에 회부했다. 대법원 전원합의체는 사법부에서 최고의 권한과 권위를 부여받은 의결기관이다. 구성은 대법원장을 포함한 대법관 13명이며 의결방식은 다수결이다. 대법원은 항소심 판결을 확정하는 판결을 내렸다.

판결문에서는 '내란선동 유죄'인 다수의견에 대하여 대법관 3인(이인복, 이상훈, 김신)은 '내란선동 무죄' 취지의 반대의견을 개진했다.

반대의견은 먼저 내란선동죄의 성립요건에 대하여 선동행위에서 '객관적으로 보아 폭동행위의 윤곽에 관하여 어느 정도 개략적으로 특정된 선동'이어야 하고, '피선동자가 내란으로 나아갈 실질적 위험성'이 인정되어야 한다고 했다. 따라서 다수의견의 논리는 내란선동죄 성립요건을 완화하여 그 처벌범위를 지나치게 확장했다는 점에서 잘못된 것이라고 지적했다.

다음으로 다수의견이 인정한 사실관계에 따르더라도 폭동행위에 관한 대략의 특정 내용이 없고, 이는 결국 폭동을 선동하지 않은 것이라며 내란선동은 무죄라고 설명했다.

마지막으로 검사의 공소사실에 의한다고 하더라도, 폭동행위로 인하여 국헌문란을 낳을 수 있는 직접성이 없을 뿐만 아니라 폭동행위 자체의 실질적 위험성이 없으므로 무죄라고 했다.

반대의견은 '내란선동 유죄' 다수의견에 대하여 '헌법상 보장된 표현의 자유' '죄형법정주의'의 원칙을 양보한 선례를 만들었다고 비판했다.

법조계 역시 민주주의와 인권이 유린당할 수 있는 계기가 마련되었다는 점을 우려했다.

"민주주의가 그 본질에서부터 조롱당하고 법치와 인권이 그 핵심에서부터 유린당하고 있다."
    – 한상희(건국대학교 법학전문대학원 교수, 참여연대 운영위원장)

〈한겨레〉는 대법원 판결이 나온 다음날인 2015년 1월 23일 자 사설을 통해 헌재의 '정당 해산'이 대법원의 '내란음모 무죄'와 맞지 않는다면서 다음과 같이 비판했다.

대법원 판결이 다소 실망스럽기는 해도 헌법재판소의 얼토당토않은 통합진보당 해산 결정에 비할 바는 아니다. 대법원이 '아르오'의 실체를 인정하지 않은 것과 달리, 헌재는 정체도 불분명한 '주도세력'의 성향을 들어 당 전체가 위험하다고 주장했다. 헌재는 또 '실질적 위험성'을 엄격하게 판단하기는커녕 주도세력의 '숨은 목적'을 '추정'해 정당의 강제해산을 정당화했다. 대법원의 이번 판결로 헌재는 더욱 정당성과 존립 근거가 흔들리게 됐다.

적반하장의 역사와 정치

대한민국의 민주주의는 퇴행을 거듭하고 있다. 박근혜 정부가 들어서고 나서 제일 자주 떠오르는 말은 '적반하장'이다. 현재 우리나라의 역사와 정치를 나타내는데 가장 적절한 말인 것 같다. 친일파를 청산하고 친일의 역사를 바로잡으라고 요구하면 그 사람에게 '빨갱이'라는 대답이 돌아온다. 독재정치를 하지 말고 민주주의 원칙을 제대로 지키라고 요구하면 역시나 '너 빨갱이지?'라는 압력이 행사된다. 노동자의 권리를 찾으려는 사람들에게도 '빨갱이'의 허물을 씌운다. 재벌들만 배 불리지 말고 부를 공평하게 분배하자고 하면 '빨갱이의 논리'라고 윽박지른다. 미국에 대한 굴욕적인 관계를 청산하고 자주적인 자세를 가지라고 요구하면 역시 '빨갱이'라고 눈을 부릅뜬다. 북한의 인권 문제를 걱정하기에 앞서 한국의 인권 침해 사례부터 해결하라고 하면 '너 종북이구나!'라고 외친다. 북한을 바로 알고 이해하자고 해도 '종북은 물러가라'고 입을 막는다. 무엇보다도 남북관계를 개선하여 평화체제를 구축하고 통일을 논의하자고 하면

'종북이 설친다.'고 큰소리를 친다.

'빨갱이'에서 '종북'에 이르는 유구한 적반하장의 역사는 최근 들어 절정을 이룬다. 이승만은 친일 반역세력이며 6·25전쟁이 나자 국민을 버리고 혼자 달아난 대통령이다. 이승만은 김구와 조봉암, 최능진을 비롯해서 수많은 애국자를 제거한 반인륜적 반도덕적 살인자이기도 하다. 그는 독재와 부정부패를 저지르다가 결국 국민의 분노에 의해 권좌를 내놓고 물러난 부끄러운 권력자다. 그런 이승만을 '국부'라고 떠받들고 그의 공적을 다시 봐야 한다고 공공연하게 떠드는 자들이 수두룩한 것이 지금의 현실이다. 일본군 장교였던 박정희를 광복군으로 둔갑시킨 교과서를 버젓하게 내놓고, 국민들의 강력한 반대여론에도 불구하고 정부와 여당은 역사교과서 국정화를 밀어붙이는 등 반역사적 반동의 기운이 온 나라를 뒤덮고 있다.

적반하장의 역사와 정치는 끝없이 되풀이되고 있다. 300명이 넘는 국민을 눈앞에서 수장시키고 만 세월호 사건에 관해서도 진상 규명을 제대로 하지 않고 피해자인 유가족들을 오히려 핍박하고 괴롭히는 적반하장이 2년 넘게 계속되고 있어도 속수무책으로 바라보고만 있어야 한다. 유가족들을 도와서 진상을 밝히고자 한 박래군 4.16연대 상임운영위원을 구속시켜 감옥에 가둔 것 역시 적반하장의 현실을 보여준다.

조봉암 사건을 비롯해서 한국 역사의 대부분의 내란 사건은 재심을 통해서 무죄를 선고받았다. 예외가 있다면 불의한 방법으로 권력을 탈취한 자들, 권력자 자신들이 일으킨 내란 사건이었다. 그 사건들은 모두 명백한 증거가 있는 내란이었다. 항소심에서 전문가 증인으로 출석해서 내란 사건의 역사에 대해서 증언한 한홍구 교수의 말을 복기해 보자.

"한국 현대사에서 내란 사건이 굉장히 빈번히 일어났는데요. 실제 내란이라고 할 수 있는 것은 여순 사건이 있었고요. 그다음에 박정희 대통령이 일으킨 5·16군사반란하고 10·17유신, 이건 친위 쿠데타지요, 그게 내란이었죠. 그다음에 12·12에서 5·17로 이어지는 그 과정이 내란이었습니다. 실제 병력이 동원된 수준의 내란이라고 하는 것은 그 네 건입니다. 그 나머지 대부분은 정권을 쥔 사람들, 한국사에서는 정권을 쥔 사람들은 아주 불법적인 과정을 통해서 정권을 쥐었었는데, 일종의 내란을 통해서 집권한 자들이 자기의 권력을 유지하기 위해서 무고한 시민들, 또 민주화운동을 하는 사람들을 내란죄로 거는 역사가 끊임없이 반복되어 왔습니다."

한국 현대사에서 빈번히 일어났던 내란 사건은 바로 '적반하장의 역사'를 나타내 주는 결정판이었던 것이다. 이번 사건도 마찬가지다. 부정선거를 통해서 집권한 세력이 자신에게 향하는 국민들의 분노를 엉뚱한 곳으로 돌리기 위해서 창조해낸 내란 사건이다.

이른바 '이석기 내란음모 사건'이라고 불리는 이 사건은 불법사찰로 이루어진 불법 수집 증거를 가지고 현직 국회의원과 정당의 당직자와 당원들을 구속하고 처벌한 사건이다. 워낙 증거가 부족하자 범죄의 구성요건이 같은 내란음모와 내란선동을 판단하는데 음모는 무죄, 선동은 유죄라는 상식에 벗어난 판결을 내린 사법부의 행태는 이 나라가 법치국가인지를 의심하게 만든다. 통합진보당의 비례대표 경선부정 사태가 터지고 종북몰이가 한창일 때 〈한겨레〉의

박창식 논설위원은 이런 사태가 일어날 것을 우려하면서 다음과 같은 글을 썼다.

이들의 종북 여론몰이는 근거가 없는, 말 그대로 여론몰이일 따름이다. 통합진보당 옛 당권파 사람들은 고작해야 좌파 민족주의자들이다. 우리 사회의 핵심 문제를 계급 간 불평등으로 볼거냐, 미국의 패권주의가 초래한 민족모순으로 볼거냐에서 후자를 택한 사람들이다. 이런 관점은 제3세계 사회운동을 뒷받침하는 보편적인 정세인식의 한 형태다. 옛 당권파 가운데 극히 일부가 과거 공안 사건으로 수사 받았지만 이들도 그 뒤 생각을 바꿨음을 여러 경로로 고백하고 있다. 옛 당권파 가운데 민주공화국을 폭력으로 전복하려는 사람이 있다면 엄정하게 대처해야 한다. 하지만 그런 정황은 어디에도 없다.[31]

그는 옛 당권파 가운데 "민주공화국을 폭력으로 전복하려는 사람이 있다면 엄정하게 대처해야 한다. 하지만 그런 정황은 어디에도 없다."고 썼다. 국가정보원은 3년 동안이나 그들을 따라다니며 미행하고 감청하면서 표적수사를 했지만 '국가를 전복하려는' 물적 증거나 행위를 포착하지 못했다. 그러자 결국 강연회에서 한 '말'을 근거로 내란 사건을 만들었다. 국정원과 검찰은 성공했다. 이석기 전 의원이 포함된 내란음모 사건은 종북 만들어내기의 최종 목표인 반대세력을 찍어내고, 대통령 선거에서의 댓글 사건으로 수세에 몰

---

[31] 박창식, 아침햇발 – 종북 만들어내기, 〈한겨레〉, 2012. 6. 21.

린 국면을 전환하는 일석이조의 효과를 거뒀다. '음모'가 없는 '내란'은 '선동'만으로도 엄벌을 받아 마땅하고, 괘씸한 발언을 한 사람들은 모두 국가보안법으로 처벌해야 하며, 내란음모를 했건 하지 않았건 그들이 속한 정당은 해산해야 한다는 것이 대법원과 헌법재판소의 판단이었다.

한국사회 지배하는 것은 헌법이 아니라 국가보안법

2004년 9월 5일 MBC 〈시사매거진 2580〉에 출연한 고 노무현 대통령은 다음과 같이 말했다.

"지난날 국가보안법이 우리 역사에서 어떤 영향을 끼쳤는가, 어떤 기능을 했는가 보시면 결국 대체로 국가를 위태롭게 한 사람들을 처벌한 것이 아니라, 정권에 반대하는 사람들을 처벌하는데 주로 압도적으로 쓰여 왔습니다. 말하자면 정권을 반대하는 사람을 탄압하는 법으로 많이 쓰여 왔고 그 과정에서 엄청난 인권탄압이 있었고 비인도적인 행위들이 저질러졌습니다. 그래서 이것은 한국의 부끄러운 역사의 일부분이고, 지금은 쓸 수도 없는 독재시대에 있던 낡은 유물입니다. (…) 그 유물은 폐기하는 것이 좋겠습니다. 칼집에 넣어서 박물관으로 보내는 것이 좋지 않겠습니까?"

그러나 '독재시대의 낡은 유물'인 국가보안법은 박물관으로 가지 않았다. 아직도 서슬 퍼런 칼날을 번득이며 인권 탄압과 비인도적인 행위를 자행하는데 효과적으로 쓰이고 있다. 임종인 전 의원은 "헌법이 이상과 형식의 근본 규범이라면 국가보안법은 반공질서를 실현하는 상위의 국가목표를 규율하는 실질 근본 규범이다."라고 말했다. 1948년 이후 한국사회를 지배한 것은 헌법적 질서가 아니라 국가보안법이었다는 것이 이번 사건을 통해서 다시 드러났다. 이번 사건에서 문제가 된 5.12강연에서 참가자들이 '예비검속'의 두려움에 대해 이야기한 대목을 가지고 지나치다고 생각하는 국민들이 많다. 그러나 실제로 국가보안법으로 수사를 받거나 구속당해 본 사람이라면 그들이 느끼는 공포가 결코 과장된 것이 아님을 알 수 있다. 수십 년에 걸친 민주주의의 암흑기에 국가보안법은 수많은 사람의 인생을 파괴했다. 이번 사건은 그 악몽이 결코 끝나지 않았음을 보여준다.

국가보안법을 폐지하거나 개정하려는 노력은 김대중 정부와 노무현 정부에서 있었고, 국제사회에서도 끊임없이 관심을 가져온 문제였다.[32] 북한을 하나의 국가체제로 인정하고 대화를 해야 통일문

---

32 국보법 폐지 추진 일지 : 1999년 8월, 김대중 대통령은 국가보안법 개정을 언급, 국제사면위원회는 국가보안법의 개정 또는 폐지를 촉구. 1999년 11월, 유엔 인권이사회에서는 보안법의 점진적 폐지를 권고. 2004년 초 국가보안법 개정 또는 폐지를 지지하는 여론이 활발히 형성. 2004년 8월에는 대한민국 국가인권위원회가 국가보안법 폐지를 권고. 2004년 9월 노무현 대통령은 MBC 방송국의 모 프로그램에 출연하여, 국가보안법 폐지를 주장. 2008년 5월에는 유엔 인권이사회 회의에서 미국 대표가 국가보안법의 남용을 막기 위한 개정을 권고. 2011년 6월 프랭크 라 뤼 유엔 의사 및 표현의 자유에 관한 특별보고관은 대한민국의 국가보안법 폐지를 권고. 2012년 대한민국 국가인권위원회 2기에서는 '국가보안법 폐지'라는 기존 입장을 뒤집는 국가인권정책기본계획을 정부에 권고, 국가보안법 폐지'라는 표현을 삭제하고 대신 보안법의 인권 침해적 요소에 대한 입장을 표명하는 수준의 문구를 제2기 NAP 권고안에 넣기로 했다. 2012년 〈르 몽드〉는 한국의 우파 정부가 군사독재 정권이 이용해왔던 국가보안법을 좌파에 대해 압력을 강화하는 수단으로 삼고 있다고 보도. 2012년 6월 프랑스의 유명 일간지 〈리베라시옹〉은 박정근 사건을 중심으로 대한민국 국가보안법 문제에 대해 조명, 한국 정부가 국가보안법을 좌익인사와 노동운동가, 통일운동가, 방북인사를 공격하는데 이용하고 있고, 국가보안법이 진보 좌파 공격에 이용되고 있다고 주장했다.

제에 진전이 있다는 진보당의 인식은 북한을 이적단체로 규정한 국가보안법과 충돌한다. 이 문제에 대해서 노무현 전 대통령은 국가보안법의 시대착오적 성격을 정면으로 지적하면서 '금기를 깨고 현실을 이야기하자'고 말했다.

국보법 폐지 못한 민주정부 10년

"북한 정권을 인정하거나 그쪽을 긍정적으로 평가해서는 안 됩니다. 북쪽의 주장을 수용하는 말을 해서도 안 됩니다. 좌경용공이 되고 국가보안법 위반으로 처벌을 받을 수도 있습니다. 사실이든 아니든 그것은 상관이 없습니다. 이런 금기는 법적·정치적 당위를 강조한 결과입니다. 그러나 현실을 이야기하지 않고 어떻게 상대방과 대화를 하고 합의를 이룰 수 있겠습니까. 국민을 설득하고 국제사회를 설득할 수 있겠습니까. 이것은 진지하고 책임 있게 통일을 추구하는 자세가 아닐 것입니다. 금기를 깨야 합니다."

노무현 전 대통령의 발언은 지극히 상식적인 발언이다. 그러나 대통령조차도 이런 발언을 하려면 용기가 필요한 것이 우리의 현실이다. 고 김대중 대통령은 자신이 국가보안법의 피해자이고 집권하고 나서는 북한과의 화해를 추구한 공로로 노벨평화상까지 받았지만 정작 국가보안법을 폐지하지 못했다. 여러 차례 국가보안법 폐지의 필요성을 강조했던 고 노무현 대통령의 참여정부에서도 국가보안법은 그대로 살아남았다. 민주정부 10년 동안 국가보안법을 폐지하지 못한 것은 뼈아픈 반성이 필요한 일이다. 이명박 정부와 박근혜 정부를 거치면서 금기를 깨기는커녕 국가보안법의 족쇄가 더욱 강하게 우리를 옥죄고 있다.

2015년 2월 25일 국제 앰네스티[33]는 〈2014/15 연례인권보고서〉를 발표했다. 이 보고서에서 앰네스티는 한국의 인권상황이 후퇴하는 경향을 보이고 있다고 지적했다. 국제 앰네스티는 이석기 옛 통합진보당 의원과 당원들이 국가보안법 위반 혐의 등으로 구속된 것과 정부가 헌법재판소에 통합진보당 해산을 청구하고 헌재가 해산 결정을 내린 사례를 소개하며 국가보안법의 자의적 적용에 대한 우려를 제기했다. 국제 앰네스티는 보고서에서 "지난해 8월까지 32명이 국가보안법 위반 혐의로 기소됐다. 한국 정부가 국가보안법을 적용해 위협하고 구금하는 사례가 늘어나면서 표현의 자유가 점점 더 제한되고 있다."고 비판했다.

2015년 12월 10일에는 세계인권의 날을 맞아 국내외 인사 488명이 사회통합과 인권실현을 촉구하는 '이석기 의원과 관련 구속자 전원을 석방하라'는 내용의 국내외 선언을 발표했다.

2015/2016년 미국무부 연례인권보고서에서는 이석기 구속은 국제인권규약을 위반한 임의적 구금사례라고 지적했고, 2016년 아시아인권위원회는 한국 정부를 비판하는 사람은 누구나 내란선동이라

---

33 국제 앰네스티는 국가권력에 의해 투옥된 각국의 양심수 구제를 목적으로 1961년에 설립된 세계최대의 민간차원 인권운동단체며 한국 전반의 인권상황에 대해 '후퇴했다'는 표현을 쓴 것은 이번이 처음이다.

는 끔찍한 혐의를 받을 것이라고 비판했다.

'이석기 내란음모 사건'은 아직도 진행 중

2016년 8월 28일, '이석기 내란음모 사건'이 일어난 지 만 3년이 지났다. 이 사건으로 구속되어 실형을 선고받은 사람은 모두 10명이다. 그들의 죄목과 형량 등을 살펴보자. 내란음모 사건으로 세상을 떠들썩하게 했지만 정작 2명은 내란선동죄, 8명은 반문명적인 국가보안법의 찬양고무죄로 처벌했을 뿐이다.

이석기   징역 9년 · 내란선동죄, 국가보안법 제7조(찬양·고무)위반죄 · 제19대 통합진보당 국회의원

김홍열   징역 5년 · 내란선동죄, 국가보안법 제7조(찬양·고무)위반죄 · 통합진보당 경기도당 위원장

이상호   징역 4년 · 국가보안법 제7조(찬양·고무)위반죄 · 수원시사회적기업지원센터 센터장

조양원   징역 3년 · 국가보안법 제7조(찬양·고무)위반죄 · 여론조사기관 사회동향연구소 대표

김근래   징역 3년 · 국가보안법 제7조(찬양·고무)위반죄 · 통합진보당 경기도당 부위원장

홍순석   징역 3년 · 국가보안법 제7조(찬양·고무)위반죄 · 통합진보당 경기도당 부위원장

한동근	징역 2년 · 국가보안법 제7조(찬양·고무)위반죄 · 수원의료복지사회적 협동조합 이사장
박민정	징역 3년 · 국가보안법 제7조(찬양·고무)위반죄 · 통합진보당 청년위원장
우위영	징역 2년6개월 · 국가보안법 제7조(찬양·고무)위반죄 · 통합진보당 전 대변인
이영춘	징역 2년6개월 · 국가보안법 제7조(찬양·고무)위반죄 · 민주노총 고양·파주 지부장

이석기와 함께 구속 수감된 사람들 중 지난 2015년 8월 말에 징역 2년을 선고받은 한동근이 만기 출소했고, 징역 3년을 선고받은 조양원, 김근래, 홍순석 등은 2016년 8월 말과 9월 말에 석방되었다. 그러나 내란 사건은 아직도 끝나지 않고 진행 중이다. 재판을 통해서 내란음모 무죄, 지하혁명조직 RO의 실체 없음이 밝혀졌지만 국정원과 검찰은 2013년 5월 10일과 12일의 경기도당 정세강연회에 참석했던 박민정, 우위영, 이영춘 등 3명을 추가로 구속했고, 6명을 불구속기소했다. 2015년 6월 9일의 일이다. 구속된 박민정과 우위영은 당 행사에서 민중가요 〈혁명동지가〉를 불렀다는 이유로, 박민정과 이영춘은 주거지에서 〈민중가요 모음집〉 등 이적표현물을 소지했다는 이유로 1심에서 유죄 선고를 받았다. 그리고 언론에서는 여전히 RO가 있는 것처럼 보도하고 있다.

수원지법 형사15부는 3일 'RO' 회합에 참석해 북한 체제에 동조하는 발언을 하는 등 혐의(국가보안법 위반)로 구속기소된 우위영 전 통합진보당 대변인과 박민정 전 통합진보당 청년위원장 등 3명에게 징역 2년6월~3년을 선고했다.

– 〈중앙일보〉, 2015. 12. 3.

기자는 대법원 확정판결까지 난 내란음모 사건에서 지하혁명조직 RO의 실체가 증명되지 못했다는 사실을 모르는 것일까, 아니면 의도적으로 모르는 체 하는 것일까? 어쨌거나 종북 여론몰이가 끝나지 않은 것은 확실하다. 항소심 재판부는 2016년 6월 3일 우위영 등 3명에 대한 항소를 기각하고 원심과 동일하게 최대 3년형을 선고했다. 그들과 함께 불구속 기소된 6명에 대해서는 2016년 5월 26일부터 1심 재판이 진행 중이다. 내란사건으로 기소된 사람들은 아직도 세간에서 지하혁명조직 RO의 조직원으로 인식되고 있다. 그들에 대한 부당한 판결이나 인권 탄압에 대해서는 모두 입을 다물고 있다.

침묵과 망각에 갇힌 사람들

만 3년이라는 시간이 흐르는 동안 사건은 점차 국민들의 기억 속에서 지워지고 관심 밖으로 밀려났다. 세월호 참사, 메르스 사태, 국정교과서 채택 문제, 한일 간의 '위안부' 합의, 백남기 씨 물대포 사망 사건, 개성공단 폐쇄, 한상균 민주노총 위원장 구속, 사드 배치 결정 등의 사건들이 연달아 일어났다. 열아홉 살 비정규직 노동자의 슬픈 죽음을 비롯해서 억울한 죽음의 소식들이 날마다 들려오고 국민들의 삶은 피폐해지고 있다. 사드 배치를 둘러싸고 국민들의 반발은 거세지고 있지만 정부의 입장 변화가 없는 가운데 남북관계는 악화되고 있다. 1987년 6월 항쟁으로 어렵게 되찾은 민주주의는 30년 만에 걷잡을 수 없이 후퇴해서 다시 권위주의 시대로 돌아간 것 같다고 한탄하는 사람들이 많다.

대체 어느 정도를 선동, 선전이라고 하느냐. 국회의원이 일장 정치연설을 한다고 해도 선동이 되는 것인가? 이 애매한 규정으로 말미암아 국민의 민의를 침해받을 우려가 있으니 … 이것(내란선동죄)을 삭제하자.

위의 기록은 1953년 6월 29일 국회 본회의 속기록에서 발췌한 것이다. 당시 국회의원들이 '내란선동죄'를 심의하는 중에 나온 발언이다. 민주주의가 얼마나 퇴행했는지 실감나지 않나.

한국의 민주주의가 퇴행하고 한국 사회 전체가 늪에 빠진 것처럼 어려움에 처해 허우적거리는 것은 3년 전의 그 사건과 무관하지 않다. 이것은 정치적 소수자에 대한 방어와 연대가 약해지자 사회경제적 소수자에 대한 방어가 무너진 결과로 일어난 일이다. 만약 이석기와 내란음모 사건 피해자들을 감옥에 넣는 일이 발생하지 않았다면 한상균 민주노총 위원장에게 유죄판결을 내리지 못했을 것이다. '생각'과 '말'을 처벌하고 '의견'과 '표현'을 제한하는 일을 수수방관한다는 것은 민주주의의 기본을 저버리는 일이다. 기본이 무너졌을 때 어떤 일들이 벌어지는지 우리는 지난 3년 동안 수없이 목격해 왔다. 정부는 지난 2016년 8월 15일 광복절 71주년을 맞아 이재현 CJ 그룹 회장 등 경제인 14명을 포함해서 총 4,876명에 대한 특별사면을 단행했다. 그중에 양심수는 단 한 명도 포함되지 않았다. 양심수 사면을 촉구하는 사회단체의 외침은 언론에 의해 묵살되고 말았다.

그러나 그들이 망각의 감옥에 갇혀 있는 것에 대해서 주의를 환기시키고 관심을 갖자고 촉구하는 소수의 사람이 있다. 박노자(오슬로대학교 한국학 교수)는 '이석기 내란음모 사건' 3주년을 맞아 자신의 블로그 '박노자 글방'(2016. 8. 1.)에 올린 글 〈'이석기 사건'의 충격〉을 통해 이 사건에 대한 한국사회의 무관심을 질타했다.

최근 몇 년간 제계 가장 충격적인 사건 중 하나는 속칭 '이석기 사건'이었습니다. (…) 지금 이석기 전 의원과 그 동료의 옥사에 대해 여론이 비교적 잠잠하고 무관심한 것은 실로 놀랍고 경악스러운 일입니다. 이석기와 그 동료들이 감옥에 있다는 것은 자유민주주의의 기초적 원칙의 유린이며 기초적 인권의 유린입니다. 그들이 감옥에 있는 이상, 우리는 대한민국을 '자유민주주의 국가'라고 지칭할 권리도 없습니다.

2016년 8월 24일 국회도서관 소회의실에서는 '내란음모 사건 3년, 한국 사회에 무엇을 남겼나'라는 주제로 토론회가 열렸다. 박래군(인권재단 사람 상임이사)의 사회로 한상희(건국대학교 법학전문대학원 교수)의 발제와 김동춘(성공회대학교 사회과학부 교수), 이호중(서강대학교 법학전문대학원 교수), 최은아(인권운동사랑방 상임활동가), 김칠준(변호사) 등의 토론이 이어졌다. '내란음모 사건은 이석기 의원과 통합진보당만을 노린 것이었는가.' '3년 전 국정원이 내란음모 사건을 발표했던 그날로 돌아간다면 지금과 같은 결과를 막을 수 있겠는가.' '종북 낙인은 국가폭력으로서의 지배이데올로기가 되었다.'라는 내용의 이야기들이 나왔다. 토론자들은 여러 측면에서 당시의 사건과 한국사회의 문제들을 분석했고, 공통적으로 해결의 실마리가 '연대'에 있다는 것을 강조했다.

에필로그

"이카로스의 감옥,
증오의 함성을 기다리며"

이석기는 한국 현대사 내란 사건 최장기수로 복역 중이다. 신군부에 의해 내란음모 사건으로 구속 수감되었던 김대중 전 대통령은 2년 6개월간 복역하고 951일 만에 형집행정지로 석방되었다. 전두환 정권조차 내란 사건으로 잡아 가둔 정치인을 그 이상 잡아둘 배짱이 없었던 것이다. 그러나 박근혜 정권에서 이석기는 구속된 지 만 3년을 넘긴 채 0.75평의 독방에서 날마다 내란 사건 최장기수의 기록을 경신하고 있다. 온 국민이 폭염에 시달려 밤잠을 설친 이번 여름도 그는 꼼짝없이 복사열을 그대로 흡수하는 찜통 같은 아파트형 구치소 독방에서 지냈다. 형기를 다 채운다면 그의 출소예정일은 2022년 9월 3일이다. 그동안 건강이 악화되어 대학병원에 외부 진료를 신청했다는 소식도 들려온다.

이석기는 내란음모 사건과 통합진보당 해산에 대해서 어떤 소회를 갖고 있는지 궁금했다. 그를 자주 접견하는 변호사에게 부탁해서 다음과 같은 이야기를 전해 들었다. 여러 차례에 걸쳐 들은 이야기를 그의 목소리로 재구성한 것이다. 이석기는 그리스 신화 속의 '이카로스'[34]의 운명을 예로 들어 통합진보당의 해산에 대해서 이야기했다.

나는 해산된 통합진보당의 운명이 그리스 신화 속의 이카로스를 닮았다는 생각이 들었다. 민중은 해방 이후 한 번도 태양이라는 권력에 가까이 간 적이 없었다. 민중이 권력이라는 '태양'에 가장 가까이 다가간 것은 2012년이었다. 야권연대를 통한 공동정부의 수립이 눈앞에 보였을 때 태양은 거침없이 이카로스를 공격했다. 그의 날개는 아직 태양열을 견디기엔 너무 약했다.

나는 진보정당의 역사와 운명에 대해서 많은 생각을 했다. 진보정당 운동은 역사적 관점으로 보아야 한다. 진보정당이 하루아침에 하나의 현실로 자리 잡는 것은 가능하지 않다. 1987년 이전의 노동자들은 노동법을 공부하지 않았다. 노동법을 공부한다고 써먹을 데가 없었기 때문이다. 노동조합 자체가 불법이요

---

34 이카로스의 아버지 다이달로스는 미노스 왕의 명령으로 아들과 함께 크레타 섬에 갇혀 있었다. 미궁을 설계한 그리스 최고의 장인인 다이달로스는 크레타를 탈출하기로 결심하고, 새의 날개에서 깃털을 모아 실로 엮고 밀랍을 발라 날개를 만들었다. 다이달로스는 아들 이카로스에게도 날개를 달아 주며 비행연습을 시키고 함께 탈출할 계획을 세웠다. 그는 아들에게 "너무 높이 날면 태양의 열에 의해 밀랍이 녹으니 너무 높이 날지 말고 너무 낮게 날면 바다의 물기에 의해 날개가 무거워지니 항상 하늘과 바다의 중간으로만 날아라"라고 단단히 주의를 주었다. 탈출하는 날, 날개를 단 다이달로스와 이카로스는 하늘로 날아올랐는데, 이카로스는 자유롭게 날게 되자 너무 높게 날고 말았다. 그러자 태양의 뜨거운 열에 의해 깃털을 붙였던 밀랍이 녹게 되었고, 이카로스는 날개를 잃고 바다에 떨어져 죽고 말았다.

용공으로 간주되던 시절에 현장에 투신한 활동가들의 끝은 감옥행으로 정해져 있었다. 하지만 1987년 이후에는 달랐다. 왜 현장에 가느냐고 물으면 '노동조합을 만들겠다.'고 대답할 수 있었다. '석탑'에서 출간한 《노동법해설》이 베스트셀러가 된 것도 1987년 이후부터였다. 수많은 희생 끝에 노동조합은 시민권을 획득했다. 진보정당도 다르지 않다. 우리는 순수한 마음으로 '오르고 또 오르면 끝내 오를 수 있다.'고 생각했지만 막상 그 준비는 충분하지 않았다. 우리가 현실 권력의 위협이 되고 있어서 표적이 될 수도 있다는 사실을 뒤늦게 알아차렸다. 통합진보당이 19대 총선에서 1석이나 3석의 의석을 차지하는데 머물렀다면 종북 공세나 내란 음모나 정당 해산은 없었을 것이다. 우리가 다가서는 만큼 그들은 자기 자리를 내 주어야 하고, 당연히 목숨을 건 전투를 걸어올 것이라는 점을 미처 깨닫지 못했다. 예상하고 있었다고 생각했지만 저들보다 치열하지 못했다.

내가 걸어온 길, 동지들이 걸어온 길, 우리가 걸어온 길의 전통은 '투신'이다. '투신'은 온몸을 던진다는 뜻이다. 온몸을 던져서 새로운 길을 찾는다. 골방에서 무엇인가 연구해서 그것을 들고 세상에 등장하는 방식은 우리의 방식이 아니다. 노동현장에서 그랬고 농촌에서 그랬던 것처럼 처음에는 깨지고 실패하더라도 결국 그 속에서 배워서 전진하는 게 우리의 방식이다. 여의도도 마찬가지다. 우리는 의회에서의 투쟁, 여의도의 문법을 아직 다 배우지 못한 채 좌절했다. 하지만 정치를 통해서 세상을 바꾸는 것이 유일한 길이라면 몇 번을 실패하더라도 다시 도전해야 한다. 태양에 가까이 다가갈 수 없는 이카로스의 숙명을 받아들여서는 안 된다. 민중은 그런 숙명 따위 믿지 않는다. 민중의 힘을 믿어야 한다. 민중의 힘은 밀랍보다 훨씬 강하다.

민중을 믿고 민중과의 연대를 다시 회복할 때 우리는 오늘의 시련을 극복할 수 있을 것이다.

이석기는 과연 민중들의 지지를 회복하고 이 시련을 극복할 수 있을까? 그것은 내가 판단할 일이 아니다. 나는 다만 그가 건강한 몸으로 빨리 감옥에서 나오기를 바랄 뿐이다. 그가 세상 밖으로 나와서 다시 정치활동을 하면서 소신껏 발언하고 비판받을 일이 있으면 정당하게 비판받기를 바란다. 그가 자신의 '말'이나 '생각' 때문에 감옥에 갇혀 있는 것이 부당하다고 생각하기 때문이다.

나는 이 책을 통해서 이 내란음모 사건이 자주·민주·통일을 내세우는 진보정치세력을 제도권 정치에서 추방하기 위해서 기획된 사건임을 밝히고자 했다. 내란음모 사건은 무죄추정의 원칙이 완전히 무시된 채 언론을 통한 무분별한 왜곡보도와 마녀사냥으로 피의자의 인권을 심각하게 침해한 사건이라는 것을 알리고 싶었다. 이 사건은 분단·인권·역사라는 세 가지 키워드로 사건의 배경과 본질을 이해할 수 있고, 이 사건을 빌미로 이루어진 통합진보당의 해산은 부당하며 이 일은 한국의 민주주의를 후퇴시켰음을 말하고자 했다.

나는 9년 전에 시골로 들어와 살고 있다. 정치 문제나 사회 문제보다는 숲속에서 살아가는 생명체와 지구의 건강에 더 관심이 많다. 그런데도 정치란 우리가 살아있는 한 매순간 들이마시게 되는 공기처럼 나의 삶과 직결된 것이기에 결국 이런 책을 쓰게 되었다. 내가 처음 이 책을 쓴다고 했을 때 가족이나 친구들은 하나같이 부정적인 반응을 보였다. 그들은 '종북'이잖아? 왜 하필 그런 책을 쓰는데? 그런 말을 많이 들었다. 두렵지 않느냐는 말도 들었다. 두렵지 않다고 했지만 책을 다 쓰고 나서야 실은 내가 두려워하고 있다는 것을 깨달았다.

책을 끝마칠 때쯤 알베르 카뮈의 《이방인》이라는 소설의 마지막 문장이 생각났다.

모든 것이 완성되도록 하기 위해서, 내가 덜 외롭게 느껴지기 위해서, 나에게 남은 소원은 다만, 내가 사형집행을 받는 날 많은 구경꾼이 와서 증오의 함성으로써 나를 맞아주었으면 하는 것뿐이다.

사형 집행을 앞둔 주인공 뫼르소의 심경이다. 나는 이 문장을 기막힌 역설이라고 생각한다. 망각과 무관심의 감옥에 갇혀 있는 사람들에게는 차라리 증오의 함성이 더 반가울지도 모른다. 나는 욕먹을까봐 두렵고 비난받을까봐 두렵다. 그러나 실은 아무도 이 책에 대해서 관심을 갖지 않을까봐 가장 두렵다.

이카로스의 감옥

초판1쇄 발행 2016년 10월 23일
초판5쇄 발행 2016년 12월 1일

지은이   문영심
펴낸이   최진섭
디자인   용감한언니들 bravesisters2008@gmail.com

펴낸곳   도서출판 말
등록   2012년 3월 22일 제2013-000403호
주소   서울 마포구 토정로 222(신수동 448-6)
        한국출판콘텐츠센터 316호
전화   070-7165-7510 / 010-3306-6977
전자우편   dreamstarjs@gmail.com
ISBN   979-11-87342-01-4 03300